라 파

라파엘 나달 & 존 칼린 지음

천수현 옮김

SHOWBEE
PICTURES

RAFA: My Story
Copyright © 2011 by Rafael Nadal and John Carlin
Korean Translation Copyright © 2022 by SHOWBEE PICTURES
Korean edition is published by arrangement with Anne Edelstein Literary Agency LLC
through Duran Kim Agency.

이 책의 한국어판 저작권은 Duran Kim Agency를 통해 Anne Edelstein Literary Agency LLC와의 독점계약으로 쇼비픽쳐스(주)에 있습니다. 저작권법에 의해 한국 내에서 보호를 받는 저작물이므로 무단전제와 무단복제를 금합니다.

INSERT PHOTO CREDITS
(ⓒ미표기 사진들)
라파엘 나달(Rafael Nadal), 미구엘 앙헬 쥬비아레인(Miguel Angel Zubiarrain) 제공

축제에서 코스튬을 입고

게임을 복기하며

보리스 베커와 함께

테니스 유니폼을 입은 구피와

스피드와 순발력 훈련 중,
16세 때 마나코르에서
(ⓒ후안 포르카데스)

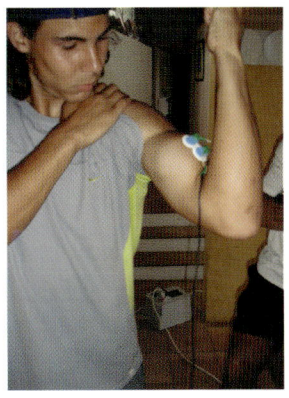

테스트 촬영과 훈련 중
(ⓒ후안 포르카데스)

2008년 프랑스 오픈 우승 후
[뒷줄 좌로부터 : 아버지, 어머니, 나, 라파엘 '티틴' 메이모, 앞줄 : 베니토 페레즈 바르바티요, 조르디 '투츠' 로버트](ⓒ조르디 로버트)

2008년 프랑스 오픈 시작전, 베르사이유 궁전 방문
[좌로부터 : 티틴, 투츠, 나, 카를로스 코스타, 토니삼촌]
(ⓒ조르디 로버트)

2009년 호주오픈 중
멜버른의 어느 일식당에서
[투츠, 티틴, 나]
(ⓒ조르디 로버트)

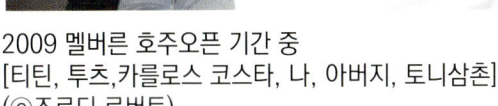

2009 멜버른 호주오픈 기간 중
[티틴, 투츠, 카를로스 코스타, 나, 아버지, 토니삼촌]
(ⓒ조르디 로버트)

2010년 우승 트로피와 함께
세계 랭킹 1위를 자축하며
(ⓒ조르디 로버츠)

[좌로부터 : 아버지, 베니토
페레즈, 투츠, 카를로스
코스타, 나, 여동생, 어머니]
(ⓒ조르디 로버트)

2010년 윔블던 우승 축하 디너에서
나와 여자친구 마리아 프란시스카 페렐로
(ⓒBob Martin/ALTEC)

2010년 6월 윔블던 렌트 하우스에서
[베니토 페레즈, 티틴, 나, 루츠]
(ⓒ조르디 로버트)

2005년 아카풀코에서.
나의 첫 그랜드슬램 우승인 프랑스오픈으로
가는길
[나, 후안 포르카데스, 카를로스 모야
(당시 세계랭킹 10위권)]
(ⓒ후안 포르카데스)

2005년 롤랑 가로스 결승전,
나의 첫 그랜드 슬램

2005년 나의 첫 프랑스오픈 트로피와 함께

2008년 윔블던 트로피를 향해, '바모스("Vamos!")

2008년 윔블던 첫 우승이 결정되는
환희의 순간

2008년 윔블던 결승전 직후,
네트에서 페더러와 악수하며

2008년 윔블던 우승의 순간, 스페인 국기를 들고 플레이어 박스에 올라가 가족들과의 포옹. 아버지, 어머니, 투츠, 티틴, 토니 삼촌과 페더러의 팀 멤버도 보인다.

2009년 호주오픈 결승, 페더러를 상대로 힘겨운 랠리 중

2009년 호주오픈 우승,
나의 세번째 그랜드슬램
타이틀

2009년 호주오픈 우승 후,
페더러를 위로하며

2010년 프랑스오픈 결승전. 내게
가장 익숙한 롤랑 가로스에서 로빈
소더링을 이기며 우승. 최고의 해

2010년 프랑스오픈 우승하는 순간,
그 해 3개의 그랜드 슬램을 석권

2010년 프랑스오픈 우승을 만끽하며

2010년 윔블던 결승전, 토마스 베르디흐를
상대로 승리

2010년 나의 두번째 윔블던을 우승 순간의 세레모니

2010년 윔블던 우승을 확정 짓는 순간

윔블던 결승전 당일 밤에 열리는 챔피언 갈라 디너에서 트로피를 들어 올리며

2010년 US오픈 우승의 순간

뉴욕 아서 애쉬 플러싱 메도우 센터코트, 2010년 결승전에서 노박 조코비치를 4세트 승부 후 우승 세러모니

시상식에서 커리어 그랜드 슬램을 완성시킨 US오픈 트로피를 깨물며

차 례

	감사의 글	2
	펴낸이의 글	3
	등장인물	4
제1장	센터코트의 고요	9
	'클라크 켄트 & 슈퍼맨'	27
제2장	다이나믹 듀오	34
	엉클 토니	56
제3장	태어나지 않은 풋볼 스타	64
	대가족	83
제4장	허밍버드	86
	극도로 예민한	111
제5장	승리에 대한 공포	122
	마요르칸	148
제6장	더할 나위 없이 순수한 기쁨의 세례	153
	가장 길었던 하루	174
제7장	정신력에 달린 문제	179
	오리엔탈 특급 살인	201
제8장	실낙원	206
	라파의 여인들	246
제9장	세계 정상에서	235
	마나코르	254
	커리어 하이라이트	256

RAFAEL NADAL

감사의 글

먼저 이 책을 집필하는 경험이 즐겁고 영광스럽게 만들어 준 존 칼린에게 감사를 표하고 싶다. 존과 같은 훌륭한 저널리스트이자 작가와 작업하는 것 자체가 나에게는 엄청난 경험이었다. 집필을 위해 같이 작업하고, 도하, 호주 등 투어를 같이 다니고, 존을 더 알게 되면서 우리는 공동 작가 뿐 아니라 좋은 친구가 되었다.

물론 이 책은 많은 사람의 도움이 없었다면 출간이 불가능했을 것이다. 부모님, 여동생, 할아버지 할머니, 나의 삼촌들과 숙모님들, 그리고 마리아 프란체스카에게 내 모든 사랑과 감사를 바친다. 또한 나의 팀과 친구들인 카를로스, 티틴, 후앙 포르카데스, 베니토, 투츠, 프란시스, 앙겔 루이즈 코토로, 카를로스 모야, 토메우 살바, 미구엘 앙헬 무나르에게도 큰 고마움을 표한다.

무엇보다도 나의 삼촌이자 코치, 그리고 친구인 토니 나달에게 아주 특별한 감사의 말씀을 드린다.

-라파엘 나달-

먼저 이 책을 기획한 훌륭한 코디네이터인 루이스 비누알레스에게 큰 감사를 드리고 싶다. 그리고, 이 프로젝트를 계속 진행해 준 래리 키쉬바움에게도 감사한다. 또한 불굴의 의지와 인내를 보여 준 하이페리온 에디터인 질 슈왈츠만에게도 큰 감사를 잊지 않는다.

에이전트 이상의 나의 에이전트인 앤 에델스타인과 직함보다 더 큰 일을 해준 그의 어시스턴트 크리스타 잉그브렛슨에게도 특별한 감사의 말을 전한다. 아란샤 마르티네즈의 고생과 조언, 그리고 유머는 이 작업을 즐겁게 할 수 있게 큰 도움을 주었다.

그리고 이 책을 집필하면서 라파 나달과 그의 가족, 그의 팀, 그의 친구들 모두가 배려깊고 친절하게 협조해 주었기에 잊을 수 없이 즐거운 작업이 되었다.

-존 칼린-

펴낸이의 글

라파엘 나달의 공식 자서전인 이 책은 라파엘 나달과 저널리스트 존 칼린이 공동 집필하여 2011년에 스페인어로 처음 출간되었습니다. 그랜드슬램 우승과 테니스 경기에 대한 내용은 나달의 1인칭 시점으로 쓰여 졌습니다. 경기 중 매 포인트 나달이 느꼈던 감정과 멘탈의 변화가 상세하게 묘사되어 있습니다. 그리고 베일에 가려 있던 나달의 사생활에 관한 내용은 3인칭 관찰자 시점으로 존 칼린이 쓴 것입니다. 이제는 트레이드 마크가 되어버린 고집스러운 루틴들의 의미와 오른손 잡이인 본인을 삼촌이 억지로 왼손으로 치게 했다는 등의 그를 둘러 싼 소소한 루머들에 대한 진실도 이 책에 담겨 있습니다.

테니스를 사랑하는 동호인이자 나달의 팬으로서 이 책을 출판할 수 있게 된 것은 큰 행운이라고 생각합니다. 이 책은 테니스를 좋아하는 사람들에게는 훌륭한 교본이 될 뿐 아니라 테니스를 잘 모르는 사람들에게도 인생에 값진 교훈이 되어 줄 것입니다. 나달이 존경받는 이유 중 하나는 하늘이 내린 재능으로 수많은 승리를 얻어 온 것이 아니라 평생의 통증과 약점을 고스란히 안고 그것들을 극복하기 때문입니다. 이 책은 그것에 관한 비하인드 스토리입니다.

'라파' 출판의 시작부터 도움을 주신 Duran Kim Agency 관계자 분들, RAFA 표지 사진의 초상권을 해결해 주신 Getty Images Korea 임언정 님, 힘든 시기도 아랑곳없는 나의 제작 파트너 박대원 부장님, 나의 테니스 멘토 한국 테니스 중고연맹 양주식 선생님과 김강면 선생님, 감수에 도움을 주신 테니스를 사랑하는 번역가 김준섭 님과 문법 또한 법이라는 것을 일깨워 주신 서울오 법학교수님, 쇼비를 위해 웃고 우는 성재명 이사, 뒤에서 조용히 응원해 준 최충환, 임경환, 봉춘식 그리고 동생들, 번역에 게으른 고모부에게 동기 부여를 해 준 당시 초등학생 조카 조미주 양, 챕터 하나 하나 모두 읽고 피드백과 격려를 해 주신 나의 대부님 박철홍 박사님, 무슨 날도 아닌데 선물을 보내 주시는 곽성호님과 김재하 님, 이 모든 분들께 감사의 말씀을 드립니다.

마지막으로, 이번 작업에서 숨겨져 있던 편집 재능을 발견한 나의 아내 은주, 늘 대견한 나의 딸 조이로부터 감동의 순간이 있었다는 것과 부모님과 동생들에게 나달 같은 아들과 오빠가 되고 싶은 간절한 마음이 들었다는 것을 고백합니다.

-천 수 현-

등장인물

가족

라파엘 나달	테니스 선수
세바스찬 나달	아버지
아나 마리아 파레라	어머니
마리벨 나달	여동생
토니 나달	삼촌이자 코치
라파엘 나달	삼촌
미구엘 앙헬 나달	삼촌. 전직 프로축구 선수
마릴렌 나달	숙모이자 대모님
돈 라파엘 나달	친할아버지
페드로 파레라	외할아버지
후안 파레라	외삼촌이자 대부님

팀

카를로스 코스타	에이전트
라파엘 메이모('티틴')	피지컬 테라피스트
베니토 페레즈 바르바디요	홍보 책임자
후안 포르카데스	피지컬 트레이너
프란시스 로이그	세컨 코치
조르디 로버츠('투츠')	나이키 핸들러이자 친구
앙헬 루이즈 코토로	주치의
조프레 포르타	유년시절 코치

친구들

마리아 프란체스카 페렐로 여자친구 (현재는 배우자)
카를로스 모야 역대 세계 1위 테니스 선수 (현 코치)
토메우 살바 어린 시절 함께 테니스를 한 친구
미구엘 앙헬 무나르 가장 오랜 친구

RAFAEL NADAL

RAFA

라 파

제 1 장

센터코트의 고요
The Silence of The Centre Court

고요. 윔블던 센터코트의 느낌을 한마디로 표현하자면 바로 이 고요함이다. 부드러운 잔디 위에서 소리 없이 테니스 공을 위아래로 튕기고, 서브를 하기 위해 공을 토스한 다음, 그 공을 치면 웅장한 스타디움 전체에 울려 퍼지는 그 샷의 에코를 듣게 된다. 팡! 팡! 팡! 팡!

완벽하게 정돈된 잔디, 유구한 역사, 유서 깊은 스타디움, 화이트 컬러 경기복을 입은 선수들, 대회를 존중하는 관중, 오래된 전통, 단 하나의 광고판도 없는 코트, 이 모든 것들이 하나로 어우러져 선수들과 관중 모두가 오롯이 테니스 경기에만 집중할 수 있는 최상의 여건이 제공된다. 나는 이 느낌이 편하고 좋다. 이토록 성스러운 센터코트의 고요함은 내 경기에 도움이 된다. 그 이유는 내가 테니스 매치에서 가장 치열하게 해 내고자 하는 것은 바로 내 머릿속의 목소리들을 잠재우는 것이기 때문이다. 나는 경기에 임하는 순간 경기 이외의 모든 것을 차단하고 내 몸의 세포 하나하나까지도 플레이에 집중시킨다. 이전 포인트에서 실수를 했다면 잊어버려야 한다. 승리에 관한 생각이 떠오르면 그 또한 부셔버려야 한다.

센터코트의 고요함은 한 포인트가 끝이 나면 비로소 깨어진다. 만약 그 득점이 멋진 플레이의 순간이라면 (윔블던 관중들은 그 차이를 잘 알기에), 감탄의 함성과 환호, 그리고 박수 갈채가 아레나 전체에 울려 퍼진다. 내 이름을 외치는 소리도 환호 속에서 따라 나온다. 나 역시 관중들의 소리가 들리긴 하지만 그 소리는 마치 아득히 먼 어디선가 들려오는 것 같다. 나는 경기장을 가득 메운 15,000명의 관중들이 나와 상대 선수의 동작 하나하나에서 눈을 떼지 않고 있다는 사실에 그다지 신경을 쓰지 않는 편이다. 내 인생 최대의 승부였던 지난 2008년 로저 페더러와의 윔블던 결승전을 돌이켜보면 나는 경기에 너무나 집중하고 있었던 나머지 전 세계 수백만 명의 사람들이 나를 지켜보고 있다는 사실조차 전혀 의식하지 못하고 있었다.

나는 이곳 윔블던에서 경기하는 것을 항상 꿈꿔왔다. 나의 코치인 토니 삼촌은 내가 어린 시절부터 윔블던이 세계에서 가장 큰 테니스 대회라는 것을 지금까지 수도 없이 얘기해왔다. 열네 살 무렵, 나는 친구들에게 언젠가 이 윔블던에서 반드시 우승을 하겠노라고 꿈 얘기를 하곤 했다. 그러나 아직까지는 윔블던 결승전에 두 번 올랐지만 우승하지 못했다. 그 두 번 모두 페더러와의 승부였다. 한 번은 지난 해인 2007년에, 또 한 번은 재작년이다. 2006년의 패배는 그렇게 슬프지 않았다. 그해 갓 스무 살이 된 나는 여기 윔블던 결승전까지 올라왔다는 사실만으로도 만족하고 감사한 마음으로 코트에 나갔다. 페더러는 내가 생각했던 것보다 훨씬 더 쉽게 나를 이겼다. 하지만 5세트까지 갔던 2007년의 패배는 나를 완전히 산산조각 내고 말았다. 나는 내가 더 잘할 수 있었고, 패배의 원인이 내 실력이나 그 날의 경기력이 아니라 바로 '멘탈'에 있다는 것을 알고 있었기 때문이다.

나는 그 패배 직후 많이 울었다. 락커룸에서 30여분 동안 끊임없는 실망과 자책의 눈물을 흘렸다. 경기에서 지는 건 항상 쓰라리지만 기회가 있었음에도 불구하고 그것을 놓쳤을 때는 훨씬 더 뼈 아픈 법이다. 나는 페더러에게 뿐만 아니라 내 자신에게도 패했다. 내가 내 자신을 배신했다는 그 사실이 더욱 힘들었다. 경기 중에 나는 정신적으로 흔들린 순간이 있었다. 하지만 그 흔들림을 알면서도 아무것도 하지 않은 채 그대로 방치하기만 했다. 나는 내가 지켜야 하는 게임 플랜과는 다른 방향으로 나아갔다. 그것은 너무나도 멍청하고 불필요한 짓이었다. 그처럼 중요한 경기에서는 아주 명백하게 절대 해서는 안 되는 행동이다.

세상에서 가장 터프한 테니스 코치인 토니 삼촌은 내게 위로 따위는 해 주지 않는 사람이다. 삼촌은 심지어 내가 시합에서 이겼을 때도 나를 비판하는 사람이다. 그런 삼촌이 평소와는 달리 나에게 울 필요 없다고, 앞으로 더 많은 윔블던과 윔블던 결승전이 있을 거라고 위로 아닌 위로를 해 준 것을 보면 당시 내 상태가 얼마나 처참했는지를 짐작할 수 있다. 나는 삼촌에게 삼촌은 이해하지 못한다고, 이번이 아마 이곳에 있을 수 있는 마지막이자 우승할 수 있는 마지막 기회였을 거라고 말했다. 나는 프로 운동선수의 수명이 얼마나 짧은 지를 매우 잘 알고 있으며, 다시는 오지 않을지도 모르는 기회를 놓쳤다는 사실에 도저히 견딜 수가 없었다. 나는 나의 선수 경력이 끝나면 행복하지 않을 거라는 걸 알고 있고 선수로 활동하는 동안 최선을 다하고 싶다. 매 순간이 중요하기 때문에 항상 열심히 훈련해왔다. 하지만 어떤 한 순간은 다른 어떤 순간보다 더 중요한 경우가 있는데, 2007년 그날, 나는 그 중요한 순간 하나를 놓쳤던 것이다. 평생 다시 오지 않을지도 모를 기회를 말이다. 만약 몇몇의 두 세 포인트에서 내가 조금 더 집중했더라면 결과는 달라졌을지도 모른다. 테니스에서의 승리라는 것은 정말이지 아주 미세한 차이로 결정된다. 나는 페더러를 상대로 마지막 5세트에서 6-2로 졌는데 만약에 게임 스코어 4-2, 또는 5-2 상황에서 내가 정신을 바로잡고 페더러의 서브를 브레이크 할 네 번의 그 기회들을 잡았더라면, (물론 페더러가 잡았지만), 아니면 그 마지막 세트를 첫 번째 세트라고 생각하고 플레이했더라면 내가 이길 수도 있었는데 말이다.

　　내 슬픔을 덜어주기 위해 토니 삼촌이 할 수 있는 것은 없었다. 그러나 결국은 삼촌이 옳았다. 또 한 번의 기회가 다시 찾아온 것이다. 정확히 1년 후에 나는 이곳 윔블던으로 돌아왔다. 나는 12개월 전의 패배로부터 교훈을 얻어 이번에는 다른 어떤 것도 양보하지 않을 것이라고, 멘탈만큼은 무너지지 않으리라 다짐하고 또 다짐했다. 멘탈이 온전하다는 가장 확실한 증거는 나의 멘탈이 나의 승리를 확신하고 있다는 점이었다.

　　윔블던 시즌동안 우리는 올 잉글랜드 클럽 건너편에 있는 가정집을 렌트하여 지낸다. 숙소에서 가족과 친구들, 팀원들과 저녁 식사를 할 때 시합에 대한 언급은 금기사항이다. 내가 그들에게 시합에 대한 언급을 따로 금지한 적은 없지만 우리가 무슨 이야기를 하던지 내 머릿속에서는 이미 경기가 시작되었고 그때부터 다음날 경기 시작 전까지 내 머리는 오롯이 나 혼자만의 것이어야 한다는 것을 그들은 충분히 이해하고 있기 때문이다. 나는 윔블던에서의 2주 동안 늘 그렇듯 저녁에 요리를 한다. 나는 요리를 즐기고 우리 가족은 내가 테니스 이외에 다른 무언가를 하는 것이 마음을 안정시키는 데 도움이 되며 나에게 긍정적인 영향을 준다고 생각한다. 그날 밤 나는 생선구이와 새우 파스타를 요리했다. 저녁 식사 후엔 내가 지금까지도 살고 있는 스페인 마요르카 섬 마나코르에 있는 집에서의 저녁처럼 토니 삼촌, 라파엘 삼촌과 다트 게임을 했다. 내가 이겼다. 나중에 라파엘 삼촌은 결승전을 앞둔 나를 위해 일부러 져준 것이라고 주장했지만 나는 믿지 않는다. 나에게는 모든 것에서 이기는 것이 중요하다. 나는 승패에 관해서는 유머 감각이 없다.

12시 45분 침대에 누웠지만 잠을 잘 수가 없었다. 내 머릿속에는 우리가 금기시했던 그 주제가 계속 떠올랐다. TV 영화 몇 편을 보다가 새벽 4시가 되어서야 잠이 들었다. 그리고 아침 9시에 일어났다. 몇 시간만 더 잤으면 좋았겠지만 나의 기분은 상쾌했고 항상 내 곁을 지키는 물리치료사 라파엘 메이모는 내가 잠을 설친 것이 오늘 경기에 큰 영향을 미치지는 않을 거라고 말했다. 경기가 오래 진행되더라도 흥분과 아드레날린이 나를 피곤하지 않게 해줄 것이라며 안심시켜 주었다.

평소 먹던 대로 아침 식사를 했다. 약간의 시리얼, 오렌지 주스, 밀크 초콜릿 음료. 커피는 절대 마시지 않는다. 그리고 가장 좋아하는 스타일인 소금과 올리브 오일만을 뿌린 빵을 먹었다. 아침에 나는 기분 좋게 잠에서 깼다. 테니스는 그날의 기분과 매우 밀접한 관계가 있다. 어떤 날은 아침에 일어날 때 밝고 건강하며 강하다고 느끼지만 또 어떤 때는 무언가 개운하지 않고 나른함을 느끼는 날도 있지 않은가. 그날은 다른 어느 때보다 기민하고 민첩하며 에너지가 가득 차 있다고 느꼈다.

오전 10시 30분, 센터코트와 가까운 윔블던 17번 코트에서 마지막 트레이닝 세션을 하러 길을 건널 때 딱 그런 느낌 속에 있었다. 공을 치기 전에 늘 하던 대로 벤치에 누우면, 내가 '티틴'이라는 별명을 지어준, 라파엘 메이모가 내 무릎을 구부렸다 폈다를 반복하며 다리, 어깨 등을 마사지해준 다음 내 발에 각별한 신경을 써줬다. 나의 왼발은 내 몸 중에서도 가장 자주 그리고 가장 고통스럽게 아픈 가장 취약한 부위다. 마사지는 근육을 깨우고 부상 위험을 낮추는 데에 그 목적이 있다. 보통 큰 시합 전에는 워밍업으로 한 시간 정도 공을 치곤 하는데 이번에는 이슬비가 내리고 있어서 25분 정도로 마무리했다. 나는 늘 그랬던 것처럼 부드럽게 시작했고 점차 페이스를 높여 실제 시합에서와 같은 강도로 달리며 공을 때렸다. 그날 아침 나는 평소보다 신경을 더 많이 쓰고 집중력 또한 더 높여 몸을 풀었다. 토니 삼촌과 티틴도 함께 있었고 프로 테니스 선수 출신인 내 에이전트 카를로스 코스타도 함께 워밍업을 위해 그곳에 있었다. 나는 평소보다 더 말이 없었다. 우리 모두 그랬다. 농담도 주고받지 않았다. 웃지도 않았다. 훈련을 마치고 나왔을 때 나는 토니 삼촌이 무언가 만족스럽지 않다는 것을 한 눈에 알 수 있었다. 그것은 내가 공을 더 깔끔하게 칠 수 있었음에도 그러지 못했다고 느꼈기 때문이다. 삼촌은 나를 꾸짖는 듯한 눈빛으로(내가 평생을 보아온 그 표정) 걱정하고 있었다. 워밍업 세션에서 나의 베스트를 보이지 않았다는 점에서는 삼촌이 옳았다. 그러나 나는 삼촌이 모르는, 결코 알 수 없을, 내 테니스 선수 커리어에서 삼촌의 존재만큼이나 너무나도 중요한 것을 알고 있었다.

    육체적으로 완벽한 상태였으며 치료가 절실한 왼쪽 발바닥 통증 때문에 경기장에 가기 전까지 최대한 발을 아끼고 있긴 했지만, 그날 나의 내면 깊은 곳에서는 승리에 대한 확고한 신념이 있었다. 상대전적이 비슷하거나 승산이 있는 라이벌과의 테니스 매치에서는 경기력을 최대치로 끌어올리는 것이 당연하지만 그것을 필요로 할 때 끌어올리는 것이 가장 중요하다. 챔피언은 토너먼트 1라운드에서 자신의 베스트를 보여주는 것이 아니라 힘을 아껴 두었다가 준결승, 결승에서 최고의 상대들과 모든 것을 보여주는 경기를 한다. 하물며 위대한 테니스 챔피언은 그랜드슬램 결승전에서 최고의 경기를 펼쳐 보인다. 나는 두려웠다. 내 머릿속은 불안감을 억누르기 위해 끊임없이 싸우고 있었다. 하지만 결국 이겨냈고 오늘 내가 그 위대한 챔피언의 수준에 도달하겠다는 생각만이 내 머릿속을 가득 채우고 있었다.

나의 몸 컨디션은 좋았다. 한 달 전 프랑스오픈에서 아주 잘 해냈었다. 결승전에서 페더러를 이겼다. 그 후 이 곳 잔디 코트로 와서도 환상적인 몇 경기를 펼쳤다. 우리가 윔블던에서 만났던 지난 두 번은 페더러가 승자였다. 올해도 나는 여전히 우승 후보가 아니라고 느꼈다. 하지만 약간의 차이가 있었다. 나는 페더러도 우승 후보라고 생각하지 않았다. 나는 내 우승 확률을 50 대 50으로 점치고 있었다. 또한 경기가 끝나고 나면 잘못 선택한 샷과 잘 맞지 않은 샷의 우리 둘 사이의 균형 또한 대략 50 대 50이 될 거라는 것도 알고 있었다. 그건 페더러와 나처럼 서로의 플레이에 익숙한 두 선수가 펼치는 테니스 경기의 특징이다.

여러분들은 지금까지 수백만 개의 공을 쳐 온 나라면 테니스의 기본적인 샷은 쉽게 처리할 수 있고 매번 부드럽고 깨끗한 샷을 치는 것이 식은 죽 먹기라고 생각할지도 모른다. 하지만 그렇지 않다. 매일 아침 잠에서 깨어나는 느낌이 다르듯이 모든 샷이 다르기 때문이다. 그 모든 샷이!

공은 움직이는 순간부터 무한한 각도와 속도로 엄청난 양의 탑스핀이나 백스핀, 또는 플랫성 구질로, 더 높게 또는 더 낮게 당신을 향해 날아온다. 샷마다 그 차이는 미세할 수 있지만 모든 샷에서 신체가 만드는 어깨, 팔꿈치, 손목, 엉덩이, 발목, 무릎 등 변화도 미세하게 다르다. 그리고 날씨, 코트 표면, 상대선수 등 수많은 다른 요인들도 있다. 그 어떤 공도 다른 공과 똑같이 도달하지 않고 그 어떤 샷도 똑같지 않다. 그래서 매순간 샷을 치기 위해 테이크 백을 할 때마다 공의 궤적과 속도를 순간적으로 판단한 후 어느 정도의 강도로 어느 방향으로 샷을 되돌려 보내야 하는지에 대해 찰나의 결정을 내려야 한다. 그리고 그 과정을 끊임없이 반복해야 하는데 종종 한 게임에서 50번, 20초 내에서도 15번, 그리고 2시간,

3시간 또는 4시간 이상의 연속적인 집중사격 속에서도 매 순간 팽팽한 긴장감으로 쉬지 않고 뛰어야 한다. 격렬한 움직임 속에서 호흡과 리듬이 매끄러우면 좋은 감각이 나온다. 그제서야 그 엄청난 스피드와 정신적 압박속에서도 라켓 중앙에 계속해서 공을 깨끗하게 맞출 수 있는 신체적, 정신적 위력을 잘 관리할 수 있게 된다. 또 한 가지 분명한 사실은 훈련을 많이 하면 할수록 그 감각이 좋아진다는 것이다.

테니스는 다른 어떤 스포츠보다 멘탈이 중요한 스포츠다. 대부분의 날들에 좋은 감각을 유지하는 선수가 시합이 불러오는 두려움과 멘탈의 기복으로부터 자기 자신을 잘 지켜낼 수 있다면 결국 세계 1위가 되는 것이다. 이것이 내가 페더러에게 밀려 2위로 지냈던 인고의 지난 3년 동안 스스로에게 세웠던 목표였고 이번 윔블던 결승전에서 승리한다면 거의 도달하게 되리라 믿고 있었다.

경기 시작 시간도 또 다른 문제였다. 고개를 들어 보니 하늘은 살짝 푸른빛이 감돌았다. 그러나 대체로 흐렸고 멀리 지평선에는 짙은 먹구름이 드리웠다. 경기 시작까지는 3시간 정도 남았는데 경기가 지연되거나 중단될 가능성이 역력했다. 하지만 나는 걱정하지 않았다. 이번만큼은 무슨 일이 있어도 나의 정신을 맑게 유지하고 경기에 집중할 것이었기 때문이다. 산만해서는 안 된다. 2007년처럼 집중력을 잃는 실수를 반복하지는 않을 것이다.

우리는 11시 30분경 17번 코트를 나와 탑시드 선수들을 위해 준비된 올 잉글랜드 클럽 락커룸으로 갔다. 테니스 코트 4분의 1 크기 정도 되는 그다지 크지 않은 락커룸이다. 그러나 그 곳의 역사는 웅장하다. 우드 패널, 윔블던을 상징하는 초록색과 보라색 벽, 카펫이 깔린 바닥, 수많은 위대한 선수들(레이버, 보리, 맥켄로, 코너스, 샘프라스 등)이 여기 있었다는 흔적들. 토너먼트 초반에는 사람들로 북적이지만 결승전인 오늘은 우리 둘만 남았다. 페더러는 아직 나타나지 않았으니 락커룸에는 나 혼자였다. 나는 샤워를 하고 옷을 갈아입고 점심을 먹으러 선수 식당으로 올라갔다. 여기도 유난히 조용했지만 나는 이 분위기가 편안했다. 나는 더 깊이 내면으로 빠져들면서 주위로부터 나를 단절시키며 매 경기 시작 직전까지 하는 나의 루틴(확고한 루틴)대로 움직였다. 나는 늘 먹는 것만 먹었다. 소스 없이 소금과 오일만 뿌린 파스타와 심플한 생선 한조각을 함께 먹었다. 소화불량을 유발할 수 있는 음식은 일체 먹지 않는다. 음료도 물만 마신다. 토니 삼촌과 티틴이 나와 함께 테이블에 앉아 있었다. 토니는 곰곰이 생각에 잠겨 있었다. 삼촌은 늘 그래왔다. 티틴은 차분했다. 그는 내가 가장 많은 시간을 함께 보내는 사람이고 항상 침착하다. 다시 말하지만, 우리는 거의 아무 말도 하지 않았다. 토니가 날씨에 대해 투덜거렸던 것 같지만 나는 아무 말도 하지 않았다. 경기가 없을 때에도 나는 말하기보다 더 많이 듣는 편이다.

      경기 시작 한 시간 전인 오후 1시, 우리는 다시 락커룸으로 내려갔다. 페더러가 도착해 있었다. 페더러는 항상 그가 앉는 나무 벤치에 앉아 있었다. 테니스의 특이한 점은 아무리 큰 대회라도 상대 선수와 락커룸을 함께 쓴다는 것이다. 우리는 그것이 익숙하기 때문에 어색하지는 않았다. 적어도 나는 그렇게 느꼈다. 잠시 후면 우리는 세계에서 가장 권위있는 테니스 대회에서 서로를 이기기 위해 할 수 있는 모든 것을 하려 하겠지만 우리는 라이벌이자 친구이기도 하다. 다른 스포츠의 라이벌들은 경기장 밖에서도 서로를 죽도록 싫어할 수 있겠지만 우리는 그렇지 않다. 우리는 서로를 좋아한다. 하지만 경기 시작을 앞둔 지금 이 상황에서는 우정은 잠시 접어 둔다. 개인적인 감정은 없다. 나는 내 주변 사람들, 심지어 내 가족에게도 똑같이 대한다. 나는 경기가 시작되면 더이상 평범하지 않다. 비록 궁극적으로는 불가능하겠지만 테니스 머신이 되려고 노력한다. 하지만 나는 로봇이 될 수는 없다. 테니스에서 완벽이란 불가능하고 단지 내가 가진 가

성의 한계치를 높이려고 노력하는 도전 만이 있다. 나는 시합 중에 내 약점을 극복하기 위해서 끝이 없는 싸움을 하고 인간적인 감정을 억제하려고 노력한다. 평소에도 경기할 때처럼 열심히 훈련하고 나와 경쟁자의 재능에 큰 차이가 없다면 인간적인 감정을 억제하면 할수록 승리할 가능성은 더욱 커진다. 페더러와는 재능 면에서 분명 차이가 있었지만 불가능할 정도로 크지는 않았다. 그 재능의 차이는 충분히 작았고, 내가 머릿속의 의심과 두려움 그리고 과장된 희망을 페더러보다 더 잘 잠재울 수 있다면 그가 가장 선호하고 강하다는 잔디코트에서라 할지라도 그를 이길 수 있을 것이다. 나는 갑옷을 입고 피도 눈물도 없는 전사로 변해야 한다. 이것은 경쟁자에게뿐만 아니라 나 자신에게도 내 약점을 위장하기 위해 치명적인 진지함으로 일종의 자기최면을 걸어야 하는 경기이다.

　　만약 경기 전에 락커룸에서 내가 페더러에게 축구에 대한 농담을 건네거나 수다를 떤다면 그는 즉시 나를 꿰뚫어보고 그걸 공포의 표시로 받아들일 것이다. 대신 우리는 서로에게 정직함으로 예우를 갖췄다. 우리는 악수를 하고 고개를 끄덕이며 희미한 미소를 교환했다. 그리고는 대략 열 걸음 정도 적절하게 떨어져 있는 각자의 캐비닛으로 걸어간 후 서로가 없는 척했다. 굳이 없는 척을 할 필요도 없었다. 왜냐하면 이미 나는 락커룸에 있으면서도 없었다. 나는 머릿속 깊은 곳에서 묵상하고 있었고 나의 무브먼트는 점점 프로그램화되고 기계화되고 있었다.

　　경기 시작 45분 전. 나는 다시 한번 찬물로 샤워를 했다. 얼어붙을 만큼 차가웠다. 나는 경기 전에 꼭 샤워를 한다. 그것은 돌이킬 수 없는 지점 바로 전 단계이자, 내가 '경기 전 세레모니'라고 일컫는 마지막 단계의 첫걸음이다. 차가운 물 아래에서 나는 내 힘과 회복력이 강해지는 듯한 느낌을 주는 새로운 공간으로 들어간다. 샤워를 마치고 나오면 나는 새로운 사람이 된다. 나는 이제 활성화 모드가 되었다. 스포츠 심리학자들이 묘사하는 '플로우 Flow' 상태, 즉

마치 물살을 헤치는 물고기처럼 순수한 본능에 의해 몸이 움직이는 경계심 집중 상태에 있게 된다. 앞으로 펼쳐질 전투 이외의 다른 것은 존재하지 않는다.

그 다음으로 나를 기다리고 있는 일은 보통의 상황에서는 내가 침착하게 받아들일 만한 일이 아니었다. 나는 진통제를 맞으러 아래층에 있는 의무실로 내려갔다. 3라운드 이후부터 왼쪽 발바닥에 물집이 생기고 작은 발허리뼈 주위가 부어올랐다. 부은 부위를 마취시켜야 했는데 마취를 하지 않았다면 통증이 너무 심해서 경기를 할 수 없었을 것이다.

그리고는 락커룸으로 올라와 다시 루틴으로 돌아왔다. 나는 헤드폰을 끼고 음악을 들었다. 이는 '플로우'의 감각을 날카롭게 하고 나 자신을 주변으로부터 더욱 분리시키는 데 효과적이다. 그리고 티틴이 내 왼발을 붕대로 감는 동안 나는 경기장에 가지고 갈 라켓 6자루에 그립을 감았다. 나는 항상 이렇게 한다. 테니스 라켓에는 검은색 원그립이 미리 감겨 있다. 나는 그 위에 흰색 오버그립을 대각선으로 감아 내려갔다. 이 과정을 아무런 생각없이 마치 최면에 걸린 것 마냥 기계적으로 수행한다.

다음으로 나는 안마대 위에 누웠고 티틴이 양쪽 무릎 바로 아래 부위에 똑같은 높이로 테이핑을 해주었다. 그 곳에도 통증이 있었는데, 테이핑을 하면 통증을 예방하거나 완화하는데 도움이 된다.

운동을 하는 것은 일반인들에게는 건강에 도움이 되지만 프로선수 수준의 격렬한 운동은 그렇지 않다. 그것은 신체가 자연적으로 감당할 수 없는 한계치까지 몸을 몰아붙인다. 그 때문에 최고의 프로선수들 대부분이 부상으로 순위가 떨어지고 심지어는 선수생명이 끝나기도 한다. 나 역시도 선수 생활 중 과연 상위권 레벨의 경쟁을 계속할 수 있을지 심각하게 고민했던 순간이 있었다. 나는 대부분의 경기를 고통 속에서 치르고 있다. 나뿐만 아니라 대다수의 엘리트 스포츠 선수들은 어느 정도 그런 것 같다. 페더러는 제외하고.

　　　　나는 테니스가 주는 끊임없는 근육 스트레스를 견딜 수 있는 몸으로 만들어야 했지만 페더러는 순전히 테니스를 위해 태어난 사람 같다. 그의 신체 유전자는 테니스에 최적화되어 모든 선수들이 극복해야 할 문제인 '부상'에 대해 강한 면역력을 가지고 있는 것 같다. 사람들은 페더러가 나만큼 열심히 훈련하지 않는다고 말한다. 사실인지 모르겠지만 맞는 말 같다. 다른 스포츠에서도 이런 축복받은 천재들을 볼 수 있다. 나머지 선수들은 발, 어깨 또는 다리가 비명을 지르며 뇌에 이제 그만 멈추라는 신호를 보내기 때문에 고통과 함께 사는 법을 배워야만 하고 투어로부터 긴 휴식을 취해야만 한다. 그래서 나는 매 경기 전에 테이핑을 꼼꼼하게 해야 하고 그것이 루틴에서 아주 중요한 부분인 것이다.

　　　　무릎에 테이핑이 끝나고 나는 일어나 옷을 입고 세면대에 가서 머리카락을 물로 적셨다. 그 다음 머리에 반다나를 묶는다. 그것은 생각할 필요가 없는 또 하나의 루틴이지만 반다나를 천천히 그리고 신중하게 머리 뒤에서 단단히 묶는다. 여기에는 실용적인 이유가 있다. 머리카락이 내려와 눈을 찌르지 않게 하는 것이다. 그러나 이 또한 의식의 또 다른 순간이며 찬물 샤워처럼 내 감각을 날카롭게 만들어 곧 전투에 돌입하게 되는 다시 되돌릴 수 없는 결정적인 순간이기도 하다.

　　　　경기장으로 입장할 시간이 거의 다 되었다. 아드레날린이 온종일 전신에 넘쳐 흘렀다. 나는 에너지를 발산하려고 숨을 몰아쉬고 있었다. 하지만 티틴이 내 왼손 손가락들에 테이핑을 마칠 때까지 가만히 앉아있어야 했다. 그의 움직임은 내가 라켓에 그립을 감을 때처럼 기계적이고 조용했다. 손가락에 테이핑을 하는 것은 절대로 패션의 목적이 아니다. 테이핑을 하지 않으면 경기 중에 피부가 늘어나서 찢어질 수 있기 때문이다.

　　　　나는 일어서서 격렬하게 워밍업을 시작했다. 티틴은 이걸 '폭발력의 활성화'라고 부른다. 토니 삼촌도 옆에서 별말 없이 나를 지켜보고 있었다. 페더러가 나를 보고 있는지 아닌지는 알 수 없었다. 다만 페더러는 시합 전에 락커룸에서 나만큼 바쁘지 않다는 것만은 확실하다. 나는 제자리에서 위아래로 점프하고 길이 6미터 남짓한 비좁은 공간의 한쪽 끝에서 다른 쪽 끝까지 빠른 잔발로 뛰었다. 짧게 뛴 후 목과 어깨, 손목을 돌리고 웅크리며 무릎을 풀었다. 그리고 나서 집 근처 체육관에 나 혼자 있는 것처럼 더 많은 점프와 미니 스프린트를 했다. 항상 헤드폰을 끼고 머릿속에서 음악이 흘러나오게 했다. 그리고 소변을 보러 갔다. 나는 경기 직전에 소변을 자주 본다는 사실을 알았다. 긴장감 때문인데 한 시간에 대여섯 번 화장실에 간 적도 있다. 그리고는 돌아와서 팔을 높이 들어 힘차게 돌리면서 어깨근육을 풀었다.

      토니 삼촌이 내게 손짓을 보냈고 나는 헤드폰을 벗었다. 삼촌 말로는 비 때문에 경기가 잠시 지연됐지만 15분을 넘기지는 않을 거라고 했다. 나는 당황하지 않았다. 이미 대비하고 있었기 때문이다. 비는 페더러에게도 똑같이 영향을 미칠 것이다. 균형을 잃을 필요는 없다. 나는 앉아서 라켓을 체크하며 밸런스와 무게를 느꼈다. 그리고 양말을 잡아당기며 양쪽 높이가 정확히 같은지 확인했다. 토니 삼촌은 내게 바짝 몸을 기대며 말했다. "작전을 잊지 마. 해야 할 일을 하는 거야." 나는 그 말을 한 귀로 듣고 한 귀로 흘렸다. 나는 지금 내가 무엇을 해야 하는지 알고 있었다. 나는 집중력과 인내심이 좋다고 생각한다. 인내심, 그것은 아주 중요한 단어다. 끊임없이 몸을 움직이고 절대 포기하지 않으며 내 앞길을 가로막는 모든 것을 극복하고 또 좋고 나쁨(좋은 공이나 약한 공, 행운이나 불운)들로 인해 내가 가야할 길에서 벗어나지 않는 것이다. 집중해야 하고 흐트러지지 않아야 하며 매 순간 내가 해야 할 일을 해야 한다. 내가 페더러의 백핸드 쪽으로 스무 번을 보내야 한다면 열 아홉 번이 아니라 스무 번을 그쪽으로 쳐야 한다. 위닝샷을 칠 기회를 잡기 위해 랠리가 열 번 또는 스무 번으로 늘어나도 기다려야 한다면 기다릴 것이다. 위닝 드라이브 찬스에서 지금 성공 확률이 70%이지만 랠리를 다섯 번 정도 더 주고받는다면 85%로 올라가는 순간들이 종종 있다. 그 때는 기다려야 한다. 그러니 긴장하고 인내해야 하며 절대 성급해선 안 된다.

네트에 붙으면 페더러의 강력한 주무기인 포핸드가 아니라 그의 백핸드 쪽으로 공을 보낸다. 네트에서 그의 포핸드 쪽으로 치거나, 강한 서브로 그의 백핸드로 공략하지 않거나, 아직 때가 아닌데 위닝샷을 시도한다면 그것은 집중력을 잃었다는 뜻이다. 집중한다는 것은 아주 예외적인 상황이 발생하지 않는 한 결코 게임 플랜을 바꾸지 않고 자신이 해야 할 일을 끝까지 하는 것을 의미한다. 그것은 훈련을 의미하고 게임 플랜을 바꾸고 싶은 유혹 앞에서도 참는 것을 의미한다. 그 유혹과 맞서 싸우는 것은 조급함이나 좌절감을 컨트롤하는 것을 의미한다.

압박을 가하고 주도권을 잡을 기회라고 생각되는 순간에도 계속 백핸드 쪽으로 친다. 왜냐하면 장기적으로 전체 경기라는 큰 그림에서 보면 그것이 가장 현명하고 최선이기 때문이다. 그것이 게임 플랜이다. 복잡한 계획이 아니다. 너무 간단해서 전술이라고 부를 것도 없다. 나는 더 쉽게 치고 페더러는 더 어렵게 치도록 하자. 내 왼손 포핸드가 그의 오른손 백핸드에 맞서는 것이다. 그냥 고수하는 문제일 뿐이다. 페더러의 백핸드에 계속 압박을 가해서 높은 공을 치게 하고 라켓을 목 위로 스윙하게 만들어 피로를 누적시키면 된다. 그렇게 하면 게임에서 그의 사기를 꺾을 수 있다. 그를 좌절시키고, 할 수만 있다면, 절망에 가까운 상황으로 내몰자. 그리고 그가 공을 잘 칠 때는, 그는 거의 항상 그렇겠지만, 또한 경기 내내 그를 곤경에 빠뜨리는 것도 불가능하겠지만, 그가 시도하는 모든 위닝샷을 쫓아가서 리턴하고 공을 깊이 되돌려 보내자. 그렇게 해서 그가 피프틴 러브

(15-0)에 도달하려면 포인트를 두 번, 세 번, 네 번 이겨야 한다고 느끼도록 만들자.

귀로는 음악을 듣고 라켓과 양말, 손가락에 감은 테이핑을 만지작거리며 비가 멈추기를 기다리는 동안 나는 온통 그 생각뿐이었다. 블레이저를 입은 관계자가 들어와 시간이 되었다고 알려주었다. 나는 벌떡 일어나 어깨를 풀고 목을 좌우로 돌린 후 락커룸 양 끝을 몇 번 더 질주하였다.

이제 나는 코트 수행원이 내 가방을 벤치까지 들고 가도록 넘겨주어야 했다. 이것은 결승전 당일 윔블던의 전통 중 하나이다. 다른 그랜드슬램에서는 이렇게 하지 않는다. 나는 이 프로토콜은 마음에 들지 않는다. 왜냐하면 나의 루틴이 깨지기 때문이다. 나는 라켓 한 자루를 꺼낸 후 가방을 건네 주었다. 라켓을 힘껏 움켜쥐고 락커룸을 나와서 과거 윔블던 챔피언들의 사진과 전리품이 전시되어 있는 복도를 따라 계단을 내려갔다. 그리고 드디어 영국의 시원한 7월의 공기를 맡으며 센터코트의 마법 같은 초록 잔디 위로 걸어 나갔다.

나는 자리에 앉아 흰 트랙 자켓을 벗고 물병에서 물을 한 모금 마셨다. 두 번째 병에서도 똑같이 했다. 한 병에서 한 모금, 그리고 다른 병에서 한 모금. 그리고 나는 물병 두 개를 내 발 옆에 가지런히 내려놓았다. 의자 앞에서 왼쪽으로 한 병, 그 뒤에 다른 한 병을 대각선 방향의 코트를 쳐다보도록 세워놓았다. 어떤 사람들은 이것을 미신이라고 하지만 그렇지 않다. 정말 이게 미신이라면 항상 승리했어야 하는데 왜 이기든 지든 계속 반복했을까? 내 머릿속에서 작전의 순서와 일치하도록 주변 환경을 정리함으로써 나를 경기 속에 배치하는 나만의 방식이다.

페더러와 주심은 이미 네트 앞에 서서 코인 토스를 기다리고 있었다. 나는 페더러의 네트 맞은편에 서서 제자리걸음을 하며 힘차게 위아래로 점프했다. 페더러는 어쨌든 겉으로만 보면 나보다, 늘 그렇듯이, 훨씬 느긋하게 가만히 서 있었다.

지금까지 수행한 모든 준비만큼이나 중요한 루틴의 마지막은 고개를 들어 센터코트의 수많은 관중들 속에서 내 가족을 찾는 것이다. 플레이어 박스 왼쪽부터 아버지와 어머니, 토니 삼촌이, 그리고 뒤쪽으로 여동생과 조부모님 세 분, 대부님과 대모님이신 외삼촌과 외숙모도 계셨고 삼촌이 한 명 더 앉아 있었다. 그들이 있다고 경기에 방해가 되지 않지만 나 역시 시합 중에는 절대로 웃지 않는다. 그들이 항상 거기 있듯이 거기에 있다는 사실을 아는 것만으로도 선수로서의 나의 성공에 가장 중요한 요소인 마음의 평화를 얻는다. 나는 경기를 할 때 내 주위에 벽을 쌓는데 가족은 그 벽을 함께 지탱하는 시멘트 같은 존재이다.

나를 위해 일하고 있는 전문가들인 팀 멤버들도 찾아보았다. 부모님과 토니 삼촌 옆에 앉아있는 내 에이전트이자 좋은 친구, 카를로스 코스타, 홍보담당 베니토 페레스 바르바딜로, 나의 나이키 담당자인 조르디 로버트(나는 그를 '투츠'라고 부른다), 그리고 누구보다도 나를 가장 잘 알고 있고 형제 같은 티틴이 있었다. 내 마음의 눈에는 친할아버지와 내가 '메리'라고 부르는 여자친구 마리아 프란시스카가 내 고향 마나코르 집에서 TV로 나를 보고 있다는 것이 보였고 내 팀의 다른 두 멤버들도 볼 수 있었다. 비록 그 자리에 함께 하지 못했지만 나의 성공에 누구 못지않게 중요한 사람들이다. 토니 삼촌만큼 똑똑하지만 더 여유 넘치는 나의 세컨드코치 프란시스 로이그, 티틴이 내 몸을 대하는 것만큼 내 마음을 챙기는 똑똑하고 강인한 피지컬 트레이너 후안 포르카데스도 볼 수 있었다.

나의 직계가족, 대가족, 팀 (사실상 모두가 내 가족이다), 이 세 개의 중심이 동심원을 이루어 나를 둘러싸고 있다. 그들은 부와 명성에 따라오는 위험한 유혹으로부터 나를 보호해 줄 뿐만 아니라 내가 나의 재능을 꽃피울 수 있도록 애정과 신뢰의 환경을 만들어 준다. 각 그룹의 사람들은 서로가 서로를 보완한다. 각각의 구성원들은 나의 약한 곳에서 나를 강화시켜 나의 강한 곳에서 내가 더 강할 수 있도록 부스팅하는 역할을 한다. 그들이 없는 나의 행운과 성공을 상상하는 것은 불가능한 것을 상상하는 것이다.

　　　로저 페더러가 코인 토스에서 이겼고 먼저 서브를 넣는다고 했다. 크게 신경 쓰지 않았다. 나는 경기 시작에서 상대가 먼저 서브를 넣는 것을 선호한다. 내 정신력이 강하다면, 그리고 상대선수가 긴장하고 있다면, 나는 상대의 서브게임을 브레이크할 가능성이 충분하다는 것을 알기 때문이다. 나는 압박감을 즐긴다. 굴복하지 않는다. 압박 속에서 더 강해지고 궁지에 몰릴수록 더 의기양양해진다. 물론 나는 많이 긴장했고 아드레날린과 피가 관자놀이에서 혈관을 타고 다리로 흘러가는 것을 느낄 수 있을 정도였다. 그것은 극한의 신체적 경계상태였지만 충분히 극복할 수 있는 상황이었고 나는 그것을 극복했다. 아드레날린이 긴장감을 이긴 것이다. 내 다리는 풀리지 않았다. 오히려 더욱 견고해지고 하루 종일 달릴 준비가 되어있었다. 온몸의 신경은 날카롭게 살아있었다. 나는 고독한 테니스 세계에 갇혀 있었지만 이보다 더 생기가 넘친다고 느낀 적은 없었다.

　　　우리는 베이스라인에서 자리를 잡고 워밍업을 시작했다. 다시 고요 속에서 팡, 팡, 팡, 에코가 울렸다. 나는 페더러가, 처음 느낀 것은 아니지만, 동작들을 얼마나 능수능란하게 하고 쉽게 그리고 침착하게 움직이는지를 마음속 어딘가에 메모해 두었다. 어찌나 균형이 잘 잡혔던지. 그에 비하면 나는 천방지축이었다. 나는 위기에 처할수록 더 수비가 빛을 발하고 더 빠른 움직임과 회복력을 보인다. 그것이 내 이미지라는 것을 잘 알고 있다. 나 역시도 영상으로 그런 나를 자주 확인했다. 그리고 그것은 내가 커리어의 대부분을 어떻게 경기했는지에, 특히 페더러가 상대였을 때, 잘 반영되어 있다. 그러나 좋은 감각은 유지되고 있었다. 준비도 잘 되어 있었다. 만약 내가 경기 전 루틴을 행하지 않았다면, 그리고 센터코트가 일반적으로 유발하는 무대 공포증을 떨쳐내도록 체계적으로 의도하지 않았다면 나를 공격하고 압도했을 감정들을, 완전히 사라지지는 않았지만,

그렇게 잘 통제하지 못했을 것이다. 내 주위에 쌓은 벽은 견고하게 우뚝 서 있었다. 나는 긴장감과 통제력, 그리고 승리할 수 있다는 확신 사이에서 적절한 균형을 이루고 있었다. 실제 전투에 앞서 워밍업으로 그라운드 스트로크, 발리, 스매시, 그리고 서브로 마무리되는 워밍업 세션에서 나는 공을 강하고 깔끔하게 치고 있었다. 이제 벤치로 돌아가서 수건으로 팔과 얼굴을 닦고 두 개의 물병에서 각각 한 모금씩 마셨다. 나는 작년 결승전이 시작되기 직전의 이 단계를 회상했다. 다시 한번 스스로에게 되뇌었다. 어떠한 문제가 생겨도 받아들일 준비가 되어 있고 그것을 극복할 거라고. 왜냐하면 윔블던에서 우승하는 것이 내 인생의 꿈이었고, 이번 경기만큼 그 꿈에 가까이 다가간 적이 없으며 그리고 그 기회는 다시 오지 않을 지도 모르기 때문이다. 내 무릎이나 발, 백핸드나 서브 등 다른 무언가가 나를 저버릴지언정 내 머리는 결코 그렇지 않을 것이다. 나는 두려움과 긴장감은 느낄 수는 있겠지만 멘탈만은 나를 실망시키지 않을 것이다.

클라크 켄트 & 슈퍼맨
Clark Kent & Superman

2008년 윔블던 결승전 시작과 동시에 네트에서 베이스라인으로 질주하던 라파엘 나달은 그야말로 전사와도 같았다. 움켜 쥔 라켓은 바이킹의 도끼였으며 집중하는 눈빛은 불타오르고 있었다. 얼핏 보아도 페더러와는 스타일이 많이 달랐다. 한 명은 슬리브리스 티셔츠에 해적 같은 카프리 반바지 차림의 어린 선수, 다른 한 명은 금장 엠블럼이 새겨진 크림색 가디건과 클래식한 폴로 셔츠를 입은 몇 살 더 많은 선수. 한쪽은 스트리트 파이트 언더독, 다른 한 쪽은 능숙하고 유려한 젠틀맨.

이두박근에 굵은 핏줄이 선명하게 드러난 나달을 원초적인 동물적 포스라고 한다면 훤칠하고 슬릭한 페더러는 엘레강스 그 자체였다. 갓 22살이 된 나달이 고개 숙인 자객이라면 나달보다 5살 많은 27살의 페더러는 마치 수많은 인파를 초대한 프라이빗 가든 파티에서처럼, 관중들에게 우아하게 손을 흔들며 걸어 들어오는, 그야말로 윔블던을 소유한 귀족같았다

경기 전 워밍업 세션에서 건성으로 공을 치는 듯한 페더러의 거만한 움직임에서 잠시 후 있을 거물의 격침을 엿볼 수 있었다. 나달의 전광석화와 같은 저돌성은 플레이스테이션 게임 속 캐릭터 같았다. 나달은 마치 기관총을 난사하듯 포핸드를 작렬했다. 가상의 총을 장전하고 타겟을 고정한 후 방아쇠를 당긴다.

이름이 고대 독일어로 '깃털 상인 Feather Trader'을 의미하는 페더러는 움직임에서 막힘이 없었고 눈에 보이는 기계적인 딱딱함은 전혀 찾아볼 수 없었다. 그는 자연스러운 유연함 그 자체였다.

나달이라는 이름은 스페인어로 크리스마스라는 뜻으로 이름만으로도 깃털 상인보다는 더 활기가 넘친다. 완벽하게 다져진 몸매의 나달은 모든 스포츠에 잘 어울리는 스타일이었고 페더러는 1920년대 즈음 '애프터눈 티타임' 때 테니스를 즐겼던 상류사회 신사 같은 타입이었다.

그것이 전세계가 그들을 바라본 시각이었다. 페더러의 눈에는 으르렁대는 한 어린 선수가 페더러 왕국을 무너뜨리려 위협하고 6년 연속 윔블던 우승이라는 대기록을 저지하려 하며 4년동안 지켜 온 세계 1위 자리를 넘보고 있는 것이었다.

전직 프로 테니스 선수이자 나달의 세컨드코치인 프란시스 로이그의 말에 의하면 경기 시작 전 락커룸에서 나달은 페더러가 돌부처가 아닌 이상 충분히 그에게 위협적인 인상을 주기 시작했을 것이라고 한다. "티틴이 테이핑을 끝내고 나달이 마사지 테이블에서 일어나는 그 순간부터 그는 상대 선수에게 무섭게 변해 버리지. 머리에 반다나를 묶는 단순한 행동 하나도 소름 끼칠 정도로 강렬해. 그의 눈은 주변 그 무엇도 보지 않아. 그리고 깊은 숨을 들이쉬고는 펌핑하듯 제자리에서 점프를 하면서, 라이벌 선수가 근처에 있다는 것을 의식하듯, '바모스! 바모스!'를 부르짖어. 그건 거의 동물에 가까운 모습이야. 페더러는 자신의 생각을 하고 있었을 텐데도 곁눈으로 볼 수밖에 없었을 거야. 난 페더러가 그렇게 보는 것을 몇 번이나 목격했어. 그 표정은 마치, '오 마이 갓, 이게 바로 모든 포인트를 매치 포인트인 것처럼 싸운다는 나달이군. 오늘 나는 내 최고의 게임을 펼쳐야 해. 모든 것을 걸어야 하는 날이야. 이기는 것이 아니라 기회를 놓치지 않기 위해.' 라고 말하는 것 같았지."

자연인 나달과 '진정한 챔피언들만이 가진 그 특별한 무언가'를 지닌 경쟁자 나달 사이의 미세한 간극을 목격한 로이그의 눈에는 나달의 그 퍼포먼스가 더 극적으로 보였다. "알다시피 나달은 본인의 아주 예민한 성격때문에 힘들어 해. 일상에서는 그저 평범한 남자라구. 아주 품위있고 좋은 사람이야. 자신에게 확신이 없어 항상 불안해하지. 그런데 그랬던 사람이 지금 갑자기 눈앞에서 정복자로 돌변하는 걸 보라고."

그러나 락커룸에서 센터코트로 걸어 나올 때 가족들의 눈에 비친 나달의 모습은 정복자도, 글라디에이터도, 성난 황소도 아니었다. 그들은 나달을 걱정하고 있었다. 물론 나달이 현명하고 용감하다는 것을 잘 알고 있지만 그들은 지금 경외하는 마음으로 나달을 바라보면서 그의 인간적인 나약함을 염려하고 있었다.

라파엘 메이모(티틴)은 나달의 그림자 같은 존재다. 메이모는 신중하고 기민하며 침착한 성격의 소유자이다. 그는 끝없이 긴 월드 테니스 투어에서 단정하고 깔끔한 187cm의 탑처럼 큰 친구이자 고용주인 나달에게 가장 친밀한 동료이다.

나달의 피지컬 테라피스트로 일하기 시작한 2006년 9월부터 두 사람은 그야말로 텔레파시가 통하는 관계로 발전했다. 둘 사이에는 긴 말이 필요 없었다. 메이모는 특별한 의미는 없지만 나달이 '티틴'이라는 애칭을 붙여 줄 정도로 그에게 특별한 존재가 되었다.

메이모는 나달과 함께 있을 때 언제 말을 해야 하는지, 언제 들어야 하는지 정확하게 알고 있다. 그의 역할은 순종 경주마의 마부와도 같다. 나달의 근육을 풀어주고 관절에 테이핑을 해주고 예민한 성격을 진정시켜준다. 메이모는 나달의 '호스 위스퍼러 Horse Whisperer'이다.

메이모는 나달이 필요로 할 때면 언제든지 그의 곁에 있다. 신체적으로뿐만 아니라 심리적으로도 그렇다. 하지만 선은 있다. 바로 가족이다. 나달을 인간으로 또는 테니스 선수로 지탱해 주는 기둥은 바로 가족이다. 메이모는 이렇게 말한다. "나달에게 있어서 가족이라는 의미와 그들과의 유대는 아무리 강조해도 지나침이 없어요. 나달의 승리는 곧 가족의 승리입니다. 부모님, 여동생, 삼촌, 숙모님들, 할아버지, 할머니 모두 말입니다. 그들은 가족 전체가 하나이고 가족 하나가 전체라는 원칙으로 살아요. 그들은 승리에 함께 기뻐하고 패배에 함께 슬퍼합니다. 마치 라파의 신체 일부와도 같은 존재이죠."

메이모는 나달의 거의 모든 경기에 가족들이 참석하는 이유가 가족 없이는 나달이 백 퍼센트 기량을 발휘할 수 없다는 것을 잘 알기 때문이라고 말한다. "의무는 아니지만 그들은 경기장에 있어야 합니다. 선택의 여지가 없어요. 경기 시작 전, 나달이 플레이어 박스를 바라보았을 때 가족이 그 자리에 있으면 우승 확률이 높아진다는 것을 우리 모두는 알고 있죠. 나달이 큰 대회에서 우승 하면 본능적으로 가족석으로 뛰어올라와 그들과 포옹하고 함께 기뻐하는 것도 그러한 이유에서입니다. 혹시 참석하지 못하고 TV로 지켜본 가족이 있다면 락커룸에 돌아가서 가장 먼저 하는 일이 바로 그들에게 전화하는 것입니다."

성공한 사업가인 나달의 아버지 세바스찬 나달은 2008년 윔블던 센터 코트에서 그의 인생 중 가장 초조한 하루를 겪는다. 바로 일 년 전, 2007년 윔블던 결승, 지금과 똑같이 페더러와의 결승전 그날의 기억이 세바스찬은 물론 온 가족을 괴롭혀 왔다. 그들은 5세트 패배 후 라파가 얼마나 힘들어 했는지 잘 알고 있기 때문이다. 세바스찬은 가족들에게 락커룸에서의 장면을 설명해 주었는데, 라파는 락커룸 샤워실 바닥에 주저앉아 샤워꼭지에서 떨어지는 물을 맞으며 30분동안 울었고 그의 얼굴엔 눈물과 수도물이 범벅이 되어 흘렀다고 했다.
"또 질까 봐 난 두려웠어요. 내가 아니라 라파가 걱정되었죠." 세바스찬은 말했다. "작년 패배 당시 처참하게 무너진 라파의 모습이 사진처럼 남아 있기 때문에,

라파가 고통스러워하는 모습을 다시는 보지 않겠다고 다짐했는데... 그리고는 생각했죠. 만약 라파가 진다면 내가 무엇을 할 수 있을까? 라파에게 트라우마로 남지 않게 내가 할 수 있는 일이 대체 뭐가 있을까? 라파 인생에서 가장 큰 시합인데, 그 날은 그렇게 가장 중요한 날이었고 나에게는 고통의 시간이었습니다. 내 인생에서 그렇게 힘든 날은 없었죠." 가족 모두는 세바스찬의 그 고통스러웠던 하루를 공감하였다. 그들은 전사의 껍질을 썼지만 속은 아주 여리디 여린 라파를 보고 있었다.

나달의 여동생 마리엘은 5살 어린 철없이 발랄한 대학생이다. 마리엘은 그날 대중들의 눈에 비친 오빠와 자신이 아는 오빠 사이의 괴리를 은근히 즐기고 있었다. 심할 정도로 과잉보호적인 오빠 나달은 투어 중 세계 어디에 있든지 하루에도 열 번 이상 문자를 하고 만약 여동생이 조금 아프기라도 하면 안절부절 못하고 난리가 난다. "한 번은 오빠가 호주오픈에 있었을 때 의사가 내게 검사를 권유했어요. 전혀 심각할 것 없는 간단한 검사였죠. 오빠와 문자로 대화할 때 그 얘기는 절대로 하지 않았어요. 만약 얘기를 했더라면 아마 오빠는 엄청 걱정하며 경기는 포기했을 거예요." 라며 마리엘은 회상했다. 오빠의 명성에 자부심을 가진 여동생이지만 오빠를 '겁쟁이 고양이'라며 짓궂게 놀리는 장난기 가득하고 귀여운 라파의 여동생이다.

라파의 어머니 아나 마리아 파레라는 동의하지 않았다. "라파는 테니스 세계에서는 탑클래스이지만 깊은 내면은, 그를 모르는 사람들은 상상하지 못할 정도로, 두려움과 불안함 때문에 극도로 예민한 사람이예요. 예를 들면 라파는 어둠을 싫어해요. 그래서 잠을 잘 때에도 항상 불을 켜거나 TV를 틀어놔야 하죠. 천둥 번개도 싫어해요. 어릴 때 천둥과 번개가 치면 베개 밑으로 숨곤 했죠. 지금도 그래요. 강한 비바람이 치는 날에 물건을 부치러 나가려고 하면 라파는 나를 절대 나가지 못하게 합니다. 그리고 식습관도 있는데 스페인 국민 음식인 햄과 치즈, 토마토를 아주 싫어해요. 나도 햄을 그렇게 즐기는 편은 아니지만 치즈를 안 먹는다고요? 그건 좀 독특해요."

까다로운 입맛을 가진 나달은 또한 까다로운 운전자이기도 하다. 나달은 가상 세계인 플레이스테이션에서 운전하는 걸 더 좋아한다. 투어 중에 반드시 챙겨 다니는 게임기로 실제 차보다 더 많이 운전한다. "라파는 운전을 신중하게 해요. 엑셀, 브레이크, 엑셀, 브레이크. 너무 조심스럽게 운전해서 자신의 자동차 성능이 얼마나 강력한지 잘 모를 거예요."

마리엘은 어머니 보다 더 직설적이다. "오빠는 최악의 드라이버에요." 또 하나 재미있는 사실은 나달은 바다를 좋아하지만 동시에 무서워한다는 것이다. "오빠는 항상 요트를 구입하는 얘기를 해요. 낚시와 제트스키를 좋아한다고 말하지만 바닥에 모래가 보이지 않으면 제트스키는 커녕 수영도 안 할 거예요. 높은 바위에서 다이빙도 못하는 걸요. 오빠 친구들은 늘 하는데." 그러나 이러한 모든 기벽들은 그의 가장 큰 두려움과는 비할 바가 아니다. 그것은 바로 가족들에게 무슨 나쁜 일이라도 생길까 봐 걱정하는 것이다. 가족 중 누가 병에 걸리는 것은 물론이고 사고라도 당할까봐 영원히 조마조마하고 있다. "나는 매일 밤 벽난로에 불을 지피는 걸 좋아해요." 어머니가 말한다. "라파가 해외에 나가 있으면 불 끄고 자라고 확인 전화를 수도 없이 한답니다. 내가 한시간 거리의 팔마 시내로 운전이라도 하면 제발 천천히 조심히 운전하라고 신신당부하죠." 현명하고 강인한 지중해 여장부 스타일인 아나 마리아는 코트 안에서 그렇게 용맹하고 코트 밖에서는 한없이 겁 많은 라파의 부조리에 결코 지루하지 않다. "라파는 처음 보면 솔직하고 아주 좋은 사람이죠. 하지만 그의 내면을 들여다보면 참 애매모호 하답니다. 앞뒤가 딱 들어 맞지 않아요."

그것이 바로 나달이 큰 경기에서 잠재된 글라디에이터의 모습을 끌어내기 전에 용기로 무장을 하고 락커룸에서 그러한 자신만의 루틴을 실행하며 다른 자아로 탈바꿈하여 내재된 불안과 공포를 떨쳐내는 이유이다.

2008년 윔블던 결승전에 락커룸에서 센터코트로 걸어 들어온 그 남자는 수많은 관중들에게는 슈퍼맨이었고 가족들에게는 클라크 켄트였다. 둘 다 나달의 본 모습이다. 서로가 서로를 의지하며 보완하고 있다. 2006년 12월부터 나달의 홍보 책임을 맡아 온 베니토 페레즈 바르바딜로는 가족의 애정과 지지가 나달 인생의 버팀목이 되어주듯 나달의 불안감은 경기력의 핵심적인 원천이 된다고 강조한다.

베니토는 테니스계에 10년 이상 몸담아 온 베테랑이며 나달의 홍보 책임자로 오기 전에는 ATP(프로테니스선수협회) 관계자로 일해 왔기 때문에 대부분의 탑랭킹 선수들에 대해 잘 알고 있다. 그가 말하길 나달은 타 선수들과는 아주 많이 다르다고 한다. 선수로서의 면과 인간적인 면에서. "그의 독특한 멘탈과 자신감 그리고 투쟁심은 불안감의 반대 방향으로 그를 움직이는 힘입니다." 그가 두려워하는 모든 것들, 어둠, 번개, 바다, 가족들의 사고와 같은 생각들은 강제적인 필요에 의해 억눌러진다.

"그는 모든 것을 컨트롤해야 하는 사람이다. 그러나 그것이 불가능하다는 것을 알기에 그가 자신의 인생에서 가장 잘 컨트롤 할 수 있는 한 가지에 몰두하고 투자하였다. 그 한가지는 바로 '테니스 선수 라파' 이다.

RAFAEL NADAL

제 2 장

다이나믹 듀오
The Dynamic Duo

첫 번째 포인트가 항상 중요하다. 특히 윔블던 결승전에서는 더욱 그러하다. 오늘 아침 내내 느낌이 좋았고 이제 그 느낌을 코트 위에서 증명해야 했다. 페더러의 첫 서브는 아주 좋았고 나의 백핸드 쪽으로 와이드하게 꽂혔다. 나는 그것을 날카롭게 그리고 그가 예상했던 것보다 더 깊고 강하게 리턴했다.

페더러는 공 방향으로 움직일 준비를 했고 샷에 힘을 싣기 위해 몸을 전방으로 향하였지만 내 강력한 리턴에 스텝이 엉켜버렸다. 어쩔 수 없이 뒤로 몇 발짝 주춤하며 불편한 자세로 인해 포핸드에 그다지 힘을 싣지 못하고 말았다. 깊고 어려운 서브에 대한 리턴치고는 상대에게 부담을 주는 나 역시 예상 못한 좋은 리턴이었다. 상대의 좋은 리듬을 깨고 궁지에 몰아넣는 샷을 치는 것, 그것이 바로 페더러를 상대로 내가 해야 할 일이다. 처음부터 끝까지.

5년 전 마이애미에서 내가 처음 페더러와 경기할 당시, 토니 삼촌이 말한 것도 바로 이것이었다. "너는 재능으로는 페더러를 이길 수 없어. 그는 어떤 상황에서도 너보다 위닝샷을 더 잘 만들어 낼 수 있거든. 그래서 넌 항상 그를 압박해야만 해. 그의 한계 상황에서 플레이하게 만들어야 해." 비록 내가 6-3, 6-3으로 이기기는 했지만 삼촌의 말이 옳았다는 것을 인정할 수밖에 없었다. 페더러는 서브, 발리 등 모든 면에서 나보다 한 수 위였다. 그의 포핸드 역시 나보다 위력적이었다. 백핸드 슬라이스도, 코트 커버 능력도 모두 나보다 훌륭했다. 그렇기에 그가 5년동안 세계 1위이고 내가 3년동안 세계 2위인 것이다. 게다가 윔블던 5년 연속 우승 아닌가. 그는 말그대로 이 곳을 소유하고 있었다. 페더러를 이기기 위해서는 그의 멘탈을 공격해야 한다는 것을 깨달았다. 페더러에 대한 전략은 첫 포인트부터 마지막 포인트까지 절대 느슨해지지 않고 그를 지치게 하는 것이었다.

페더러는 나의 첫 리턴을 어색하긴 했지만 내 백핸드 쪽으로 잘 받아 넘겼다. 나는 게임플랜 대로 그의 백핸드를 다시 공략했지만 페더러는 부드럽게 돌아서 포핸드로 받아 쳤다. 그러나 내가 주도권을 잡고 있는 상황에서, 코트 중간에 있었기에, 그를 더 바깥쪽으로 몰아내야 했었다. 그의 포핸드가 내 백핸드 쪽으로 왔지만, 그다지 깊게 파고들지는 못해서, 나는 그의 백핸드 쪽 다운 더 라인으로 깊숙이 찔러 넣었다. 이번에는 페더러에게 돌아서 칠 여유가 없었다. 그는 대각선 크로스 샷을 나의 포핸드로 보냈고 나는 위닝샷 기회를 맞이했다. 페더러는 백핸드를 예상하고 있었으나 나는 포핸드 쪽으로 공을 보냈고 공은 베이스라인 안쪽에 떨어져 크게 바운드 되며 그의 라켓이 닿지 않게 와이드하게 빠져나갔다.

방금 같은 첫 포인트는 큰 자신감을 만들어 준다. 잔디 코트에 적응도 하며 공이 나를 컨트롤하는 것이 아니라 내가 공을 컨트롤하는 느낌을 가지면서 말이다. 일곱 번의 샷을 주고받는 랠리 속에서 나는 공을 완전히 컨트롤하고 있었다.

마음에 안정이 왔다. 긴장감도 적절하게 유지되고 있었다. 이것이 정확하게 윔블던 결승전 첫 포인트에서 내게 필요한 것이다.

　　　윔블던에서 한가지 신기한 점은 대회의 웅장한 스케일과 규모에 대한 부담감에도 불구하고 모든 토너먼트들 중에서 내가 가장 집과 같은 차분함을 느낄 수 있다는 것이다. 다른 많은 대회에서는 과도하게 럭셔리한 호텔에서 지내게 되는데 윔블던에서는 올 잉글랜드 클럽 바로 길 건너편의 가정집을 렌트한다. 팬시하지 않은 평범한 3층 집이며 가족과 팀 그리고 친구들이 머물기에 충분한 크기이다. 이러한 환경이 여타 대회들과는 나에게 다른 느낌을 준다. 팀과 가족과 떨어져 각자 호텔룸에서 따로 지내기보다 모두가 공간을 함께 사용하고 교통체증 때문에 차에서 시간을 허비하지도 않으며 도보로 2분거리에 윔블던 코트가 있다. 하우스에 머물게 되면 음식도 직접 만들어 먹는다. 그래서 시간이 되면 나는 마켓에 장을 보러 간다. 누텔라 초콜릿이나 감자칩같은 것들도 많이 먹는다. 나의 식습관은 그리 좋은 본보기는 아니다. 건강식도 아니고 프로 선수 식단도 아니다. 그냥 일반인의 식습관이다. 그냥 먹고 싶으면 가리지 않고 먹는다. 특히 올리브를 무척 좋아한다. 그냥 먹든 음식에 넣어 먹든 상관하지 않는다. 다만 먹는 양이 문제다. 어머니가 가끔 얘기하지만, 내가 어린 시절 올리브가 가득 든 큰 병을 몰래 숨겨 다 먹고는 배탈이 나서 며칠을 앓았던 적이 있었다. 그럼에도 나는 여전히 올리브를 좋아한다. 투어 중 좋은 올리브를 구할 수 없는 곳에서는 기분이 좋지 않다.

　　　윔블던에서는 쉽게 구할 수 있지만 슈퍼마켓에 장보러 가는 시간을 잘 선택해야 한다. 어쩌다 붐비는 시간에 가기라도 하면 사인을 요구하는 팬들에 둘러싸일 위험도 있다. 이런 것은 내가 받아들여야 할 직업적 필수 상황이며 나는 그것을 영광으로 생각한다. 나는 팬들의 사인 요청을 결코 거절하지 않는다. 적절한 인사나 매너 없이 나의 면전에 종이와 펜을 툭 들이대는 사람들에게도 사인을 해 준다. 다만 그런 사람들은 나의 미소는 받을 수 없다. 아무튼 윔블던에서는 경기의 압박감을 벗고자 수퍼마켓에 가는 것 조차도 은근한 부담감이 있다. 내가 유일하게 아무런 부담 없이 일반인과 같이 쇼핑할 수 있는 곳은 나의 고향 마나코르 뿐이다.

윔블던과 마나코르의 공통된 편안함은 집에서 지낸다는 것과 몇 걸음이면 코트에 도착한다는 것이다. 내가 4살 때 테니스를 시작했을 무렵의 그 시절이 떠오른다. 당시 우리는 동네 테니스 클럽 맞은편 아파트에 살고 있었다. 걸어서 코트에 가면 클럽 코치였던 토니 삼촌에게 레슨을 받았다.

클럽 하우스는 겨우 4천명 인구의 작은 동네 수준의 규모였다. 코트보다 레스토랑이 더 큰 클레이코트였다. 하루는 토니가 지도하는 6명의 어린이 그룹에 참가하게 되었는데 첫날부터 바로 레슨을 좋아하게 되었다. 그 당시 나는 축구를 제일 좋아했고 부모님이 허락하는 시간에 틈만 나면 동네 아이들과 길에서 축구를 즐겼다. 나는 팀의 일원이 되는 것이 좋았다. 토니삼촌도 말하기를 내가 처음부터 테니스를 좋아한 건 아니라고 했다. 그룹레슨을 하고부터 테니스를 좋아하기 시작한 것이다. 만약 삼촌과 둘이서만 해야 했다면 생각만 해도 숨이 막혔을 것이다. 13살이 되기 전까지는 테니스가 나의 미래이며 삼촌과 나 단 둘이서 훈련해야 한다는 것을 알지 못했다.

토니 삼촌은 첫날부터 나에게 엄격했다. 다른 아이들보다 유독 나에게만 말이다. 나에게만 많은 것을 요구했고 엄청난 압박을 주었다. 특히나 다른 아이들이 나오지 않은 날, 단 둘이 훈련하는 날에는 내게 심한 말들을 하고 소리를 지르고 무섭게 야단쳤다. 코트에 나갔는데 다른 친구들이 보이지 않고 삼촌과 단 둘이 있을 때는 나는 이유 없이 배가 아프기까지 했다. 여전히 나의 베스트 프렌드 중

한 명인 미구엘 앙헬 무나르는 일주일에 2~3일 테니스 레슨을 했고 나는 4~5일을 했다. 우리의 레슨 시간은 주로 점심시간인 1시 15분부터 2시 30분 사이였다. 축구 훈련이 없는 날에는 방과 후에도 테니스를 했다. 미구엘이 회상하길 간혹 내가 훈련 중 산만한 모습을 보이면 토니 삼촌은 나에게 공을 세게 내려쳤다. 비록 공에 맞진 않았지만 내게 겁을 주어 집중하게 만들려고 한 것이다. 미구엘은 당시 우리 모두가 산만했는데 그나마 내가 가장 덜 산만했다고 한다. 토니는 훈련이 끝나면 공도 항상 내가 제일 많이 줍게 했다. 코트 바닥 정리도 늘 나를 지목했다. 혹시 편애가 있었을 거라 생각 한다면 오산이다. 그 반대였다. 미구엘은 오히려 나를 노골적으로 더 차별했다고 말한다. 다른 아이들에게는 그렇게 할 수 없었지만 나한테는 그렇게 할 수 있었다. 왜냐하면 나는 그의 조카였으니까.

반면에 그는 테니스 코트 안에서는 나를 북돋아 주기도 했다. 미디어 상에 나도는 얘기 중에 토니 삼촌이 어릴 때부터 나를 왼손잡이로 테니스를 하게 만들었다는 루머가 있다. 왼손잡이가 테니스에 더 유리하기 때문에 억지로 왼손으로 치게 훈련시켰다고 말이다. 지금 이 자리에서 분명히 말하지만 그것은 사실이 아니다. 미디어가 지어 낸 스토리일 뿐이다. 진실을 얘기하자면, 어릴 적 처음 테니스를 할 때 나는 네트 위로 공을 넘기지도 못할 만큼 힘이 없어서 두 손으로 라켓을 잡고 쳤다. 포핸드, 백핸드 모두 두 손으로 플레이를 했다. 하루는 삼촌이 "세상에 두 손으로 포핸드를 치는 테니스 선수는 없어. 네가 그 첫 번째 선수가 되기 싫다면 이젠 바꿔야 해." 그래서 바꿨다. 그런데 자연스럽게 왼손으로 치게 된 것이다. 이유는 나도 모르겠다. 왜냐하면 글도 오른손으로 쓰고 농구나 골프, 다트도 모두 오른손을 사용한다. 그런데 축구는 왼발로 한다. 왼발이 오른발보다 훨씬 강하다. 그게 나의 투핸드 백핸드에 큰 도움이 된다고 하는데 정말 그런 것 같다. 대부분의 선수들보다 양손 모두에 감각이 더 좋고 힘을 더 실을 수 있다면, 특히 크로스 샷을 할 때에는 반대손에 있는 여분의 힘이 큰 도움이 되는 것은 사실이다. 하지만 그것이 토니 삼촌이 만든다고 만들어지는 것은 아니다. 천부적으로 타고 나지 않은 것을 만들 수 있다고 생각하는 것은 어불성설이다.

어쨌든 토니 삼촌이 나를 혹독하게 대한 것은 사실이다. 어머니는 내가 훈련을 마치고 종종 울면서 집에 돌아온 것을 기억하고 있다. 어머니는 무슨 일이 있었냐고 물었지만 나는 얘기하지 않았다. 한 번은 어머니께 삼촌이 나를 '마마보이'라 부른다고 일렀더니 그 때 어머니는 충격 받았다. 하지만 나는 제발 삼촌에게 모른 척 아무 얘기도 하지말아 달라고 당부했다. 일이 더 힘들어질까 봐 두려웠기 때문이었다.

토니 삼촌의 사전에는 부드러움이란 없다. 한 번은 내가 일곱 살 때 아주 팽팽한 시합을 한 적이 있었다. 무더운 여름 낮이었는데 물병 하나 없이 경기에 임했다. 깜빡하고 물병을 집에 두고 온 것이다. 삼촌은 물 한 병쯤 구해줄 법한데 그러지 않았다. 나더러 책임감을 배워야 한다고 했다. 왜 반항하지 않았냐고? 왜냐하면 나는 테니스가 좋았으니까. 승리의 기쁨을 맛본 후로는 테니스가 더 좋아지기 시작했다. 당시 나는 그 정도로 순종적이고 유순한 아이였다. 어머니에 따르면 아주 다루기 쉬운 아이였다고 한다. 내가 테니스를 그렇게 좋아하지 않았다면 삼촌과 잘 지내지 못했을 것이다. 나는 삼촌을 사랑했고 지금도 사랑하고 앞으로도 그럴 것이다. 그리고 나는 삼촌을 믿었다. 그가 나에게 하는 모든 것들이 나에게 최선이기 때문이라는 것을 진심으로 알고 있었다.

내가 삼촌을 어느 정도까지 믿었냐하면, 예를 들어 삼촌이 투르 드 프랑스에서 우승했다거나 이탈리아에서 축구선수로 뛴 적이 있다는 거짓말까지 믿을 정도였다. 더 나아가 나는 삼촌이 슈퍼파워가 있는 사람이라고 맹목적으로 믿게 되었다. 아홉 살이 될 때까지 나는 그에게 초능력이 있으며 투명인간이 될 수 있다고 믿었다. 온 가족이 모이는 자리에서 아버지와 할아버지는 삼촌을 거들어

나를 놀렸다. 모두가 삼촌이 안보이는 척했다. 내 눈에만 삼촌이 보이고 아무도 삼촌이 안 보인다고 말이다. 토니 삼촌은 심지어 자신이 비를 내리게 할 수도 있다고 했다.

한 번은 내가 일곱 살 때 열두 살 형과 시합을 한 적이 있었다. 내가 이길 확률이 거의 없다는 것을 다 알고 있었는데, 토니는 만약 0-5로 내가 지고 있으면 자신이 비를 내리게 해서 경기를 취소시키겠다고 했다. 그런데 삼촌이 성급했는지 0-3으로 지고 있는데 벌써 비가 내리기 시작했다. 그리고는 내가 두 게임을 만회했다. 이제 게임 스코어 2-3. 갑자기 자신감이 생겼다. 엔드 체인지를 하는 중, 나는 삼촌에게 "이제 비를 멈춰줘. 이길 수 있을 것 같아."라고 말했다. 몇 게임 뒤 정말로 비가 멈췄지만 나는 5-7로 패했다. 그가 정말 레인메이커가 아니라는 사실을 알게 된 것은 그래도 2년이 더 지난 후였다.

비록 훈련할 때의 전반적인 분위기는 딱딱하고 혹독했지만 삼촌과 나 둘 사이에는 그렇게 재미있고 마법 같은 순간들도 많이 있었다. 그리고 수많은 성공도 있었다. 만약 그가 그날 물병 없이 시합하게 하지 않았더라면, 또래들과 함께 훈련할 때 나를 혹독하게 대하지 않았더라면, 그 부당한 학대와 심한 독설에 내가 울지 않았더라면 아마도 나는 오늘날의 선수가 되지 못했을 것이다. 그는 항상 인내심의 중요성을 강조했다. "인내해라. 네 앞에 무엇이 놓여있어도 견뎌내라. 나약함과 고통을 이겨내는 법을 배워라. 마지막 순간까지 버티고 굴복하지 말아라. 그걸 해내지 못하면 너는 결코 엘리트 스포츠 선수가 될 수 없다." 그것이 바로 그가 가르쳐 준 레슨이다.

나는 종종 분노를 억누르지 못해 힘들어했다. 나는 "왜 훈련이 끝나면 다른 친구들은 안하고 나만 코트 정리를 해야 하는 거야?", "왜 나만 다른 아이들보다 볼을 더 많이 주워야 하는 거야? 왜 삼촌은 실수에 대해 나에게만 저렇게 소리를 지르는 거야?"라고 혼자 불평했다. 하지만 동시에 그 분노를 내면화하는 법을 배웠다. 그 부당함을 고민하지 않고 받아들이는 법을 배웠다. 물론 그는 도가 지나쳤지만 나에게는 잘 들어 맞은 셈이다. 테니스를 처음 시작할 때부터 모든 레슨 시간에 겪었던 그 혹독한 긴장감 덕분에 나는 매 경기 어려운 순간들조차 더 큰 자제력으로 극복할 수 있었다.

사람들이 나에 대해 말하는 코트에서의 투지는 상당 부분 토니 삼촌이 만들어 준 것이다. 그러나 내 경기를 궁극적으로 결정하는 나의 인성과 행동의 가치는 내 부모님으로부터 물려 받은 것이다. 물론 토니 삼촌도 코트 위에서는 항상 행동을 올바르게 해야 한다고 가르쳐 왔다. 한 예로 화가 난다고 해서 코트에서 절대 라켓을 던지거나 부러뜨려선 안 된다는 점을 강조했고 나 역시 지금까지 단 한 번도 그러한 행동을 하지 않았다. 그러나 중요한 사실은 내가 집에서 다르게 교육받았다면 삼촌의 말을 그렇게 귀담아듣지 않았을 것이다. 나는 가정교육에 있어서 많은 것을 배워야만 했다. 특히 부모님은 테이블 매너를 중요하게 여기셨다. "입안에 음식이 있을 때는 말하지 마라!", "똑바로 앉아라!" 대인관계에서는 항상 예의 바르게 말하고 행동해야 했다. "안녕하세요"라고 먼저 인사하고 항상 악수해야 했다. 그 부분에 있어서 부모님과 토니 삼촌은 테니스가 중요한 것이 아니라 '좋은 사람'이 되는 것이 더 중요하다고 말했다. 어머니는 만약 내가 지금과 다르게 코트에서 악동처럼 행동하는 선수였다면 지구 반대편까지 내 경기를 보러 오는 것이 아마 부끄러웠을 거라고 한다.

그들은 내가 어린 시절부터 모든 사람을 공손하게 대하는 것이 중요하다고 주입시켰다. 아버지는 내가 학교 대항 축구시합에 졌을 때도 나에게 우승팀에게 축하 인사를 하고 오라고 시켰다. 나는 싫었지만 "잘했어. 축하한다, 챔프"라는 말을 하고 와야 했다. 패했을 때 나의 기분은 처참했으며 내가 한 말이

진심이 아니란 게 얼굴에 드러났을 것이다. 하지만 아버지가 시킨 대로 하지 않으면 곤경에 빠질 것을 알기에 그렇게 했다. 그 습관이 지금까지 남아있다. 나는 시합에 지면 본능적으로 상대 선수를 칭송하고 내가 이겼을 때에도 마찬가지다.

       내가 어릴 때 그러한 가정교육을 해 준 행복하고 단란한 가족이 있었기에 삼촌과의 그 모든 혹독한 훈련을 견뎌낼 수 있었을 것이다. 왜냐하면 무엇보다도 나의 부모님은 내게 무한한 안정감을 제공해 주었기 때문이다. 아버지 세바스찬은 5남매의 첫째였고 나는 첫 번째 손자였다. 이 말은 태어난 첫 날부터 할아버지는 물론 아직 자녀가 없는 세 삼촌들과 고모의 애정을 독차지했다는 것이다. 그들에게 나는 패밀리 마스코트이자 가장 사랑스러운 장난감이었다. 내가 생후 15일 밖에 되지 않았는데도 삼촌들과 고모들이 함께 사는 할아버지 집에 나를 두고 와야 했을 정도라고 했다. 삼촌들은 어린 나를 클럽과 바 등지에도 데리고 다녔다. 어른들과 함께 하는 자리에 가는 것이 나에게는 아주 자연스러운 일이 되었다. 그러한 기억들은 아직도 나에게 가장 소중한 추억들이다. 나의 대모 마릴렌 숙모는 마나코르에서 10분 정도 떨어진 포르토 크리스토 해변에 나를 데리고 가 당신의 배 위에 누이고 선탠을 했다. 삼촌들과는 아파트 복도나 차고에서 축구를 하곤 했다. 미겔 앙헬 삼촌은 유명한 프로축구 선수였다. 마요르카 팀에서 뛰었는데 훗날 바르셀로나 팀과 스페인 국가대표로도 활동했다. 내가 아주 어렸을 땐 삼촌이 경기하는 스타디움으로 나를 데리고 가서 경기를 관람하기도 했다. 토니 삼촌과의 힘들었던 이야기를 토로하곤 있지만 그렇다고 내가 어려운 환경을 극복하고 정상에 오른 그런 선수는 아니다. 오히려 나는 동화 같은 유년 시절을 보냈다.

       스포츠에서 성공한 이들과 나와의 한가지 공통점을 꼽자면 그것은 광적인 승부욕이다. 어렸을 적부터 나는 무엇이든 지는 걸 싫어했다. 카드게임이든 동네 축구에서든 무엇이든. 지면 화가 치밀어 올랐고 지금도 마찬가지다.

몇 년 전 가족들과 카드 게임을 했는데 지게 되자 나는 누군가가 속임수를 썼다고 우겼다. 지금 생각해도 그건 좀 너무했던 것 같다. 그런 성향을 어떻게 가지게 되었는지는 잘 모르겠다. 아마도 삼촌들이 친구들과 바에서 게임하는 모습을 보고 자라서 그런걸까? 평소에는 순하디 순한 내가 게임만 하면 작은 악마로 변신하는 걸 보며 그들은 가끔씩 놀라기도 했다.

또 한편으로는, 성공에 대한 욕망은 분명 나의 가족에게서 온 것이다. 우리 외가집은 마나코르에서 가구회사를 운영한다. 가구업계는 오랫동안 우리 도시의 주축 산업이었다. 외할아버지는 열 살 때 아버지가 돌아가셨는데 그때부터 가업을 배우기 시작했고, 이후 가구 장인이 되셨다고 한다. 우리 집에는 지금도 외할아버지가 손수 제작하신 멋지고 귀한 서랍장들이 있다. 외할아버지가 말씀하시기를, 1970년 마요르카를 비롯해 인근 섬 이비자와 마나코르에서는 2천개의 침대가 제작되었는데 그중 절반이 외할아버지 작업장에서 만들어진 것이라고 할 정도였다. 지금은 나의 삼촌들이 운영하고 있다.

나의 그러한 유전적 영향은 아버지 핏줄에서 더 확실히 찾을 수 있다. 운동만이 그들의 전부는 아니었다. 나의 할아버지는, 그분 성함도 라파엘인데, 뮤지션이다. 수없이 들어온 스토리는 그가 어린 나이에도 얼마나 확고부동한 사람이었는지를 잘 말해준다. 현재 80대이지만 여전히 정정하시고 어린이 오페라 등 왕성한 음악활동을 하고 계신 할아버지는 열여섯 살 때 마을에서 성가대를 만들어 감독하고 있었다. 아주 진지한 성가대였다. 열아홉 살이 되었을 때 마요르카 심포니 오케스트라가 막 창단되었는데, 단장이 찾아와 할아버지의 성가대가 마요르카의 수도 팔마에서 베토벤 9번 교향곡을 공연하면 어떻겠냐는 제안을 했다고 한다. 맙소사. 당시는 1940년대였다. 스페인 내전이 끝난지 얼마 지나지 않았고 국가도 궁핍한 시절이었다. 그것은 보통 큰 행사가 아니었다. 더 중요한 사실은 멤버 84명 중 6명만이 악보를 읽을 줄 아는 순전히 아마추어 수준이었다. 하지만 할아버지는 단념하지 않았다. 성가대는 6개월여 동안 매일 리허설을 했다. 할아버지는 "마요르카 사람들이 드디어 생애 처음으로, 그것도 극장에서 라이브로 베토벤 9번 교향곡을 듣는 날이 왔다."고 말씀하셨다. 그의 말대로 그날은 마요르카 섬 역사에 길이 남을 하루가 되었다. 그것은 할아버지 없이는 불가능했을 것이다. 그때 그의 나이는 불과 19세였다.

아마 할아버지에게는 자녀 다섯 명 중 아무도 음악적 재능을 갖지 못한 것이 실망스러울 수도 있을 것 같은데 놀랍게도 그 중 셋은 스포츠에 탁월한 재능을 가지고 태어났다. 우리 아버지는 그 중 한 명은 아니다. 그는 비즈니스맨이다. 뼛속까지 사업가인 그는 돈만을 추구하는 것이 아니라 사업의 스릴까지 즐긴다. 그는 회사를 설립하고 거래와 협상 그리고 일자리를 창출하는 것에서 희열을 느낀다. 항상 그래왔다.

아버지가 열여섯 살이 된 여름 어느 날, 아버지는 포르토 크리스토의 비치 리조트 근처에 바를 열었다. 그리고 거기서 콘서트를 주최했다. 아버지는 바에서 번 돈으로 당신의 첫번째 오토바이를 샀다. 그리고 열아홉 살엔 중고차 시장에서 일하기 시작했다. 중고차 딜러들을 도와 명의변경에 필요한 서류작업을 하던 중 지나치게 많은 수수료가 부과되는 것을 알고는 자신이 직접 더 합당한 가격으로 많은 고객을 유치했다. 은행원으로 잠시 근무한 적도 있는데 적성에 맞지 않아 부동산을 하는 할아버지 친구의 소개로 유리 제작 회사에 취직하게 되었다. 창문, 테이블, 문 등에 들어가는 유리를 커팅하는 곳이었다. 사업은 당시 마요르카 관광산업의 호황에 힘입어 승승장구했다. 2년 후 아버지는 대출을 받아 토니 삼촌을 파트너로 하여 함께 회사를 인수하게 되었다. 토니 삼촌은 사업에 재능도 흥미도 없었다. 그래서 아버지는 혼자 사업을 책임지고 토니 삼촌은 오로지 나와 테니스 코칭에만 전념

하도록 했다. 예나 지금이나 아버지는 사업으로 항상 바쁘다. 여전히 유리 사업을 하고 있으며 부동산 사업에도 진출했다. 그리고 나를 대신해 투자사업을 도와주고 있다. 운이 좋게도 나는 좋은 인맥들을 많이 만들 수 있었는데, 아버지는 그들과 함께 예전보다 더 높은 수준의 사업을 국제적인 규모로 하고 있다. 아버지는 그 일을 당신 자신을 위해서 할 필요는 없지만 나를 위해 하고 있고 또 그것을 즐기기 때문이다. 그는 멈추지 않는다. 그는 늘 새로운 도전에 목말라 있다. 아마 그것 때문에 가족 모두가 내가 아버지를 닮았다고 말하는지도 모르겠다.

나의 운동선수 삼촌들을 소개하자면, 토니 삼촌은 코치가 되기 전에는 프로 테니스 선수였다. 라파엘 삼촌은 마요르카 리그에서 뛴 축구선수였고 미구엘 앙헬 삼촌은 일류 축구 선수였다. 그의 전성기는 19세에 스페인 1부리그 클럽인 마요르카 팀과 계약할 때였다. 그가 계약서에 사인하는 날은 우리 아버지가 에이전트 역할을 했는데 정확히 1986년 6월 3일, 내가 태어난 날이다. 미구엘 삼촌은 키가 크고 힘이 세며 머리가 좋고 미드필더로서 수비가 가능한 전방위 선수였다. 득점도 많이 했다. 나의 체격 조건이나 근성은 아마 그에게서 온 것 같다. 미구엘 삼촌은 38세 때까지도 수준급의 실력으로 프로 축구 선수로 활약했다. 스페인 대표팀 A매치에 62회나 참가하였고 바르셀로나 팀에서도 8시즌 동안 300 경기 이상을 뛰었다. 그리고 내셔널리그에서 다섯 번 우승했고 무엇보다도 가장 큰 대회인 유러피언컵에서도 트로피를 들어 올렸다. 삼촌의 경기를 종종 보러 가곤 했는데 특히 기억에 남는 것은 내가 열 살 때 삼촌이 유럽에서 가장 큰 축구장인 바르셀로나 '캄프 누' 스타디움에 나를 데려갔을 때다. 공식 훈련 시간이 끝나고 여섯 명의 1군 선수들과 운동하고 있었다. 나는 그날 바르셀로나 유니폼을 입고 있었는데 그것에 대해 가족들은 두고두고 놀리곤 했다. 미구엘 삼촌을 너무나 사랑하지만 나는 늘 레알 마드리드의 팬이었고 앞으로도 그럴 것이기 때문이다.

레알과 바르셀로나의 라이벌 감정은 아마 누구나 알 것이다. 내가 왜 레알 팬이냐고? 간단하다. 바로 아버지 때문이다. 그 정도로 아버지가 내 인생에 미치는 영향이 크다.

지금의 내가 있기까지는 가족 모든 구성원들 각각의 공헌이 있다. 미구엘 삼촌을 통해 나는 정상급 테니스 선수가 되면 누릴 수 있는 그 수준 높은 삶의 취향을 이미 가질 수 있게 되었다. 그는 특히 마요르카에서는 빅 스타였다. 테니스에서 세계 랭킹 1위까지 한 카를로스 모야와 함께 마요르카의 자부심이었다. 그는 나에게 훌륭한 롤모델이었다. 그는 내가 앞으로 살게 될 인생의 단면을 미리 보여주었다. 그는 돈과 명성도 얻었다. 방송에도 자주 나왔으며 그가 가는 곳이면 어디든 사람들이 모여들어 환호했다. 하지만 정작 그는 그러한 것들을 중요하게 생각하지 않았다. 오히려 그러한 것들을 절대 믿지 않았고 자신에 대한 모든 과찬들을 받을 자격이 없다고 생각했다. 그렇게 늘 겸손하고 올바른 사람이었다. 그런 삼촌의 모습을 보면서 어린 나이였지만 나는 훗날 삼촌처럼 성공하는 날이 오면 유명인의 허영은 버리고 항상 땅을 지탱하고 서 있듯 겸손하겠다고 다짐했다.

미구엘 삼촌은 내가 토니 삼촌과 부모님에게서 어릴 때부터 받아온 겸손의 교훈에 실질적이고 뼈와 살이 되는 견고함을 더해주었다. 나는 지금 나에게 일어나는 모든 일들이 내가 누구이기 때문이 아니라 내가 '하고 있는 것'의 결과임을 잘 알고 있다. 엄연히 다른 것이다. 사람들이 보는 성공한 테니스 선수 라파엘 나달이 있고 유명하든 유명하지 않든 항상 변함없는 나 인간 라파가 존재하는 것이다. 미구엘 삼촌은 우리 가족에게 참으로 중요한 존재다. 그의 경험을 통해 우리 가족은 앞으로 내가 맞이할 운명을 미리 준비할 수 있었고 나의 유명세도 비교적 쉽게 받아들이며 살 수 있게 된 것이다.

현재 스페인 1부 리그에서 마요르카 축구팀 부코치로 활동하는 미구엘 삼촌은 많은 유명인의 가족들이 중요한 것들을 잃고 있다고 지적했다. 그는 무엇보다도 그런 유명세의 함정을 잘 극복할 수 있게 나를 잘 이끌어준 토니 삼촌과 부모님, 또 그런 교육을 잘 이해했던 나를 칭찬해 주었다. 미구엘 삼촌은 내가 이룬 업적들을 나 스스로는 잘 모르고 있는 것 같다고 했다. 아마 그 말이 맞을지도 모르겠다. 그렇다면 오히려 다행인 것 같다.

내가 만약 테니스를 하지 않고 축구를 선택했다면 아마도 많은 것이 달라져 있을 것이다. 마요르카의 모든 아이들은 가족 중에 선수가 있든 없든 축구를 했다. 나는 정말 진지하게 축구를 했다. 미구엘 삼촌은 선수 생활 초기에 할아버지와 함께 살고 있었는데 시합 전날이면 나는 "뭐해! 우리 훈련해야지. 내일 무조건 이겨야 해!"라며 밤 10시에 4살이었던 나는 미구엘 삼촌과 라파엘 삼촌까지 이끌고 차고에서 축구공이 있든 없든 엄숙하게 러닝 훈련을 하곤 했다. 지금 생각하면 웃기지만 스포츠에서는 땀을 흘린 만큼만 경기에서 성과가 나타난다고 굳게 믿으며 성공을 위해 치열하게 훈련하는 것이 정말 중요하다는 사실을 그때 깨닫게 되었다.

축구는 어린 시절 나의 열정이었다. 지금도 마찬가지다. 내가 토너먼트를 위해 호주나 방콕에 있더라도 레알 마드리드 경기가 있는 날에는 새벽 5시라도 TV 중계를 보기 위해 일어난다. 심지어 같은 날 낮시간에 내 경기가 있는 날에도, 그리고 필요하다면 훈련 스케쥴을 조절해서라도 시청할 만큼 나는 축구에 미쳐 있다. 나의 대부님은 내가 4살 때 스페인 1부 리그 소속 선수들 사진을 보여주면 그 선수들 이름을 모두 맞출 정도였다고 한다. 어떤 수준의 축구 경기에서든, 삼촌들과 차고에서 하는 축구라도 나는 지게 되면 불같이 화를 냈다. 그리고 결코 그냥 넘어가지 않았다. 한 예로, 라파엘 삼촌은 새벽 5시에 잠이 들었는데 9시 30분에 축구 하자고 깨우는 내가 한편으로는 밉기도 했지만 나의 끈질긴 열정에 매번 일어날 수밖에 없었다고 한다. 이제는 상황이 바뀌었다. 지금은 열세 명의 사촌들

중 내가 가장 어른이다. 이제는 사촌동생들이 밤늦게 잠든 나를 깨운다. 나는 항상 일어난다. 왜냐하면 나 역시 그 어린 시절에 얼마나 진지한 마음으로 삼촌들을 깨웠는지 알기에 즐거운 마음으로 기꺼이 일어나게 되는 것이다.

  아버지와 미구엘 삼촌은 가끔 내가 그 당시 유소년 축구 경기 후 삼촌의 프로 경기에서처럼 진지하게 나의 게임을 분석했던 일들을 회상하곤 한다. 나는 나의 득점과 실책을 모두 분석했다. 나는 레프트 윙 공격수를 맡았는데 팀에서 가장 어린 나이였지만 한 시즌에 50골을 넣을 만큼 실력이 괜찮았다. 우리는 매일 훈련을 했고 시합 전날에는 많이 긴장했었다. 아침 6시에 일어나 경기에 대해 생각하며 멘탈을 관리하기도 했다. 멘탈을 유지하기 위해 경기 전엔 항상 축구화를 닦았다. 어머니와 여동생은 나의 이러한 점을 얘기할 땐 웃기도 한다. 왜냐하면 스포츠에 관해서는 내가 모범적이고 정돈된 사람인데 그 외의 것에서는 아주 산만하고 무질서하기 때문이다. 그건 사실이다. 집에서 나의 방은 항상 난장판이다. 투어 중에 호텔방도 마찬가지이며 나는 자주 무언가를 잃어버리고 다닌다. 그때나 지금이나 나의 모든 생각은 오직 시합에만 집중되어 있기 때문에 다른 생각은 일체 들지 않는다. 방 안에서 몸을 풀면서 골을 넣고 패스를 하고 머릿속으로 경기를 상상하고 시각화한다. 실제 시합에서와 똑같은 긴장감으로 진지하게 임한다. 지금 생각하면 웃음이 나오지만 당시 나에게는 그게 세상의 전부였다. 토니 삼촌은 나에게 테니스 선수가 되어야 한다고 주입했지만 나는 당시의 스페인 아이들 대부분이 그렇듯 축구 선수가 되는 것이 꿈이었다. 일곱 살부터 테니스 시합에 나갔고 성적도 아주 좋았지만 나는 축구 시합 전에 더 진지했었다. 아마도 축구라는 스포츠가 개인 운동이 아닌 단체 운동이라 팀 동료들에 대한 어떤 책임감을 느꼈기 때문인 것 같다.

  나는 누가 봐도 패배가 거의 확실한 상황에서도 이길 것이라는 맹목적인 믿음을 갖고 있었다. 삼촌은 내가 또래의 다른 아이들보다 항상 승리에 대한 확신이 강했다고 했다. 우리 팀이 0-5로 지고 있는 상황에서 나는 락커룸에 들어가 "포기하지마. 우린 아직 이길 수 있어!"라고 소리를 지르기도 했다. 팔마로 원정경기를 가서 0-6으로 크게 패하고 돌아오는 길에는 "괜찮아, 다음 우리 홈구장에서는 반드시 이길거야!"라고 말했다.

　　우리는 패한 날보다 승리한 날이 더 많았다. 나는 지금까지도 많은 시합을 생생하게 기억하고 있다. 특히 열한 살 때, 우리가 발레아레스 제도 챔피언십에서 우승했던 시즌은 잊을 수가 없다. 지역 최강인 마요르카 팀과의 결승전이었는데 전반전 0-1로 지고 있다가 2-1로 역전한 짜릿한 승부였다. 페널티 킥이 우리의 결승골이었다. 내가 페널티 구역 안으로 뛰어 들어가며 상대 선수에게 핸들링 반칙을 유도하여 얻어낸 기회였다. 보통의 경우라면 팀내 골 득점력이 높은 내가 페널티 킥을 차야 하는데 그 순간 나는 자신이 없었다. 지금 윔블던 결승전에서 플레이하는 나를 생각해보면 아마 의아스러울 수도 있겠지만 지금의 이러한 내 근성은 부단한 노력 끝에 만들어진 것이다. 그 당시의 나에게는 감당하기에 너무나도 큰 책임감이었다. 다행히 팀 동료가 성공적으로 골을 넣어 득점했다. 다소 이상하게 들리겠지만 그날의 우승은 지금의 그랜드슬램 우승과 똑같은 기쁨이었다. 단지 무대가 작았을 뿐이지 우승에 대한 감격의 크기는 똑같이 느껴졌다.

　　인생을 살면서 스포츠에서 느끼는 승리의 감동만큼 벅찬 것은 없는 것 같다. 스포츠의 종류와 수준에 상관없이 승리를 간절히 원하면 원할수록 벅찬 감동은 더욱 크게 느껴진다. 테니스에서 그러한 감격을 처음 느낀 것은 내가 여덟 살 때 발레아레스 제도 선수권대회 12세 이하부에서였다. 그날의 우승은 나의 테니스 커리어 중에서 내가 꼽는 인생 최고의 승리 중 하나이다.

그 또래에서 4살이라는 나이차는 그야말로 어마어마한 차이였다. 몇 살 많은 형들은 아득해 보이는 존재들이었다. 그래서 나는 아무런 사전 정보 없이 토너먼트에 참가하게 되었다. 그때까지 나의 토너먼트 전적은 단 1승뿐이었고 그나마도 또래를 상대로 거둔 승리였다. 그때나 지금이나 나는 토니 삼촌과 주말을 제외하고는 매일 1시간 30분씩 훈련을 했는데 그 토너먼트 참가 선수들 중에서 나처럼 많이, 또는 토니 삼촌처럼 혹독한 코치의 지도 하에서 훈련한 친구는 아마 없었을 것이다. 물론 토니 삼촌의 훈련 덕분에 경기에 대한 이해력과 엣지를 다른 친구들보다 더 연마할 수 있었고 지금까지도 선수 생활에 도움이 되고 있는 것 같다.

만약 당신이 세계 랭킹 10위권 선수와 500위권 선수들이 함께 훈련을 하는 모습을 본다면 누가 더 높은 랭킹의 선수인지 구별하기는 어려울 것이다. 경쟁이라는 압박이 없는 환경에서는 두 선수 모두 같은 레벨로 움직이고 같은 샷을 구사할 것이다. 테니스라는 운동을 진정으로 안다는 것은 단순히 공을 잘 친다는 것 이상의 의미이다. 적절한 샷을 결정할 수 있어야 하고, 언제 드롭샷이나 탑스핀, 또는 슬라이스를 쳐야 하는지, 코트 어느 곳을 공략해야 하는지에 대한 정확한 선택을 할 수 있어야 한다. 삼촌은 내가 어린 시절부터 그러한 기본 전략에 대해서 스스로 고민하도록 훈련시켜왔다. 내가 실수를 하면, 삼촌은 "어디가 잘 못 되었을까?" 라고 물었고 그 실수들에 대해 우리는 깊이 있는 분석과 토론을 하곤 했다. 그는 나를 자신의 꼭두각시로 만들지 않고 항상 나 스스로 해결책을 고민하게끔 했다. 토니 삼촌은 테니스가 순간적인 속도로 계산해야 하는 스포츠라고 했다. 또 상대 선수보다 잘 생각해야 이길 수 있는 게임이라고 했다. 그리고 똑바로 생각하기 위해서는 항상 침착해야 한다고도 했다.

나를 항상 한계로 몰아붙이면서 나의 정신력을 단련시켰다. 그 노력의 결실을 12세 이하부문 대회 8강에서 확인할 수 있었다. 상대 선수는 나보다 3살 많은 그 대회의 강력한 우승 후보였다. 나는 1세트에서 첫 3게임을 단 한차례의 위닝 포인트도 가져오지 못하고 지고 있었는데 그 후 두세트를 모두 가져오면서 승리했다. 나는 그 결승전을 2-0으로 승리했다. 나는 아직도 ATP 투어 우승 트로피들 사이에 그 트로피를 같이 전시해 두고 있다.

그것은 정말 중요한 우승이었다. 그 우승은 뒤따라올 모든 것들에 자극제가 되어 주었다. 우승 뒤에 펼쳐지는 성대한 행사는 전혀 없었다. 결승전이 열렸던 '이비자' 섬에 50여명이 모였는데 대부분 우리 가족이었다. 그들은 나의 우승에 매우 기뻐했지만 그렇다고 근사한 파티를 열어주지는 않았다. 그런 것은 우리 스타일이 아니었기 때문이다. 테니스나 다른 스포츠를 보면 부모님의 열성으로, 대부분의 경우 아버지의 열성으로, 운동하는 아이들이 있는데 나에게는 토니 삼촌이 그랬다. 나의 성공에 대한 삼촌의 욕망의 강도는 낙천적인 성격인 아버지에 의해 그나마 많이 절제되었다. 나의 아버지는 본인들이 못 이룬 꿈들을 자녀들을 통해 이루고자 하는 그릇된 욕망을 가진 아버지들과는 아주 거리가 멀었다. 주말마다 나를 경기장에 차로 데려다 주고 말없이 경기를 지켜보았다. 내가 테니스로 성공하는 것을 보려 한 것이 아니라 내가 행복해지는 것을 보고 싶어 하셨기 때문이다. 지금도 그 감사한 마음은 이루 다 말할 수가 없다. 아버지는 내가, 지금처럼 뭔가를 이루어 낸, 프로 테니스 선수가 되는 것을 생각조차 해 본 적이 없을 정도였으니까.

나와 아버지가 지금도 기억하는 어린 시절의 일화가 있는데, 나에 대한 아버지의 관점과 테니스에 대한 나의 관점이 얼마나 다른 것이었는지 잘 드러나 있다. 때는 발레아레스 대회에서 우승을 하고 2년 후였다. 여름 방학 동안 나는 바다에서 낚시와 수영을 하고 해변에서 축구도 하며 친구들과 정말 즐거운 시간을 보냈다. 그렇게 테니스 훈련은 거의 하지 않은 채로 8월 여름이 끝났는데 갑자기 9월에 팔마 테니스 대회에 참가하게 되었다. 평소와 같이 나는 아버지와 함께 대회에 참가했고 결과는 참패였다. 3-6, 3-6. 내가 충분히 이길 수 있는 상대에게 진 것이다. 집으로 돌아오는 차 안에서 나는 입을 굳게 닫고 앉아 있었다. 아버지는 침울하게 앉아 있는 나를 위로 하려 했다. "괜찮아. 별 일 아니야. 기분 풀어. 항상 이길 순 없는거야." 나는 아무런 대답도 하지 않았다. 아버지는 계속해서 말을 이어갔다. "봐. 넌 친구들과 환상적인 여름 방학을 보냈어. 그걸로 만족하렴. 다 가질 수는 없는거야. 그리고 테니스의 노예가 되어서도 안 되는 거야." 그는 나에게 적절한 위로와 논리를 제시하고 있다고 생각하고 있었겠지만 나는 갑자기 울음을 터뜨리고 말았다. 아버지는 나의 울음에 충격을 받으셨다. 왜냐하면 나는 절대 울지 않았기 때문이다. 그 때까지만 해도 그랬었다. 아버지는 이어 말했다. "어허, 여름 내내 즐겁게 잘 놀고선, 그걸로 충분하지 않아?" "네. 충분하지 않아요. 그 재미가 지금 내 마음에 전혀 위로가 되지 않아요. 이런 기분 다시는 느끼고 싶지 않다고요." 라고 나는 답했다.

　　　　아버지는 지금도 그날 얘기를 가끔 하는데, 어린 아이였던 내가 그 정도로 통찰력 있고 선견지명을 가진 말을 한 것에 많이 당황했다고 한다. 차 안에서 우리가 나눈 그 대화의 순간에, 아버지는 아들이 변화하는 순간을 보고 있었고 나는 테니스에 대한 나의 야망이 변화하는 결정적인 순간을 보고 있었다. 나는 다른 어떤 것보다 나를 화나게 하는 한가지를 잘 알고 있다. 그것은 최선을 다하지 못하고 패배했을 때 스스로에게 느끼는 그 실망감이다. 집에 바로 오지 않고 아버지는 나를 바닷가에 있는 한 레스토랑에 데리고 갔다. 그리고 그 당시 내가 제일 좋아하는 음식인 새우 튀김을 사주셨다. 식사하는 동안 우리는 아무런 말도 하지는 않았지만 우리가 어떤 다리를 건넜음을, 그리고 그것이 앞으로 오랫동안 나의 자아를 형성하는데 영향을 줄 것임을 알았다.

11년 뒤 2007년, 로저 페더러와의 결승전에 패한 나는 어린 시절 느꼈던 좌절감을 또 한 번 경험해야 했다. 눈물을 흘리며 나는 생각했다. "이런 기분은 다시는 느끼고 싶지 않아." 그리고 지금 나는 그날의 기분을 다시 떠올린다. 하지만 이번엔 지난 해보다 더욱 강한 정신력으로 무장하고 2008년 페더러와의 리매치, 그 시작에 나는 서있다.

페더러의 서브에 맞서 훌륭하게 성공한 첫 득점은 지난 12개월 동안 나를 괴롭혀 온 상처를 치유하는 첫걸음이었다. 그러나 두번째 포인트에서는 몇 번의 좋은 랠리가 오간 후, 너무 성급하게 위닝샷을 시도한 나머지 내 포핸드가 어이없게 빗나가고 말았다. 점수는 다시 원점으로 되돌아갔다. 테니스는 이런 것이다. 긴장감이 넘치는 긴 랠리 끝에 멋진 샷으로 한 포인트를 가져왔다 해도, 지금같이 상대 선수에게 선물을 갖다 바치듯 쉽게 점수를 내준다면, 직전에 가져온 포인트는 아무런 가치가 없다. 지금이 강한 정신력이 필요한 때이며 그것이야말로 진정한 챔피언과 챔피언 급 선수와의 차이를 구분 짓는 대목이다. 좀 전의 실수는 바로 잊어버리고 머리를 비워야 한다. 마음이 동요되어서는 안 된다. 오히려 첫 득점의 순간을 되새기며 오직 다음에 날아올 공만 생각해야 한다.

문제는 페더러가 왜 자신이 세계 최고인지를 너무 빨리 증명해 보여주기 시작했다는 것이다. 그는 코트 대각선으로 총알같이 날아가는 백핸드 앵글샷과, 포핸드 드라이브 다운-더-라인, 그리고 서브 에이스로 자신의 첫 게임을 쉽게 가져갔다. 나는 벤치로 돌아와 차분히 나 자신에게 상기시켰다. 오늘은 아주 긴 경기가 될 것이며 28일 전 프랑스오픈에서처럼 페더러를 쉽게 이기지는 못할 거라고. 또 한가지, 잔디 코트에서 페더러의 서브는 더욱 위력적이며 내 서브보다 훨씬 강력했다.

페더러는 나에게 한 포인트만 주고 첫 게임을 가져갔다. 그래도 승리에 대한 나의 믿음은 굳건했기에 위안이 되었다. 비록 다섯 포인트 중 네 포인트를 지기는 했지만 랠리는 길었고 나의 볼 컨택 타이밍도 좋았다. 그는 자신의 서브게임을 지키기 위해 치열하게 싸운 것이다. 불리한 점은 내가 세트 내내 계속 쫓아가는 위치에 있었다는 것이다.

상황은 내가 기대했던 것보다 좋아지고 있었다. 서브로 페더러의 백핸드를 공략하는 것이 게임 플랜인데 두번째 게임 모든 포인트에서 계획대로 잘 수행했고 역시 백핸드에서 서브 득점 포인트를 만들었다. 특히 네번째 포인트에서 그 게임 플랜에 대해 확신을 가질 수 있었다. 백핸드로 서브, 페더러가 높은 슬라이스로 리턴, 다시 한번 그의 백핸드로 깊게, 다시 반복. 그리고 똑같은 지점에 더 높이 깊게 날아오는 나의 탑스핀에 페더러는 주춤 했다. 그의 약한 리턴이 코트 가운데로 짧게 떨어졌는데 그것은 나에게 공을 정확하게 원하는 곳으로 보낼 수 있는 시간적 여유를 제공해 주었다. 만약 내가 그 때 페더러의 포핸드로 공을 보냈다면 그는 더 플랫하고 강한 리턴으로 포인트의 주도권을 빼앗아 갔을지도 모른다. 하지만 내가 집요하게 게임 플랜을 고수하자 그는 중요한 순간에 동요하며 그의 백핸드 드라이브 샷을 코트 밖으로 훌쩍 날려 버렸다. 모든 포인트를 이렇게 이길 수는 없겠지만 그 순간 나는 이 작전대로 밀고 나가야 한다는 확실한 신호를 보았다.

다음 게임이 돌파구였다. 페더러는 이번 대회에서 결승전까지 오는 동안 총 여섯 번의 매치에서 단 두번의 서브 브레이크만을 허용했는데 다음 게임이 세 번째가 될 것이다. 나는 한 포인트만 그의 깊은 포핸드 코너를 공략해 득점했을 뿐 계속해서 백핸드 공략으로 점수를 얻었다. 그가 세번의 연속된 에러를 범하면서 나는 2-1 리드로 나의 서브 게임을 맞이하게 되었다. 심리전에서의 승리는 주로 경기를 주도하게 만드는데 그것은 상대 선수보다 생각이 더 명확하기 때문이다. 나는 만족하고 있었지만 고무되지는 않았다. 아직 갈 길이 멀었고 지금 승리를 생각한다거나 영화 속 해피 엔딩을 조금이라도 떠올린다면 그것은 곧 자살행위나 마찬가지다. 지금 내가 해야 할 일은 오직 집중하고 모든 동작과 행동으로 결코 한 포인트도 내어주지 않을 거라는 신호를 그에게 보내야 한다. 만약 그가 나를 이기고 싶다면 한 포인트 한 포인트를 정말 잘해야 하고 오늘 최고의 실력을 보여주어야 하며 그것도 아주 오랜 시간동안 보여주어야 할 것이다. 지금 나의 임무는 그를 그의 한계 상황에서 앞으로도 몇시간 동안 계속해서 머물도록 몰아붙이는 것이다.

페더러는 나의 메시지를 확인했다. 그리고 강하게 저항했다. 하지만 너무 늦었다. 우리는 서로 1세트에서 최상의 플레이를 보여주었지만 나는 내 서브 게임을 지켰고 6-4로 1세트를 마감했다.

RAFAEL NADAL

엉클 토니
Uncle Toni

　　만약 토니 삼촌에게 2008년 윔블던 결승전 당시, 락커룸에서 당신의 조카에게 경기 전 마지막으로 건넨 말이 무엇이냐고 물어보면 이렇게 대답해 줄 것이다. "끝까지 싸우고 인내해라." 그리고 어떻게 나달이 테니스 정상에 올랐는지 물어보면 또 이렇게 대답해 줄 것이다. "생각과 자세에서 상대 선수보다 더 많이 원하고 더 많이 인내하기 때문이다." 또 나달이 최근 부상과 통증으로 경기를 하기에 무리가 있어 보일 때 나달에게 어떤 말을 해주는지 물어보면 이렇게 대답해 줄 것이다. "나는 라파에게 이렇게 얘기합니다. '자, 이제 두가지 길이 있다. 이 정도면 충분히 했으니 여기서 그만 멈추거나, 고통을 받아들이고 계속 나아가는 것. 포기 또는 인내. 선택은 둘 중 하나야.'"

　　'인내'는 토니가 나달의 어린 시절부터 그의 뼛속까지 담금질했던 단어다. 그것은 쾌락원칙이 지배하는 '섬'이라는 특별한 삶의 환경에서는 흔치 않은 스파르타 철학이다. 토니는 고대 스페인의 정복자 같은 느낌이 있다. 마치 16세기에 100명의 병사를 이끌고 멕시코에 내려 그 누구도 도망가지 못하도록 타고 온 배를 불태우고, 극심한 궁핍과 터무니없는 가능성에도 아즈텍 제국을 정벌한 헤르난 코르테스의 후손 같은 아우라가 있다.

땅딸막한 체격에 거무스름하며 굵은 하체를 가진 토니는 훌륭한 정복자의 풍채가 느껴진다. 차가운 눈매와 단호함으로 주변 사람의 환심을 사기 어려운 직설적인 성격이다. 하지만 가족들 눈에는 불친절한 사람이 아니다. 그는 모르는 사람들의 경기 티켓 부탁을 거절하지 못하며 기자들의 질문에도 관대한 편이다. 하지만 가까운 사람들에게는 퉁명스럽고 까칠한 사람일 수 있다. 그는 가족 중에서 말썽꾸러기는 아니다. 사람에 대한 배척심은 나달 집안의 성향과는 거리가 멀기 때문이다. 나달 가족을 잘 아는 카를로스 코스타는 이렇게 말한다. "토니는 달라요." 토니는 다른 형제들보다 성격이 더 강하다. 반면에 그는 도덕주의자이며 자기주장도 강하고 항상 논쟁을 벌인다.

하지만 그는 겉으로 보이는 것처럼 그렇게 터프하지도 않고 독불장군도 아니다. 몇몇 언론에서는 '토니 없는 나달은 별 볼일 없다.'고 보도하는 경향이 있고 어떤 언론에서는 반대로 '나달이 없으면 토니는 아무것도 아니다.'라고 주장하기도 했다. 진실은 그 중간이다. 사실 토니와 나달은 서로의 강점과 약점을 상호 보완해주는 듀엣이다. 그 둘은 각자 혼자일 때보다 함께 했을 때 더욱 강해진다.

토니도 한때는 테니스 챔피언을 꿈꾸었다. 그는 어렸을 때 실력이 뛰어났고 마요르카에서 최고의 선수 중 한명으로 이름을 날렸다. 한때 섬 전체를 통틀어 최고의 탁구 선수로 활동한 적도 있고 평판이 자자한 체스 선수이기도 했다. 그는 신체적 능력과 두뇌 모두 뛰어났다. 하지만 프로 테니스 선수로 전향하고 스페인 본토를 석권하기 위해 집을 떠났을 때 자신이 안정적인 플레이어이기는 했지만 결정적인 한방인 킬러 펀치가 부족하다는 것을 깨닫게 되었다. 그 킬러 펀치는 토니가 코칭을 시작하고 나서 어린 선수들에게 주입하려고 심혈을 기울여온 자질이기도 하다. 나달과 함께 토니에게 코칭을 받았던 아이들이 말하기를 다른 코치들은 볼 컨트롤에 중점을 둔 반면, 토니는 항상 공격적으로 위닝샷을 노릴 것을 강조했다고 회상한다. 토니는 어린 선수들에게 잭 니클라우스의 조언을 인용하곤 했다. "먼저 공을 멀리 쳐라. 그런 다음 공이 홀에 들어가는지는 두고 볼 일이다." 토니는 그 교훈을 마음에 새겼다. 나달에게도 처음부터 그렇게 가르쳤다. 4살배기 나달에게 라켓을 쥐어주며 "일단 공을 세게 쳐봐. 그리고 공이 계속 라인 안에 들어가는지 볼 거야." 그 다음 토니는 강한 멘탈로 무장한 경쟁자를 만드는 고난위 작업을 시작했다. 그는 의도적으로 조카인 나달을 팀 내에서 불공평하게 대하였고 나달은 거기에 불만을 가질 수도 없었다.

나달의 친구들이 공을 치는 동안 토니가 큰소리로 명령하면 나달은 뒤에서 공을 주워야 했고 훈련이 끝나면 혼자 클레이코트를 정리했다. 고개 숙여 인사를 하고 시키는 대로 해야 했다고 친구들은 그 당시를 기억한다. 그 둘만이 훈련하는 무더운 여름 날, 코트 한 쪽 면에 햇볕이 내리쬐고 반대쪽은 그늘이라면 나달이 뙤약볕이 내리쬐는 코트에서 훈련해야 했다. 행여 나달이 공을 잘 치기라도 하면 토니는 갑자기 엉뚱한 방향과 불규칙한 바운드의 어려운 공으로 라파가 받아 넘기기 힘들게 했다. 라파가 불평이라도 하면 토니는 "공이 3류라면 넌 4류야!" 라고 핀잔을 주었다.

일부러 모질게 대하기도 했다. 라파와 둘이서 20점 미니 게임을 할 때면 첫 19점까지는 라파가 신나게 따게 해준다. 그리고 수위를 올려 궁지의 끝까지 몰아세운 후, 예상 밖의 작은 승리의 맛이 무엇인지 느끼려 하는 순간 조카의 하루를 완전히 망쳐버린다. 사기를 꺾어버리는 가차없이 혹독한 훈련들은 토니가 의도적인 큰 그림의 전략적 목적으로 라파에게 주입한 것이다. 그것은 바로 인내하는 법을 가르치기 위함이었다.

반면에 토니가 '인내'의 이론을 가지게 된 것은 의외로 모순적인 면이 있었다. 토니와 세바스찬이 십대 시절에 인내라는 덕목을 처음 명심하게 된 것은 그들이 팔마의 기숙학교에 입학하고부터였다. 학교장은 학생들에게 인생의 시련과 좌절과 남자다운 근성의 필연성에 대해 긴 연설을 늘어놓는 스타일이었다. 형제들에게 가장 큰 시련은 기숙학교 그 존재 자체였다. 사랑하는 가족과 떨어져 지내야 한다는 것은 그들에게 잔인한 현실이었다. 세바스챤은 예정된 학업을 끝까지 마쳤지만 토니는 부모님께 간곡하게 요청하여 1년만 다니고 중퇴하여 집으로 돌아왔다. 후에 대학에서 법학과 역사를 공부했지만 학위를 받기 전에 중퇴하였다. 성공한 프로 테니스 선수의 꿈을 포기하고 마나코르에 돌아온 토니는 지역 테니스 클럽에서 아이들을 가르치기 시작했다.

여기서 그는 어마어마한 행운을 잡고 정착하게 된다. 그 행운은 바로 신이 내린 재능과 패기를 가진, 어디에서도 본 적 없고 앞으로도 보지 못할 탁월한 재능을 가진 어린 조카를 발견한 것이다. 라파의 공을 치는 방식, 본능적인 위치 감각과 강한 의지를 보고 토니는 미래의 스페인 챔피언이 자신의 손안에 있다는 것을 한 눈에 알아차릴 수 있었다. 운명이 가족에게 찾아온 것이다. 그는 그 운명을 받아들여 자신이 실수를 통해 배워 온 교훈들을 바탕으로 조카에게 승리의 습관을 주입하며 토니 본인도 공유할 수 있는 영광스러운 미래를 설계할 수 있도록 도와주었다.

토니는 라파의 성공을 통해 중세시대 스페인 궁정의 검은 사제복을 입은 카톨릭 신도처럼 강한 정당성과 확고한 견해를 가지게 되었다. 그러나 그가 찾는 것은 내세의 안락함이나 신을 찾는 것이 아니었다. 그는 카톨릭 신자도 아니고 오히려 종교는 나약함과 어리석음이라고 생각하는 사람이다. 그는 어린 조카에게 삼촌은 비를 내리게 하는 힘이 있다고 믿게 한 순간부터 신앙을 저버렸다.

그의 굽히지 않는 교리는 아이들의 훈육 방식에 관한 그의 견해에 있다. "요즘 시대의 문제점은 아이들이 지나치게 관심의 중심에 있다는 것이죠. 부모님이나 가족 모두가 아이들을 떠받들어야 한다고 생각하는 것 같습니다. 아무것도 하지 않아도 아이가 자부심과 함께 자신이 특별한 존재라고 느끼게 하게끔 많은 노력을 합니다. 특별한 존재는 자신이 누구인지가 아니라 무엇을 하느냐에 달려있다는 것을 이해하지 못하고 혼동하는 거죠." 라고 말한다. "나는 그런 사람을 많이 봐 왔죠. 많은 돈을 벌고 조금이라도 유명해지면 세상 모든 것이 그들에게 쉬워지고 누구도 그들에게 반박하지 않고 삶의 모든 것에서 대접을 받게 되죠. 음, 그렇게 사람을 망치게 되는 거예요."

이는 프로 스포츠 세계에서 일상적으로 일어나는 것이기에, 만약 재능 있는 어린 선수가 버릇없는 녀석처럼 행동하지 않고 예의 바르고 품위 있게 행동하면 모두가 놀라게 된다고 토니는 생각한다. 알랑거리는 예스맨들에 둘러싸인 스포츠 스타는 신처럼 받들어지고 급기야 그 스스로도 자신이 신이라고 믿게 된다. 나달이 라켓을 처음 잡은 날부터 겸손함과 정중함이라는 규범을 끊임없이 강조했던 토니는 그것을 자랑스럽게 생각한다.

나달의 커리어 내내 보여준 인성과 모범적 행동은 부모님과 삼촌이 철저하게 계획하고 준비하여 길러진 것이다. 토니와 부모님은 나달이 슈퍼스타가 되더라도 겸손한 사람이 되리라는 것에 절대적 확신이 있었다. 나달이 그의 겸손함으로 찬사를 받더라도, 실제로 그렇듯이, 과도한 칭찬조차 거부한다. "겸손은 사람이 마땅히 가지고 행해야 하는 것 이상도 이하도 아니죠. 더 말할 것도 없어요." 라고 토니는 말한다. "거기에는 아무런 특별함도 없습니다. 나는 심지어 나달에 대해 얘기할 때 '겸손'이라는 단어를 쓰지도 않아요. 나달은 세상에서 자신의 위치를 알고 있을 뿐입니다. 모든 사람들은 자신의 위치를 알아야 해요. 중요한 사실은 자기 자신이 제 아무리 크다고 생각하더라도 세상은 이미 더 크다는 것이죠. 사람들은 이 겸손이라는 것을 종종 과대포장 하곤 합니다. 이것은 간단하게 내가 누구인지, 어디에 있는지, 그리고 내가 없더라도 세상은 지금처럼 계속될 것임을 아는 것의 문제일 뿐입니다."

토니는 현실에 안주하려는 작은 유혹 앞에서 조카의 자존심을 억눌러 버리는 방식으로 나달이 자신의 천부적 재능에 눈이 멀지 않도록 했고 부모님이 거기에 어떠한 영향도 주지 않도록 하였다. "나는 라파가 스스로 나쁜 행동을 하리라고 생각하지 않아요. 부모님이 아주 상식적인 분들이기에 그 역시도 그럴 것이기 때문이죠. 라파는 항상 순종적이었는데 이는 그 아이 내면의 지성을 의미합니다. 그것은 어른들이 자신보다 세상에 대한 경험과 지식이 더 많다는 사실을 이해하고 존중하고 있다는 뜻이죠. 그래서 나는 내가 아주 훌륭한 원석을 다루고 있다고 생각했어요. 내가 그의 가능성을 보았을 때 나는 선수로서의 자질 이상으로 코트에서 어떤 사람으로 보이게 할 것인가를 깊이 고민했죠. 결론은 인간성이 좋아야 하고 거만하지 않은 사람이어야 했습니다. 테니스 계에 흔하게 넘쳐나는 그런 디바Diva는 아니길 바랬어요. 그런 이유에서 나는 어떠한 경우에도 코트에서 테니스 라켓을 부러트리는 것을 금지시켰습니다. 경기 중에 항상 내가 말하는 '좋은 얼굴Good Face'을 강조했고, 침착하고 진지하게 행동하고 화를 내거나 짜증 내지 않아야 했습니다. 승리할 때나 패할 때에도 항상 정정당당하고 품위 있게 상대 선수를 대하는 것이 아주 중요하기 때문입니다." 라고 토니는 말을 이어갔다.

타인에 대한 존중. 그들이 누구든지, 무슨 일을 하든지 상관없이 모든 사람을 존중하는 것이 모든 것의 출발점이다. "많은 것을 가졌다고 다른 사람들에게 무례하게 행동하는 것은 결코 용납할 수 없습니다. 그것은 잘못된 것입니다. 높이 올라 갈수록 사람들을 정중히 대해야 할 의무는 더 커집니다. 만약 나의 조카가 지금과 다르게 전세계가 TV로 지켜보는 가운데 코트 위에서 성질을 부리고 상대 선수에게 매너 없이 대하거나 심판과 팬들에게 무례하게 행동하는 모습은 결코 상상하고 싶지 않아요. 그렇기에 나뿐만 아니라 라파의 부모님 역시 좋은 선수보다 좋은 사람이 되라고 항상 강조해온 것입니다."

토니는 조카에게 때론 너무 심하게 대했다는 것을 본인도 인지할 만큼 좋은 사람이다. 훈련 중 나달에게 혹독하게 대한 것은 철저하게 계산된 전략이었다. 신인 시절 어린 조카의 성공에 대해 끊임없이 하찮게 말한 것도 같은 맥락이었다. 나달이 경기 중 엄청난 포핸드를 쳤다면 백핸드를 더 연습해야 한다고 말하고, 스트로크가 베이스라인 깊숙이 잘 들어간 날은 발리는 왜 그 모양이냐고 하며, 토너먼트에서 우승을 해도 서브는 어떻게 할 거냐고 말했다. "너는 아직 아무것도 이룬 것이 없다. 더, 더 많이 노력해야 해."라고 말했다.

가족들도 그 점이 불만이었다. 특히 나달의 어머니는 화를 낸 적도 있고 아버지는 오해를 했다. 라파엘 삼촌은 토니가 나달을 너무 몰아붙이고 있다고 생각하기도 했다. 외삼촌인 후안은 토니가 나달에게 '정신적 학대'를 가하고 있다고 심하게 말할 정도였다. 그러나 토니는 나달이 견뎌낼 수 있고 결국 대성하리라는 것을 알고 있었기에 혹독하게 대했던 것이다. 그는 연약한 아이들에게는 결코 같은 방식으로 훈련하지 않는다는 점을 강조한다. 토니가 옳을 지도 모른다는 생각은 의구심을 가진 다른 가족들의 강한 반대를 잠재웠다.

토니를 의심하지 않은 단 한 사람은 바로 축구 선수 출신인 미구엘 앙헬 삼촌이다. '인내 이론'을 토니만큼이나 신봉하고 믿는 사람이다. 미구엘은 엘리트 선수의 성공은 '고통'의 수용력, 심지어 고통을 즐길 줄 아는 마음가짐에 달려 있다고 말한다. "그것은 받아들이는 법을 배우는 것입니다. 2시간을 훈련해야 한다면 2시간을 훈련하는 것이고 5시간을 훈련해야 한다면 5시간을 훈련하는 것이죠 5만번을 반복 연습해야 한다면 그대로 수행하는 것이에요. 그것이 바로 챔피언과 재능 있는 선수와의 차이점입니다. 그 모든 것이 위너의 멘탈과 직접적으로 연관되어 있죠. 인내를 발휘할 때 멘탈은 더 강해집니다. 단순히 손쉽게 물려받은 것보다 오로지 자신의 노력으로 성취한 것이 더 가치가 있고 노력이 클수록 그 가치는 더 커지는 법이죠." 이 논쟁은 가족 내에서 끝이 났다. 나달 어머니를 포함한 그 누구도 토니에게 아이를 살살 다루라고 말하지 않게 되었다. 가족들은 나달이 그 오랜 시간동안 토니와의 고된 훈련으로 지쳐 쓰러지더라도 그 없이는 성공할 수 없다는 것을 인정하게 되었다.

가족들은 불만이었지만 토니는 묵묵히 해야 할 일을 했다. 자신의 왕국의 절대 통치자로서 칭얼거림이 용납되지 않는 스파르타 시대에 어린 전사를 만드는 모든 시험과 고통에서 어떤 변명도 통하지 않았고 모든 부조리는 정당했다. 모든 것은 나달의 잘못이었다. 라켓에 금이 가서 라켓 문제로 그 경기에 졌어도 토니는 아랑곳하지 않았다. 스트링이 정확한 텐션으로 매어져 있지 않아 공이 제대로 맞지 않더라도 토니는 변명을 들어주지 않았다. 나달이 열이 나고 무릎이 아프고 학교에서 기분 좋지 않은 일이 있어도 토니에게는 통하지 않았다.

나달은 그저 썩은 미소를 지으며 견뎌야 했다.

제 3 장

태어나지 않은 풋볼 스타
The Football Star That Never Was

    2세트 첫 번째 게임에서 페더러는 자신의 서브 게임을 가볍게 러브 게임으로 가져갔다. 나는 한 포인트도 득점하지 못했다. 1세트를 이기고 난 후 내 머릿속 한 구석에서는 약간의 안주하려는 유혹이 있었다. 그것이 망쳐 버렸다. 페더러는 특유의 현란하게 쉬운 동작으로 4개의 에이스를 날렸고 나는 손도 대지 못했다. 이번에는 페더러에게 고작 네 게임만을 내주고 심지어 마지막 세트는 6-0으로 이겼던 프랑스오픈 결승전처럼 되지는 않을 것이 분명했다. 그는 매섭게 싸웠다. 만약 오늘 그가 이긴다면 역사상 어느 누구도 이루지 못한 윔블던 6연패라는 위업을 달성하게 될 것이다. 그는 정말 수없이 많은 승리를 거뒀고 오랫동안 테니스 황제로 군림하고 있었다. 본인도 말했듯이 그의 활약은 역사의 일부 인 것이다. 이 매치에서의 승리는 그에게나 나에게나 큰 의미가 있을 것이고 패배는 우리 모두에게 큰 아픔이 될 것이다.

　　　나의 서브인 두 번째 게임에서 그는 내가 알고 있는 페더러보다 더 거세게 공격해왔다. 대개의 경우 나보다 더 침착한 페더러는 첫 두 포인트는 센세이셔널한 포핸드로, 한 번은 다운-더-라인, 또 한 번은 크로스 코트로 공격적인 함성을 지르며 성공시켰다. 그는 내 서브 게임을 브레이크 했고 나를 완전히 압도해 버렸다. 페더러가 지금과 같이 엄청난 위력을 발휘할 때 내가 할 수 있는 유일한 것은 차분히 평정심을 유지하는 것뿐이다. 마치 폭풍이 지나가기 만을 기다리는 것처럼. 역사상 최고의 선수가 테니스공이 축구공처럼 크게 보이고 파워와 자신감으로 레이저포 같이 정확하게 날려대면 상대 선수가 할 수 있는 것이 그다지 많지 않다. 그런 일은 당연히 일어나게 되어 있고 우리는 이를 대비하고 있어야 할 뿐이다. 그렇다고 사기가 꺾여서도 안 된다. 무조건 기억하고 자신에게 상기시켜야 할 진실은 그가 이어지는 게임 속에서 저런 레벨의 플레이를 계속 유지할 수 없다는 것이다. 토니 삼촌의 말처럼 페더러 또한 사람이다. 만약 내가 침착하게 게임 플랜을 끝까지 고수하고 계속해서 그를 불편하게 압박한다면 그도 곧 궤도에서 벗어나게 될 것이다. 그의 정신력은 점차 쇠약해지고 나는 기회를 잡게 된다. 이번에는 시간이 다소 더 걸릴 뿐이다. 그는 자신의 서브 게임도 쉽게 가져갔다. 나는 내 서브 게임을 지켰고 그도 자신의 게임을 가져갔다. 2세트는 이제 겨우 5분 정도 지난 느낌인데 그는 벌써 4-1로 앞서갔다. 반면에 나는 조금 전 1세트를 이기는 데에 아주 오랜 시간이 걸린 것처럼 느껴졌다.

　　　그러나 나는 더 심한 상황에서도 극복하는 데 아주 익숙하다. 극복하는 것에는 경험이 많다. 윔블던 결승전보다 더 큰 대회는 없지만 긴장이라는 감정도 어떤 경기든 간에 한 경기 안에서 느낄 수 있는 한도는 분명히 있는 법이다. 또는 아직도 기억하지만, 어린 시절에는 꿈이 발레아레스 컵 주니어 축구대회나 12세부 스페인 선수권 대회 정도라면 승리가 중요한 만큼 긴장과 기쁨 또한 큰 법이다. 그날 열 한 살인 내가 대회에서 우승했을 때 우리 가족 모두는 기뻐했다. 적어도 늘 그렇듯 토니 삼촌이 나의 기를 죽이며 분위기를 깨기 전까지는 말이다. 삼촌은 스페인 테니스 협회에 전화를 걸어 스포츠 기자를 사칭하여 최근 25년동안의 대회 우승자 명단을 받아왔다. 그리고는 가족들 앞에서 25명의 이름을 읽으며 내가 아는 이름이 있는지 물었다. "이 사람 알아?" "아뇨." "이 사람은?" "아뇨." "그럼 이 사람은?" "아뇨." 그 25명의 대회 역대 우승자 중 이름을 들어 본 적 있는 겨우 5명 만이 프로 테니스 선수 레벨로 올라갔을 뿐이었다. 토니가 이겼다. "알겠니? 네가 프로 선수가 될 확률은 고작 20 퍼센트야. 라파엘, 그러니 오늘 우승했다고 너무 흥분하지 마. 아직 갈 길이 아주 멀다. 그리고 네가 앞으로 어떻게 하느냐에 달렸어."

나에게 달린 또 한 가지는 축구를 포기할 만큼 테니스에 진지한가였다. 그것은 내가 그 나이 때까지 마주했던 가장 어려운 결정이었다. 결국은 어쩔 수 없이 선택해야만 하는 상황이긴 했지만 말이다. 그때까지는 일주일에 5번 훈련하고 유럽 전역의 토너먼트에 참가하고 세계 정상급 아이들과 경기하고 우승도 하곤 했다. 그 와중에도 주중에는 축구팀에서 훈련을 빠지지 않았고 주말에는 시합도 뛰었다. 어머니는 나에게 학교 수업도 게을리해선 안 된다고 강조했다. 무언가는 포기해야만 했다. 그리고 그것이 축구는 아니길 바랬다. 그렇게 되면 마음이 너무 아플 테니까. 결국 나는 선택의 여지가 없었다. 나나 우리 부모님은 모든 것을 다 할 수는 없다는 것을 너무 잘 알았다. 만약 축구팀 코치가 바뀌지 않았다면 나는 마음이 더 아팠을 것이다.

나는 전 코치를 아주 좋아했었다. 그는 내가 모든 훈련에 참가할 수 없는 상황을 잘 이해해 주었고 내가 경기에 뛰는 날엔 아주 기뻐해주었다. 왜냐하면 나는 팀원 중 훌륭한 골잡이 였기 때문이다. 반면에 새로 온 코치는 아주 독단적이었다. 그는 만약 내가 훈련에 참가하지 못하면 시합에도 뛸 수 없다고 단호하게 말했다. 한 번 더 훈련에 빠지면 팀에서 제명한다고까지 했다. 그리고 그렇게 되었다.

만약 그 코치가 아니었으면 인생이 또 어떻게 바뀌었을지 모를 일이다. 아버지는 내가 축구를 했어도 좋은 프로 축구선수가 되었을 거라고 생각하고 있다. 나는 훈련할 때 다른 아이들보다 더 열심히 했다고 한다. 그리고 불가능한 상대와의 경기에서조차도 팀의 승리에 대한 엉뚱한 자신감과 광적인 믿음이 있었다고 한다. 아마 그건 아버지가 나의 축구 재능에 대해 과대평가를 하고 있지 않나 의심이 들 때도 있다. 나는 잘 하긴 했지만 특별하지는 않았다. 물론 축구를 좋아하기는 했지만 내가 더 뛰어난 재능을 발휘한 운동은 확실히 테니스였다. 나는 발레아레스 제도 축구 우승팀의 멤버였고 스페인 12세부 우승, 같은 해 14세부 준우승자다. 축구팀에서는 한 살 어렸지만 테니스에서는 상대보다 최소 두세 살 어린 선수였다.

선택은 결정되었고 번복의 여지는 없었다. 무조건 테니스여야 했다. 나는 후회는 없다. 왜냐하면 옳은 선택이었고 나는 내가 어떻게 바꿀 수 없는 것에 대해 연연해하지 않는 사람이기 때문이다. 나 역시 그 당시의 상황을 잘 이해하고 있었던 것 같다. 유튜브에서 스페인 테니스 선수권 대회 가운데 14세부 대회 기간 중 내가 인터뷰했던 영상을 볼 수 있다. 거기에 보면 매일 4시에서 저녁 8시까지 훈련한다는 말을 하고는 "나는 축구도 좋아하지만 그냥 취미로 즐깁니다." 라고 말한다. 나는 이미 열두살이 아니었고 나의 커리어는 시작되었다.

토니 삼촌은 결코 느슨한 법이 없다. 자비도 없다. 어느 날 나는 마나코르에서 훈련이 끝날 무렵 멍청하게도 네트 위를 점프하여 뛰어 넘으려다 그만 사고가 나고 말았다. 나는 천부적으로 운동신경이 그리 발달한 편은 아니다. 테니스 코트 안에서 나의 리듬이 좋아 보인다면 그건 순전히 나의 노력 때문이다. 우리 가족들 사이에서 나는 칠칠맞지 못하기로 유명하다. 마릴렌 대모님은 우리 가족이 일요일 아침마다 자전거를 탄 것을 기억하는데 나는 그걸 싫어했다. 나는 자전거나 오토바이가 아주 불안하다. 내가 사는 마요르카에서 그것들은 가장 흔한 교통수단이었지만 나는 넘어질까 두려워 단 한 번도 타 본적이 없다. 내가 운전면허증을 취득했을 때도 대모님은 "우리 모두에게 위험한 거야!"라고 소리쳤다. 나는 충분히 이해했고 그때부터 나는 소심한 운전자가 되었다.

나의 대부님 후안은 나의 그 덜렁대는 성미는 우리 어머니에게서 물려받은 게 틀림없다고 했다. 어머니는 어릴 때 항상 넘어지고 부딪히는 아이였다고 한다. 그 덜렁대는 성격이 그날 마나코르에서 훈련이 끝날 무렵 일을 내고 만 것이다. 내 발이 네트에 걸렸고 나는 아주 제대로 넘어졌다. 손을 바닥에 잘못 짚어 체중이 온전히 실리면서 손목을 심하게 다쳤다. 단순히 접지른 것 이상이었다. 피도 많이 흘렸다. 토니는 아무런 연민도 없이 "라파엘, 넌 정말 머리에 아무 생각이 없구나."라고 말했다. 후안이 그 자리에 있었는데, 평소 토니 삼촌을 공개적으로 비판하지 않는 후안도 그 날은 참을 수 가 없었는지 "토니, 이건 너무 심하잖아!"라고 말했다.

대부님은 급히 나를 시내에 있는 응급실로 데리고 가서 치료를 받게 했다. 그는 화가 많이 나 있었다. 그는 토니가 잘못한 거라고 말했다. 물론 내가 시합을 앞둔 상황이라는 건 이해하지만 토니는 선을 한참 넘었다고 했다. 나는 통증이 심해 아팠고 아무 말도 하지 않았다. 하지만 대부님이 이해못하는 한 가지가 있다. 그건 내 인생 목표의 중심인 테니스에 있어서 토니 삼촌이 나에게 얼마나 중요한 존재인가라는 사실이다. 그리고 토니 삼촌의 존재가 가족의 마찰을 부추기거나

(그 순간 그랬으면 하는 바램도 있었지만), 그에 대해 부정적인 이미지를 품게 하는 것은 절대 현명한 생각이 아니었다. 내가 원한 것은 테니스로 성공하는 것이었고 그 이외에 방해되는 것들, 가령 친구들과 나태한 여름 방학을 보내거나 토니 삼촌에 대한 적대감을 만드는 일은 한 쪽으로 밀어내야만 했다.

왜냐하면 토니 삼촌이 옳았기 때문이다. 정말 자주 화를 내긴 했지만 길게 보면 그가 옳았다. 그날 나에게 가르쳤던 것처럼 그의 혹독한 수업은 프로 선수로서 내가 통증 속에서도 시합해야 하는 그 부담을 더 잘 견딜 수 있게 만들어 준 것이다. 나는 그 교훈을 프로가 되기 전에 깨우쳤고 네트에서 넘어지고 얼마되지 않아 스페인 선수권대회 14세부에서 우승했다. 그 우승은 내 인생에서 가장 기억될 만한 승리였다. 그것은 내가 상대 선수를 결승전에서 이겼을 뿐만 아니라 매순간 통증이라는 장벽 또한 극복해야 했기 때문이다. 그 대회는 마드리드에서 개최되었는데 상대 선수는 나의 베스트 프렌드이자 12살때부터 같이 훈련해온 토메우 살바였다.

토너먼트 첫 라운드 시작 후 나는 넘어져서 왼손 새끼 손가락이 부러졌다. 하지만 나는 기권하거나 토니 삼촌의 경계하는 눈빛 아래에서 불평하지 않았다. 작년에는 준결승까지 갔었기에 올해는 우승을 노리고 있었다. 어쨌든 나는 결승까지 순탄하게 올라갔고, 마지막에 토메우를 6-4, 3세트 경기로 이겼다. 나는 네 손가락으로 라켓을 쥐어야 했는데 부러진 손가락은 그냥 매달려 있을 뿐이었다. 나는 공을 칠 때 불편하기 때문에 손가락에 붕대도 감지 않았다. 가장 큰 어려움은 포핸드 드라이브였다. 백핸드 드라이브에서는 무게 이동이 오른손으로 더 가기 때문이다. 나는 거의 통증을 느끼지 못하는 지점까지 플레이를 했다. 모든 것은 게임 자체도 넘어서는 무념무상의 단계까지 이르는 집중의 문제였다. 그 원칙은 나의 커리어 전반에 적용되었다. 많은 경우, 경기 전에는 몸상태가 끔찍했는데 막상 경기가 시작되면 완벽하게 플레이하는 것을 많이 보아 온 티틴의 판단은 경쟁 속에서 분비되는 아드레날린이 통증을 없애 준다는 것이다. 무엇으로 설명하든지 간에 십대 시절의 나달을 되돌아보면 나는 아주 자랑스럽다. 틴에이저 나달은 인내의 기준을 세워 놓고 무엇인가를 간절히 원하면 어떠한 희생도 큰 것이 아니라는 것을 상기했다. 토메우와의 마지막 포인트를 이기고 난 후였다. 엄청난 통증이 밀려온 나머지 나는 트로피를 들 수조차 없었다. 기념 사진을 촬영하기 위해 다른 아이가 트로피 드는 것을 도와주었다.

때는 내가 여전히 14살이었고 나는 토니 삼촌과의 관계를 끊을 기회가 있었다. 나는 그 당시 유럽 최고의 프로 테니스 아카데미인 산 쿠가트 하이 퍼포먼스 센터에서 장학금을 제안받았다. 마요르카에서 비행기로 30분 떨어진 바르셀로나에 있었는데 내가 또 한 번의 중요한 결정을 내려야 하는 순간이었다. 지금도 그렇지만 나는 결정 장애가 있다. 물론 코트 안에서 순간적으로 내려야 하는 결정들은 잘 한다. 하지만 곰곰이 심사숙고해야 하는 결정들은 그렇지 못하다. 어떤 면에서는 축구팀에 새 코치가 부임한 이유로 내가 축구를 과감히 포기하고 테니스를 택하게 된 것은 다행이다. 그 때도 마찬가지로 나는 다른 사람들의 의견을 모두 듣고 판단하기로 했다. 나는 가능한 팩트를 모두 알기 전에 결정 내리는 것을 좋아하지 않는다. 특히 이 결정은 토니 삼촌보다 부모님의 의견이 더 중요했다. 그리고 그들의 생각은 명확했다. 우리가 선택할 수 있다면 우리는 그 장학금을 받지 않아도 될 만큼 충분히 부유했고, 또한 그들의 관점은 "라파는 토니와 지금 잘하고 있으며 집에서보다 더 잘 할 수 있는 환경은 없다."였다. 그들의 큰 걱정은 나의 테니스 시합이 아니라 바르셀로나에서 가족과 떨어져 홀로 지내면서 행여 나의 몸가짐이 망가지진 않을까 하는 것이었다. 그들은 나의 청소년기에 어떤 문제가 생기길 결코 원치 않았다. 부모님에게는 그것이 나의 테니스 선수로서의 성공보다 더 중요했다.

　　　　그 당시는 나 역시 마음 속 깊이 집을 떠나는 걸 원치 않았기에 부모님의 그 결정이 기뻤으며 지금 되돌아보아도 다행이라 생각한다. 가끔 토니 삼촌이 나를 피곤하게 했지만 (그 시절 토니는 아침 9시에 나와 훈련장에서 만나기로 했지만 10시가 되어도 나타나지 않는 습관이 있었다), 나는 삼촌과 잘 해내리라는 것을 알고 있었다. 어쨌든 더 나은 코치나 지도자를 찾지 못했을 것이기도 하다.

　　　　바르셀로나에서의 성공이 내 머리 속에 떠올랐을 지는 모르겠지만 결코 토니 삼촌이나 가족과 함께 하지는 못했을 것이다. 가족 모두는 내가 항상 겸손하도록 노력했다. 내 여동생 마리벨을 포함하여. 마리벨과 연관해서 한 가지 재미있는 일화가 있는데 내가 14살 때 '르 쁘띠 에이스'(리틀 에이스)라 불리는 프랑스 서남부 도시 타르브에서 열린 주니어 토너먼트 경기에 참가할 때였다. 그 대회 우승자는 또래 나이 아이들 중 월드 챔피언으로 여겨졌다. 관중도 많았고 미래의 테니스 스타들을 미리 눈도장 찍어 둔다는 분위기였다. 나는 그 대회에서 우승했고 또래 여자 아이들이 다가와 사인을 요청하는 등 스타덤을 처음 맛보게 되었다. 이를 본 아버지는 사뭇 놀란 동시에 당황하였다. 그래서 아버지는 동생 마리벨을 시켜 여자 아이들 무리 사이에 줄을 세워 나에게 보냈다. 마리벨은 나에게 다가와서 갖은 아양과 느글거리는 말투로 "미스터 나달, 사인 한 장 해주실래요?"라고 말했다. 아버지는 멀리서 이 광경을 지켜보며 웃고 있었다. 다른 사람들에게는 내가 아주 인상적이었을지 모르지만 적어도 우리 가족에게는 결코 그렇지 않았다.

　　　　같은 해 나는 남아프리카공화국으로 가게 되었다. 그 곳은 내가 가본 곳 중 집에서 가장 먼 곳이었다. 나이키 후원의 스페인 토너먼트에서 우승한 후 남아프리카공화국에서 열리는 나이키 국제 주니어 투어 그랜드 파이널에 초청된 것이다. 전 세계 각 나라에서 우승한 아이들이 모여 경쟁하는 대회였다. 토니 삼촌은 내가 참가해야 하는지에 대해 확신이 없었다. 항상 그렇듯이 삼촌은 내가 우쭐대는 것을 원치 않았다. 하지만 그 역시도 항상 여행해야 하는 프로 테니스 선수의 라이프 스타일을 준비한다는 점과 먼 타지에서 최상급 외국 또래 선수들과 경기한다는 점에서는 메리트가 있다고 보았다. 토니 삼촌이 망설이는 동안 (토니 삼촌은 의견은 강하지만 나보다 더 심한 결정장애가 있다), 아버지는 의심의 여지가 없었다. 아버지는 내가 가끔 팔마에서 함께 훈련하는 다른 코치, 조프레 포르타에게 전화를 걸어 나와 함께 남 아프리카로 갈 수 있는지 물었고 그의 대답은 '예스'였다. 그날 밤 우리는 즉시 짐을 챙겨 출발했고 마드리드를 경유하여 요하네스버그로 떠났다. 토니 삼촌은 그리 탐탐치 않은 인상이었지만 한편으로는 안도감을 느꼈을 것이다. 왜냐하면 토니 삼촌은 비행 공포증이 있었는데 12시간동안 하늘에 갇혀 있는 것으로부터 그를 구해주었기 때문이다.

내 기억으로 토너먼트에 뛰는 테니스 선수라기보다는 아프리카로 처음 여행가는 신이 난 어린이 같았다. 선 시티라는 곳에서 열렸는데 아프리카 밀림 중앙에 위치한 어마하게 화려한 복합건물 단지였다. 폭포수가 떨어지는 큰 수영장과 심지어 인공 해변이 있었고 근처에는 사자와 코끼리도 있었다. 이런 야생 동물들과 가까이 있다는 것에 전율이 느껴졌다. 다행히 아주 가깝지는 않았다. 토너먼트에서는 우리를 흰 새끼 사자를 만지고 쓰다듬는 체험 장소에 데리고 갔다. 나는 만지지 않았다. 나는 동물들이 편하지 않은 편이다. 심지어 개도 그렇다. 나는 그들의 속내를 잘 모르겠다. 그러나 나는 그 때의 남아프리카공화국 여행이 아주 황홀했던 것으로 기억한다. 대회에서 우승도 했기 때문이다.

그 당시 내가 얼마나 철이 없었는지 그리고 얼마나 프로답지 못했는가 하면 결승전 당일 아침, 나는 2시간 동안 축구를 하며 놀았다. 대회 관계자들은 내가 이 대회를 진지하게 대하지 않는다며 분개했고 조프레 코치에게 당장 축구를 그만하라고 항의했다. 하지만 조프레 코치는 그러지 않았다. 우리 부모님의 스타일을 잘 아는 그는 대회를 하기 위해 지구 반바퀴를 날아와서 즐겁지 않으면 테니스에 대한 나의 열정이 식어버릴 날이 올 것이라 말했다.

남아프리카공화국에서 집으로 돌아왔을 때 대모님이 할아버지 집에서 나의 승리를 축하하는 파티를 준비했다는 것을 알게 되었다. 대모님은 현수막까지 걸었다고 하는데 나는 보지 못했다. 바람 쐬러 나갔던 토니 삼촌이 현수막을 보고는 화를 내며 걷어 버렸다. 심지어 현수막에는 대모님이 쓴 축하 메세지가 있었고 그 메세지에는 축하와 함께 나에 대한 기가 막힌 조크가 써 있었다고 하는데 토니 삼촌에게는 그런 유쾌한 면은 전혀 보이지 않았다. 그는 할아버지 집 문 앞에서 나를 가로 막고는 말했다. "이제 너는 집에 가도 돼. 나는 할아버지 할머니와 얘기 좀 하고 뒤따라 갈 거야." 그 때 삼촌이 무슨 얘기를 했는지는 정확히 모르지만 나중에 대모님이 얘기해 준 내용은 이렇다. "다들 미쳤어요? 지금 당신들이 라파엘에게 무슨 짓을 하고 있는지 알기나 해요? 이건 애를 망치는 거예요. 라파가 하는 것에 지나치게 중요한 가치를 두지 말란 말이에요."

토니는 거기서 멈추지 않았다. 잠시 뒤 우리 집으로 온 그는 나에게 말했다. "오케이. 시간 낭비할 여유가 없다. 내일 아침 9시에 문 앞에서 만나. 팔마로 가서 훈련한다." 나는 너무나도 어이가 없고 강한 반발심으로 대답했다. "지금 나에게 무엇을 요구하고 있는지 알고 있는 거예요?" "내가 무엇을 원하냐고? 간단해. 내일 네가 아침 9시에 훈련 준비를 하고 1층에서 대기하는 거야. 나를 2층으로 올라오게 만들지 마라" 나는 부당한 대우라는 느낌에 아주 분개하며 말했다. "진심이세요? 그렇다면 삼촌은 미쳤어요. 그게 정당하다고 생각하세요? 지금 열네 다섯 시간을 비행기를 타고 날아왔는데, 정말 하루, 딱 하루만 훈련을 쉬게 못해준다는 거예요?" 그는 대답했다. "아침 9시에 보자." "나는 거기 없을 거예요."라고 반항하며 말했다. 하지만 나는 거기 있었다. 불평이 가득한 표정과 더러운 기분으로 아침 9시 정각에 거기 있었다.

  그가 옳았다. 나의 그 모든 분노에도 내 깊은 마음속에는 그가 옳다는 것을 알고 있었다. 또 한 번, 그의 의도는 내 성공들에 대한 축하와 훈련 면제 같은 기대와 헛된 믿음을 가지지 못하게 하기 위함이었다. 우리 부모님은 훨씬 축하를 즐기는 사람들이며 토니같이 파티의 흥을 깨는 사람들이 아니다. 하지만 이번 경우에는 그의 방식에 동의했다. 삼촌이나 숙모가 나의 승리를 축하할 때 어머니의 반응은 한결 같았다: "무슨 대단한 일이라고."

  내 어머니는 그녀의 에너지와 격려는 내가 부족한 부분, 학교 공부 같은 곳에 쏟아 주었다. 바르셀로나로부터 나를 보호해왔던 부모님도, 내가 15살이 되었을 때, 아버지와 토니 삼촌이 그러했듯이 팔마에 있는 기숙학교로 보내기로 결정한 것도 그런 면이라 보면 된다. 발레아릭 스포츠 스쿨Balearic Sports School 이라는 학교인데 나에게 필요한 요소들이 잘 재단되어 있었다. 정규 수업과 많은 양의 테니스가 빌트인 되어 있었고 무엇보다 집에서 차로 1시간 거리에 위치해 있었다. 하지만 그 학교에서 나는 처참했다. 나의 부모님은, 특히 어머니가, 너무 많은 테니스가 나의 공부를 방해한다고 염려했고 반대로 나는 너무 많은 공부가 나의 테니스를 방해한다고 심히 걱정하고 있었다. 학교는 윔블던 주니어 대회와 프랑스오픈에 참가할 기회를 없애 버렸다. "하지만 이 대회들은 정말 중요하다고요!" 나는 어머니에게 불평했다. 거기에 대한 어머니의 대답은 이랬다. "알아, 물론 중요하지. 하지만 그 대회는 또 기회가 있지만 지금 공부를 포기한다면 확실한 것은 네가 시험을 패스할 기회를 더 이상 갖지 못하게 될 거야."

  부모님은 그 스포츠 기숙학교가 내가 두 가지 목표를 모두 달성하기 위한 최고의 선택이라고 생각하는 것 같았다. 시험에 통과했기 때문에 그분들의 입장에서 보면 큰 실수라고 말할 수는 없다. 하지만 나에게는 최악의 해가 되었다. 나는 내 인생에서 어떠한 변화를 원하지도 필요하지도 않았기 때문이다. 모든 것에 만족하고 있었다. 그리고 급기야 나는 심한 향수병을 앓기 시작했다. 부모님과 여동생, 친척들과의 식사와 집밥, 특히 밤에 TV로 축구 경기를 보는 것이 너무도 그리웠다. 그리고 하루 일과는 가히 살인적이었다. 아침 7시30분에 기상하여 8시부터 11시까지 수업을 듣고 2시간 30분동안 테니스 훈련을 하고 점심식사를 했다. 그리고 다시 3시에서 6시까지 수업을 하고 6시부터 8시까지 테니스와 체력훈련을 하였다. 그리고 9시부터 11시까지 공부를 해야 했다. 너무 과도했다. 나는 그 어느 것 하나도 제대로 해내지 못했다. 단 하나 좋았던 것이 있었다면 일과를 마친 후 너무 지친 나머지 잠을 푹 잘 수 있었던 것밖에 기억이 나지 않는다. 또 하나의 장점은 주말에 집으로 오는 것이었고 다행히도 학교 교육을 만족스럽게 수료할 수 있는 필요한 자격을 얻었다.

어머니는 내가 계속 공부해서 대학 입학 시험을 보기를 원했다. 그래서 16세가 되자 장거리로 수업을 보냈다. 하지만 나는 카나리 아일랜드로 가는 비행기에서 모든 책을 잃어버렸다. 그것이 나의 정규 교육의 끝이었다. 내가 그 책을 일부러 잃어버린 것은 아니지만 테니스 이외의 모든 것들에서 나의 부주의를 보여주는 또 하나의 사례인 것이다. 대학을 갈 기회를 포기한 것에 대한 후회는 전혀 없다. 왜냐하면 나는 후회하지 않기 때문이다. 끝. 나는 세상에 대해 호기심이 많다. 세상이 어떻게 돌아가는지에 대해 관심이 많고 최근 몇 년 동안 나는 인생에 대해 알아야할 것들을 대학이 가르쳐 줄 수 있는 것보다 훨씬 많이 배웠다고 생각한다.

재미있는 것은 기숙학교에서 나는 토니 삼촌의 발자취를 따랐다. 무슨 말인가 하면 토니 삼촌도 극심한 향수병에 시달렸다고 한다. 반면에 아버지는 전혀 달랐다. 그는 항상 주어진 환경에 잘 적응했다. 전반적으로 나는 아버지나 토니 삼촌처럼 굳건한 성격이 아니지만 테니스에서만큼은 인내심이 강하다. 토니 삼촌은 나에게 이론을 가르쳐 주었고 아버지는 실습을 해주었다. 토니 삼촌은 인내를 가르쳐 주었고 아버지는 보고 배울 예시를 주었다.

    아버지의 성격은 토니와 극과극으로 달랐다. 토니는 말이 많은 철학자이고 아버지는 듣는 실용주의자이다. 토니는 의견을 내고 아버지는 항상 냉철한 결정을 한다. 토니는 예측불가 한데 아버지는 침착하다. 토니는 불공평할 때도 있지만 아버지는 항상 공평하다. 그리고 아버지는 가족 중에서 실행가이다. 토니 삼촌의 프로젝트는 나였다. 그리고 그는 그의 임무를 완벽하게 수행했다. 토니 삼촌보다 2살 위인 아버지는 무에서 유를 창조해내고 비즈니스로 일가를 이룬 인물이다. 목표를 설정하면 매진하는 성격이지만 가장 중요한 책임은 가족으로 여겼다. 그는 매우 정직하며 가문의 명예를 소중히 했다. 아버지는 다양한 사업에서 수십명의 직원을 두고 우리 가족이 잘 살 수 있게 하고 토니 삼촌이 나에게만 전적으로 헌신할 수 있는 환경을 만들어 주었다. 그것이 없었다면 다른 것들은 꿈도 꿀 수 없었을 것이다. 토니는 평생 나에게 헌신하면서 나에게나 가족 중 그 누구로부터 돈을 받은 적이 결코 없다. 하지만 그것이 가능했던 것은 아버지 사업의 절반을 그가 소유했고 아무런 일을 하지 않아도 수익의 절반을 받았기 때문이다. 그것은 공평한 거래라고 생각한다. 왜냐하면 아버지의 그러한 판단이 없었다면 나는 어디에서도 토니 삼촌과 같은 코칭을 받지 못했을 것이기 때문이다.

    일적인 부분에서 아버지를 설명하자면 문제가 생기면 해결책을 찾고 해결을 한다. 그 부분에서 나는 토니 삼촌 보다 아버지를 더 닮은 것 같다. 토니 삼촌은 나의 테니스 코치이자 인생 코치 이기도 하다. 그의 도구는 '말'이다. 말로써 나를 다그치고 비난하고 충고하며 가르친다. 그의 말이 끝이 나면 나의 일이 시작

된다. 그의 말을 행동으로 옮기는 것은 '나'다. 아버지는 위너의 본성을 타고났고 테니스 코트에 있는 나에게서 아버지의 성격이 보인다고 대모님은 말했다. 나는 그 말에 동의한다. 아버지가 그러하듯 나 역시 나의 링 위에서는 파이터가 된다.

그렇다. 대중의 관점에서 아버지는 그림자 중 하나이다. 아버지가 즐겨 말하기를, "나는 라파엘 나달의 아들이며 미구엘 앙헬 나달의 형이자 라파엘 나달의 아버지이다. 나는 결코 나 혼자가 아니다." 다른 사람들은 아마도 이러한 상황을 시기하거나 쓸쓸함을 느낄 수 있겠지만 아버지는 진심으로 행복해한다. 그의 아버지는 음악적 업적으로 마나코르에서 유명인이셨고 그의 동생은 축구 스타였으며 그의 아들은 유명 테니스 스타이다. 이것은 그가 인생을 살아오면서 자신을 소개할 때나 소개받을 때 '그 나달의 아들/형/아버지'로 소개하거나 소개되어져 왔다는 것이다. 만약 그가 "안녕하세요, 저는 세바스찬 나달이라고 합니다."라고 인사하면 상대방은 으레, "아, 그 나달의 아들/형/아버지"라는 반응한다. 방송이나 미디어에서 적어도 일주일에 한 번은 나달의 기사를 접하게 된다. 하지만 단 한 번도 그에 대한 기사는 아니었다. 그러나 그것이 결코 못마땅한 적은 없었다. 그는 원래 유명해지거나 알려지는 것에 관심이 없다. 단지 우리 모두를 위해 가장으로서 역할에 최선을 다해왔다는 것을 우리들이 알아주는 것만으로도 행복해했다. 최근 몇 년은 특히 나를 위해 헌신했다는 것을 말이다.

비니지스 맨인 아버지는 이미 나의 커리어 초반에 프로페셔널 팀을 꾸려야 한다는 것을 이해하고 있었다. 토니를 주축으로 피지컬 트레이너 조안 포르카데스, 피지컬 테라피스트 티틴, 주치의 앙헬 코토로, 미디어 홍보를 담당할 베니토 페레즈 바라바딜로, IMG 에이전트인 카를로스 코스타, 이렇게 나의 팀이 만들어졌다. 나의 테니스 커리어에서 비즈니스와 관련된 분야에서는, 평소 아버지의 스타일과는 달리, 가족 이외의 외부에서 영입한 사람들의 힘이 필요하다고 생각했다. 나는 아버지를 전적으로 믿는다고 말했고 아버지는 객관적인 관점으로 조언해 줄 수 있는 사람들과 같이 일을 하는 것이 더 도움이 된다고 느끼는 것 같았다. 나는 아무래도 좋았다. 그래서 아버지는 함께 일을 해 본 경험이 있고 믿을 수 있는 사람들로 팀을 꾸렸다. 그 사람들은 나를 어린 시절부터 알아 온 분들이었다. 사실 비즈니스적 측면은 내가 그다지 신경 쓰는 분야는 아니었다. 항상 보수적인 토니 삼촌은 소규모 가족 구성원 이상으로 사이즈를 키우는 것을 그다지 좋아하지 않았다. 하지만 아버지는 우리가 최고를 목표로 한다면 우리의 한계를 인지하고 각 분야의 훌륭한 프로페셔널들과 함께 만들어가야 한다고 밀어 부치셨다. 아버지는 팀에서 전략적 브레인 역할을 하였고, 가끔 일손이 모자라는 경우에는 스폰서들을 초대할 윔블던 티켓을 구한다던지 호텔에서 경기장까지 이동할 차량을 섭외하는 등의 소소한 일들까지도 감당하였다. 크고 작은 일이 생길 때마다 아버지는 침착하고 원만하게 유머까지 곁들여서 문제를 해결하여 나를 오로지 경기에만 집중할 수 있게 하였다.

그렇다고 토니 삼촌의 역할이 결코 줄어드는 것은 아니다. 지금까지의 모든 충돌에도 불구하고 그는 나의 삼촌이며 나는 그를 진심으로 사랑한다. 하지만 내 인생의 기본적인 원동력은 나의 아버지이다. 어머니와 함께 그가 만들어낸 행복하고 안정적인 가정이 없었더라면 지금의 나라는 테니스선수는 없었을 것이다. 어머니에게는 최선은 아니었을 것이다. 그녀는 운영하던 향수샵을 포기하고 전적으로 아버지와 나 그리고 여동생에게 희생하였다. 원래 그녀는 태생적으로 사회성이 뛰어난 사람이다. 새로운 것들을 보고 배우는 것을 좋아하는데 내가 태어난 이후로는 가족이라는 틀에 갇혀 버리게 된 것이다. 하지만 어머니는 그것을 받아들였다. 왜냐하면 이것이 그녀가 해야만 하는 일이 라는 것에 한치의 의심도 없었기 때문이다. 가끔 나는 어머니가 우리를 위해 너무 많은 희생을 했다고 생각한다. 만약 어머니의 목표가 우리가 번성하는 데 필요한 공간과 사랑이었다면 완벽히 달성되었다. 아버지가 밖에서 사업으로 바쁠 때 우리의 가치관을 형성해 주고 나와 여동생의 교육을 책임지고 우리에게 먹을 것을 챙겨주며 우리가 필요할 때 항상 있어 주었던 사람은 바로 어머니였다. 내가 가진 모든 것들을 얘기할 때 어머니의 역할과 중요성이 토니 삼촌과 비교되어 과소평가 되는 것은 하나만 보고 둘은 못 보는 것과 같다. 가끔 어머니는 아버지에게 "당신 아이를 다른 사람이 키웠다고 온 사방에 쓰여 있는 것을 보고 싶으세요?"라고 말한다. 그럴 때 나는 어머니에게 지금 당장은 내 테니스 인생에서 삼촌이 중심 역할을 하는 것이 나에게 맞다고 말한다. 토니 삼촌은 나에게 내가 경기를 할 때 없으면 안 될 그 무엇을 주기 때문이다. 그리고 그 당시 내가 그렇게 말했을 때 어머니도 내 말에 어쩔 수 없이 수긍하는 분위기였다고 생각한다.

나는 결코 부모님으로부터 받은 것들에 보답할 수 없겠지만 내가 그들을 위해 할 수 있는 최선은 그분들이 나에게 심어 주었던 가치관대로 살아가려 노력하는 것이다. 그 가치관은 바로 '좋은 사람'이 되는 것이고 만약 내가 그렇게 행동하지 않는다면 그것보다 그 분들을 상처주고 배신하는 것도 없을 것이다. 거기에 덤으로 내가 윔블던 같은 큰 대회에서 우승을 해서 그 분들을 기쁘게 한다면 그건 짜릿한 보너스가 될 것이다. 나에게 승리란 우리 모두의 승리이기 때문이다. 우리는 모두 그렇게 생각한다.

그 생각이 윔블던 결승전 2세트, 페더러에게 4-1로 지고 있는 상황에서 내 머릿속 생각 중 가장 중요한 것은 아니었겠지만, 가족이 나에게 주었던 안정감과 그들이 보여준 본보기는 지금 내 앞에 우뚝 서있는 이 산은 내가 여전히 오를 수 있다는 확신을 주는데 많은 역할을 했다. 그럼에도 불구하고 상황은 그다지 좋지 않았다. 나는 아직 윔블던 챔피언이 아니었고 페더러는 그 어떤 때보다 잘

하고 있었다. 나는 그에게 압도되고 있었다. 밖에서 보면 어느 순간 페더러의 모습이 그의 센터코트 왕국의 왕처럼 편하게 보였을 것이 틀림없다. 관중들은 아마 내가 이렇게 생각하고 있다고 상상할 것이다. "오 마이 갓, 나는 또 이 기회를 놓치고 있어. 또 다시 2007년이 재연되고 있어." 라고 말이다. 하지만 틀렸다. 나는 "제 아무리 페더러라도 이번 세트, 다음 세트 내내 지금 이 레벨을 계속 유지할 수는 없어. 나는 여전히 느낌이 좋아. 이 느낌 그대로 유지하자. 계속해서 작전대로 하는 거야. 다시 올라 갈 거야. 절대 한 포인트도 포기하지 않아." 라고 생각하고 있었다.

그리고 나는 다시 포인트를 이기기 시작했다. 내가 예상했던 것보다 빨랐지만 내용을 보면 충분히 그럴 만했다. 나는 나의 서브를 지켰고 운 좋게도 이어지는 페더러의 서브 게임을 브레이크 하는 데 성공했다. 그 순간 페더러는 흔들렸다. 충격을 받았고 집중력을 잃기 시작하며 그가 유지하고 있었던 '탁월한 기량'의 영역에서 떠나고 있었다. 다시 한번 그의 서브를 브레이크 했다. 페더러의 샷은 밋밋해지기 시작했고 내가 그의 백핸드로 쏘아대는 샷들의 포화속에서 리턴하느라 급급하며, 계속되는 불편한 자세로 인해 조금 전까지만 해도 편하게 쳤던 샷들에서 어이없는 실책을 하며 나에게 포인트들을 선물로 주었다.

그는 서서히 압박감을 느끼며 불편한 기색이 얼굴에 나타나고 있었다. 몇 번이나 짜증을 내며 고함을 쳤다. 그것은 절대 '로저 스타일'이 아니다. 그 당시 겉으로 보기에는 내가 더 침착해 보였고 아마 속으로도 그랬을 것이다. 그렇다고 내가 전적으로 게임 우위에 있었던 것도 아니었다. 몇 개의 실책도 있었고 간단히 끝냈어야 했을 손쉬운 위너의 기회를 날려 버리기도 했다. 그런 순간에는 나도 포커 페이스를 유지할 수 없다. 헛웃음으로 좌절감을 털어버리기도 하고 절망감에 눈을 찡긋 감기도 한다는 것을 나의 경기를 본 사람이라면 알 것이다.

하지만 다음 포인트를 따기 위해 자세를 고쳐 잡는 순간 그 좌절감은 사라지고 잊혀지고 지워진다. 존재하는 것은 오직 지금 이 순간뿐이다.

　　　나는 5-4로 앞서며 서브를 넣는다. 첫 포인트는 그가 가져가고 그 다음 첫 서브를 강력하게 그의 몸 쪽으로 넣었으며 그는 대응하지 못했다. 피프틴 올(15-15). 그 다음 포인트도 탑스핀 드라이브로 그의 포핸드 코너 쪽으로 깊숙이, 이번 결승전의 첫 포인트와 아주 흡사하게 넣으며 가져왔다.

　　　하지만 그의 반격이 거세졌다. 써티 올(30-30). 빅 포인트였다. 나는 다시 신중하게 서브를 넣기 전 공을 위아래로 튀기고 있었다. 토스를 하기 위해 와인드업 하는 순간 주심이 가로 막았다. "타임 바이올레이션. 경고. 미스터 나달." 내가 포인트와 포인트 사이 시간을 너무 오래 쓴 것 같다. 포인트가 끝이 나면 20초 안에 다음 서브를 넣어야 하는 규칙이 있는데 드물게 적용이 된다. 하지만 아주 위험한 룰이다. 왜냐하면 한 번 경고를 받고 난 후에는 어떠한 규칙 위반을 하게 되면 바로 포인트를 잃게 된다. 나의 집중력은 시험에 들게 되었다. 나는 어필 같은 제스처를 통해 소동을 한 번 피울 수도 있었다. 관중들도 나의 분노를 공감하고 있었다. 그러나 나는 생각의 여지도 없이 내 감정을 표출하는 것이 지금 나에게 아무런 도움이 되지 않는다는 것을 알고 있었다. 내가 가진 제일 중요한 자산인 '집중력'을 잃을 위험에 처할 수도 있게 되는 것이다. 게다가 흐름은 나에게 있었고 2세트를 가져갈 단 두 포인트만을 남겨 두고 있는 상황이었다. 나는 주심의 방해를 얼른 내 머리 속에서 지워 버리고 게임을 이어갔고 결국 그 포인트를 가졌다. 그것도 내 스타일과 다른 엉뚱한 샷으로 말이다. 백핸드 슬라이스 크로스 코트. 페더러는 네트로 돌진했지만 공은 지나갔다. 특별히 만족스러운 샷이었다. 중요한 포인트였을 뿐 아니라 (내가 많은 대회를 이기긴 했지만 백핸드 슬라이스는 경기력 향상을 위해 그동안 끊임없이 노력하고 있었다), 백핸드 슬라이스는 내 경기력의 강점이 되어줄 요소라고 믿으며 상당히 오랜 시간 동안 내가 훈련해왔기 때문이다. 요즘같이 가차없이 빠른 템포의 게임에서 슬라이스 샷을 자신의 레퍼토리에 선택하는 선수들은 많이 없다. 하지만 나는 이 슬라이스 샷이 나에게 또 하나의 엣지와 또 다른 옵션과 게임의 리듬을 바꾸는 기회를 주고, 상대 선수에게는 새로운 의문을 주게 된다고 믿었다. 그런데 이번 슬라이스 샷은 내 기대 이상이었다. 일반적으로 백슬라이스는 수비를 하는 샷이다. 하지만 방금 내가 구사했던 샷은 내 인생 최고의 샷 중 하나였다. 세트 포인트를 만들어 주는 샷이었다. 페더러는 바로 따라잡았다. 듀스. 하지만 나의 경기력은 최상이었고 어떤 것도 할 수 있는 상황이었다. 게임은 두 번의 듀스를 더 맞이했고 그는 세 번의 브레이크 포인트를 가졌지만 결국 페더러의 주저하는 백핸드 샷이 네트에 걸리며 승복하였다. 결정적인 순간에 언포스드 에러unforced error였다. 위너 적중률이 엄청나게 높았던 경기로 기억되는 경기에서 말이다. 나는 6-4, 6-4로 앞서갔다. 한 세트만 더 이기면 나는 윔블던 챔피언이 되는 것이다.

그런데 아직 우승의 냄새가 나지 않았다. 전혀 나지 않았다. 그것이 바로 페더러란 존재였다. 그를 상대로는 여유라는 것은 전혀 가질 수 가 없다. 심지어 6-4라는 스코어도 사실 부당했다. 세트 내내 그가 나보다 더 우세했기 때문이다. 그는 여전히 같은 기량으로 또는 그 이하라도 다음 세트를 이길 수 있다. 내가 그의 멘탈을 공략했을 지도 모르지만 페더러도 나의 멘탈이 흔들린다면 언제든지 나를 공격할 수 있다. 고개를 들어보니 하늘이 어두워지기 시작했다. 비가 올 것 같았다. 경기는 월요일로 순연될 지도 모른다. 어떤 상황이 전개되어도 나는 맞설 것이다. 전광판은 내가 세트 스코어 2-0으로 이기고 있다고 했다. 하지만 내 마음 속은 여전히 0-0 이라고 말하고 있었다.

대 가족
The Clan

　　세바스찬 나달은 그가 입고 온 자켓 때문에 가족들에게 놀림을 받으며 2008년 윔블던 결승전이 열리는 센터 코트에 등장했다. 사실 그 자켓은 본인의 선택이 아니었다고 항변했다. 그는 결승전이 시작되기 전에 경기장에 입고 갈 적당한 자켓이 없어서 홍보담당자인 베니토 페레즈에게 입을 만한 것을 구해달라고 부탁했다. 베니토의 초이스는 진한 네이비 스트라이프 더블 수트와 선글라스였는데, 그 패션은 스트로베리와 크림이 넘쳐나는 초록의 센터코트 분위기와 어울리기에는 다소 거리가 멀었다. 오히려 시실리 3류 마피아 같은 룩이었다.

　　그 갱스터 룩이 사실 그렇게 틀린 것도 아닌 면이 있다. 나달 패밀리의 가족성과 시실시안은 비슷한 면이 있다. 그들은 지중해 섬에 살며 콜레오네 패밀리나 소프라노스 같이 가족 이상의 혈족 개념이 있기 때문이다. 폭력성과 총만 없을 뿐이다. 나달 가족은 마요르카 섬 주민들만 사용하는 사투리로 의사소통을 한다. 가족 구성원끼리는 맹목적으로 충성하며 모든 비니지스도 가족 안에서만 이루어지며 미구엘 앙헬 삼촌의 바르셀로나 축구팀 계약도 마찬가지였고 아버지가 운영하는 유리 사업, 부동산 사업도 가족 모두 이윤을 나눈다.

　　나달이 10살에서 21살까지는 모든 나달 가족들이 함께 살았다. 마나코르 중심부에 있는 5층 건물 전체를 나달 가족이 구매하였다. 유명한 랜드마크인 아워 레이디 오브 돌라우스 교회 옆에 있는 건물이다. 높은 첨탑이 도시의 스카이라인을 지배하는 동네에서 할아버지, 할머니, 아버지의 4형제, 자매들, 그리고 그들의 배우자와 늘어가는 자녀들까지 모두 같이 살았다. 정문은 항상 열려 있었으며 아파트가 한 대가족의 맨션으로 변해 갔다. 마나코르에서 8키로 떨어진 해변 휴양지인 포르토 크리스토로 이사간 후에도 똑 같은 세팅으로 살았다. 1층에는 할아버지 할머니, 2층은 세바스찬 가족과 마릴렌 대모님이, 3층에는 라파엘 삼촌 그리고 길 건너에 토니 삼촌이 살고 그 길 아래쪽에 미구엘 앙헬 삼촌이 살았다.

나달의 조부모님은 마요르카에서 가족들의 끈끈한 유대가 전혀 이상하지 않게 만든 장본인이었다. 마요르카는 자녀들이 30대가 되어서도 부모님 집에서 같이 사는 것이 지금도 전혀 이상하지 않다.

음악가 할아버지, 돈 라파엘 나달은 "모든 가족원들을 하나로 뭉치게 하는 것이 나의 숙제였어. 빌딩을 구매해서 가족들이 한 곳에 어우러져 살게 하는 것이 그렇게 어렵지 않았지. 어렸을 때부터 가족들 안에서 모든 것이 이루어지게 교육해 왔어." 라고 말했다.

그렇기 때문에 미구엘 앙헬 삼촌이 프로 축구 팀과 계약할 당시, 세바스찬이 에이전트 역할을 하는 것은 당연했다. 게다가 무보수로 일했다. 자기 동생의 성공에 그의 지분을 원하는 것은 세바스찬에게 결코 일어나지 않는 일이다. 나달 가족의 코드에서는 그런 짓은 절대 하지 않는다. 3형제(세바스찬, 미구엘 앙헬, 토니)와 라파는 함께 '나달 인베스트'라는 부동산 투자 회사를 차렸다. 라파의 모든 스폰서 계약들은 모두 세바스찬이 관리했다. 첫번째 계약이 바로 나이키였다. 중요한 결정을 내리는 사람은 항상 세바스찬이다. 그 권한은 그의 아버지인 돈 라파엘에게서 물려 받았다. 가치관을 수립하고 규칙을 보존하는 권한이다.

세바스찬은 말한다. "가족들의 화목을 위해서라면, 돈, 부동산, 자동차 그 무엇이든 간에 우리는 포기할 수 있고 버릴 수 있다. 가족 간의 다툼 같은 것은 우리는 상상도 할 수 없다. 지금껏 그래왔고 앞으로도 그럴 것이다. 정말이다. 가족의 의리는 시작이자 전부이다. 가족은 그 무엇보다도 먼저다. 나의 베스트 프렌드는 바로 가족이며 나머지는 그 다음이다. 가족의 단결이 우리 인생의 기둥이다." 원칙이 그렇게 극단적으로 치닫기 때문에 라파가 승리했을 때도 축하하려는 충동을 애써 피하는 것이다. 마릴렌 대모님은 한 번 시도했었고 토니와 라파의 반응은 믿을 수 없다는 눈빛으로 그녀를 바라보며, "지금 뭐 하시는 거에요?"라고 했고, 그녀는 "그들이 옳았어요, 사실 내 자신을 자축하는 거였죠. 우리 중 누가 승리하면 그건 우리 모두의 승리니까요." 라고 말했다.

RAFAEL NADAL

제 4 장

허 밍 버 드
Humming Bird

'여유'는 옵션에 없었다. 세트 스코어 2-0으로 앞서고 있었고 이제 단 한 세트만 가져오면 윔블던 우승이었다. 아마 관중들은 이제 내 인생의 꿈이 거의 내 손 안에 들어왔다고 느꼈을 지도 모른다. 하지만 나는 그런 생각을 내 머리 속에 떠올리지 않으려고 했다. 마주하는 오직 한 포인트 한 포인트에만 집중하려 했다. 다른 모든 것은 잊고, 미래와 과거도 모두 지우고 오직 지금 이 순간 만이 존재했다.

페더러는 세트의 시작을 러브 게임으로 가져갔다. 그는 결코 전투를 포기하지 않겠다는 결연한 대장부의 기세로 폭발적인 서브와 위닝 드라이브 샷을 터트렸다. 그것들은 나의 집중력에 더 힘을 실어 주었고 현재 리드하고 있다는 것도 무의미하다는 것을 실감하게 하였다. 이미 그 순간 나는 장기전이 될 것임을 예감하고 마음의 준비를 하기 시작했다. 어떤 면에서는 하늘도 어둑해지면서 비가 쏟아질 것 같은 상황이기도 했지만 사실은 페더러의 기량이 다시 초반처럼 되살아나기 시작했기 때문이었다. 위너의 성공률도 높아지고 서브도 쉽게 지키고 있을 뿐만 아니라 끊임없이 나의 서브 게임을 브레이크 위기로 몰아붙이며 세트를 가져가려는 그를 저지하기위해 나는 고군분투하고 있었다. 이 장기전에서 승리하는 것만이 내가 생각해야 할 전부였다.

가끔 사람들은 나에게 묻는다. 페더러의 파티를 망치고 있는 기분이 들지 않는지, 나의 등장이 페더러가 더 많은 대기록을 수립하는 것을 방해하는 건 아닌지 말이다. 거기에 대한 나의 대답은 이렇다, "반대로 보는 것은 어떤가요? 내 파티를 페더러가 망치고 있을 수도 있어요" 만약 페더러가 없었다면 2008년까지 내가 3년 연속 세계 1위였을 지도 모를 일이다. 이렇게 세계 2위로 계속 그를 지켜보고 기다리지만은 않았을 것이다. 아마 팩트는 우리 둘 중 한 명이 동시대에 존재하지 않았다면 다른 한 명은 더 많은 우승을 했을지도 모른다. 또한 편으로는 그 라이벌 구도는 우리 둘 모두에게 득이 된 면도 많다. 세계적으로 더 유명해졌고 테니스라는 스포츠를 사람들에게 더욱 흥미 있게 만들어 주었기 때문에 후원사로부터 더 많은 관심을 얻게 된 것도 사실이다.

스페인에 이런 말이 있다. '한 선수가 계속해서 승리하게 되면 그 선수 본인에게는 좋지만 그 스포츠에는 결코 좋지 않다.' 따라서 나는 결국에는 스포츠에 좋은 것이 우리 둘에게 좋은 것이라고 생각한다. 우리 둘이 격돌하게 되면 팬들은 열광한다. 특히 결승전에서 만나면 더욱 그렇다. 시드 1번과 2번이기 때문이다. 우리 또한 설레인다. 우리는 정말 많은 경기를 같이 했고 매 경기가 치열하고 흥미진진했다. 대부분의 경기가 그랜드슬램 결승전에서였기 때문이다. 내 기억이 맞다면 지금 이 2008년 윔블던 전까지의 상대 전적은 11-6으로 내가 앞서고 있다. 그 이유는 그와 한 경기가 클레이 코트에서가 많았고 그 곳은 내가 더 우세했기 때문이다. 만약 다른 코트에서의 전적을 찾아보면 거의 동등하다는 사실을 확인할 수 있을 것이다.

 그렇다고 우리 둘을 꺾을 수 있는 선수가 없다는 뜻은 절대 아니다. 우리를 꺾을 훌륭한 선수들도 많다. 특히 조코비치가 있고 머레이, 소더링, 델 포트로, 베르디흐, 베르타스코, 다비드 페레르, 다비덴코 등등 걸출한 선수들이 무수히 많다. 그러나 2006년 내가 세계 2위가 된 이후의 기록을 보면 페더러와 내가 많은 결승전에서 만나면서 큰 대회들을 거의 지배해 온 것을 알 수 있다. 그렇게 되면서 사람들의 마음 속에 우리 둘의 라이벌 구도가 마법같이 크게 자리잡게 되지 않았나 생각한다. 아마 페더러도 그렇게 생각할 것이다. 우리 둘의 매치에 대한 기대감은 내 안의 최고를 이끌어낸다. 페더러와 경기할 때면 나는 내 기량의 한계까지 발휘해야 한다는 생각이 들고 완벽한 플레이를 해야 하며 게다가 이기기 위해서는 그 완벽한 플레이를 아주 오랫동안 유지해야만 한다. 내 생각에도 페더러는 나를 만나면 다른 선수들에게 보다 더욱 심하게 공격적인 플레이로 드라이브 샷을 치고 발리도 적극적인 것 같다. 확실하게 이기기 위해 위험을 더 감수한다는 뜻이다.

 내가 그를 더 훌륭한 선수로 만들었는지, 그가 나를 더 훌륭하게 만들었는지 말하기는 힘들다. 토니 삼촌은 항상 나에게 상기시킨다. 페더러는 기술면에서 태생적으로 나보다 더 뛰어난 선수라는 것을. 나도 그렇게 생각한다. 삼촌은 나를 허탈하게 만들려고 그 말을 하는 것이 아니라 그런 그의 말들이 나의 경기력 향상에 동기부여가 되기 때문이다. 가끔 페더러의 경기 동영상을 보면 나는 그의 플레이에 혀를 내두르게 된다. 그리고 그를 이긴 내 자신에게 놀라곤 한다. 토니 삼촌과 나는 내 경기 동영상을 많이 본다. 이긴 경기와 패배한 경기 모두 본다. 사람들은 패배에서 교훈을 얻으라고 하지만 나는 승리에서도 많은 교훈을 깨닫는다. 수학적인 불공평함이 경기 내에 존재하는 테니스에서의 승리라는 것은 아주 미세한 차이일 뿐이라는 것을 명심해야 한다. 더 많은 점수를 득점하는 쪽이 승리하는 축구, 농구와는 다른 것이다. 테니스는 전반적으로 더 나은 선수가 이기는 것이 아니라 결정적인 순간에 득점을 하는 선수가 승리하는 게임이다. 그래서 테니스가 심리전인 스포츠인 것이다. 절대 머리 속으로 승리를 생각해서는 안 되는 이유이기도 하다. 그렇다. 승리를 하고 난 후에 희열을 만끽하면 된다. 경기가 끝난 후에 내가 이긴 경기 동영상을 보면 몸서리 치게 놀랄 때가 많다. 얼마나 거의 질 뻔한 경기였는지 알게 되기 때문이다. 그렇다면 원인을 분석해야 한다. 집중력을 잃어서 인지, 경기력 향상에 더 필요한 요소들이 있는지, 아니면 둘 다 인지.

냉정하고 유심히 경기 동영상을 봐야 하는 또 다른 이유는 상대 선수의 기술에도 감사하며 존중하는 마음으로, 그들의 환상적인 위너들을 보면서 그들에게 내어 준 실점들을 겸허하게 받아들이는 법도 배우기 때문이다. 가끔 상대 선수들이 에이스를 넣거나 멋진 패싱샷을 성공하면 분노하거나 절망하는 선수들이 있다. 이것이 바로 자멸의 지름길이다. 자신이 상대선수를 처음부터 끝까지 제압할 수 있는 충분한 능력이 있다고 믿는다는 것인데 그것은 자신만의 착각 속의 테니스 세상이다. 한마디로 미친 생각이다. 상대선수는 언제라도 빅 포인트를 만들 수 있고 내가 손도 못 댈 공을 칠 수 있다는 것을 알고, 관중들과 함께 상대 선수의 멋진 플레이를 인정하게 되면 거기서 균형과 내면의 침착함을 가질 수 있게 된다. 압박감을 벗게 되는 것이다. 머릿속으로는 박수를 쳐주고 겉으로는 어깨 한번 들썩여 주면 된다. 그리고 다음 포인트로 넘어가는 것이다. 테니스 여신이 자신에게 반감을 품고 있다거나 오늘 운이 좋지 않다고 생각하지 말고 나도 상대처럼 언제든지 손도 대지 못할 멋진 샷을 날릴 수 있다고 믿으면 된다.

결국 탑 플레이어들 실력의 차이는 종이 한 장의 격차일 뿐이다. 기술적으로는 아무런 차이도 없으며 승리는 몇 포인트로 결정된다. 나도 그렇고 토니 삼촌도 말한다. 내 성공의 가장 큰 이유는 나의 겸손함이라고. 달콤한 홍보의 목적이거나, 내가 균형이 잘 잡혀 있고 도덕성이 우월한 사람이라고 주장하기 위한 말이 아니다. 겸손의 중요성을 이해하는 것은 신이 주신 능력만으로는 이길 수 없다는 것을 알고, 경기 중 결정적인 순간에 극도의 집중력을 유지해야 한다는 것을 이해하는 것이다. 나 자신을 다른 선수들과 비교해서 말하는 것이 그렇게 편하지 않지만, 나는 멘탈 면에서는 그 어떤 선수들보다 나를 잘 단련시켰다고 생각한다. 그렇다고 내가 두렵지 않다는 뜻은 아니다. 시즌을 시작할 때마다 잘 할 수 있을 지에 대한 의문은 늘 존재한다. 선수들 간의 기량 차이라는 것은 정말 미세하다는 것을 잘 알기 때문이다. 하지만 내가 라이벌 선수들보다 뛰어난 점은 어려움을 받아들이고 그것을 극복하는 능력이 더 있다는 것이다.

그래서인지 나는 골프를 아주 좋아한다. 테니스에서 얻은 압박감 속에서 평정심을 유지하는 훈련을 골프에도 적용할 수 있기 때문이다. 기본적으로 재능이 있어야 하고 당연히 연습도 많이 해야 하지만, 골프에서 결정적인 것은 하나의 미스 샷이 나머지 게임을 망치게 해서는 안 된다는 것이다. 테니스 이외의 스포츠에서 내가 존경하는 한 명의 운동선수는 타이거 우즈이다. 그의 전성기 시절에 그를 보면서 나도 그와 같이 되고 싶었다. 이겼을 때 그의 표정이 좋았고, 이길 때나 질 때나 그의 애티튜드가 좋았고, 위기의 순간을 맞닥뜨리는 그의 방법이 좋았다. 배드 샷을 치고 화를 내기도 하지만 다음 샷을 어드레스하는 순간에는 다시 집중하고 있었다. 그는 압박속에서도 해야 할 것들을 했고 거의 잘못된 결정을 하지 않았다. 그 증거로 그는 그가 마지막 라운드 리더 보드에서 선두에 있을 때는 결코 우승을 내어 주지 않았다. 그렇게 하기 위해서는 당연히 아주 잘 해야 한다. 하지만 그것 만으로는 부족하다. 위험을 감수할 때와 한 발 물러 날 때를 잘 판단할 수 있어야 한다. 실수를 인정할 수 있어야 하며, 기회가 오면 잡을 수 있어야 하고, 어떤 샷을 쳐야 하는지, 언제 다른 샷으로 공략해야 하는지 선택할 수 있어야 한다. 나는 운동선수들 중에서는 아이돌을 가져 본 적이 없다. 내가 그렇게 좋아하는 축구에서도 없다. 내가 어릴 때에는 우리 고향 동료 선수인 카를로스 모야를 특별히 존경하긴 했지만 맹목적인 열혈팬은 아니었다. 그것은 내 스타일이 아니다. 내 문화도 아니며 내가 자란 분위기도 그렇지 않았다. 하지만 내가 가진 아이돌 수준의 선수는 바로 타이거 우즈이다. 그에 관해 내가 사랑하는 것은 그의 스윙도 아니며 그의 골프 스타일도 아니다. 그의 맑은 정신, 그의 확신, 그의 애티튜드이다. 그것들이 너무 좋다.

그는 나의 테니스에 있어서도 본보기이며 영감이다. 나의 골프에서도 마찬가지이다. 너무 도가 지나쳤는지 나의 친구가 말하기를 나는 골프를 너무 진지하게 한다고 한다. 그들과의 차이점은 그들은 재미로 골프를 하지만, 나는 어떤 게임이든 백 퍼센트를 바치지 않고 플레이하는 것은 불가능하다. 쉽게 말하면, 친구들과 골프를 하러 갈 때에도 페더러와 테니스 시합을 할 때와 마찬가지로 인간적인 감정을 두고 간다. 골프 코스에서 게임을 시작하기 전 내가 자주 쓰는 말이 있다. 동반자들을 노려보며, "지금부터 전쟁이야, 오케이?" 그들이 내 등 뒤에서 비웃고 있다는 것을 알지만 나는 변하지 않는다. 나는 작심하고 첫 홀부터 마지막 홀까지 친근하지 않다.

물론 골프를 즐기는 데에 테니스 시합과 같은 레벨의 집중력이 필요하지는 않다. 3분, 4분 동안 넋을 놓고 있으면 순식간에 서너 게임을 잃게 되는 것이 테니스다. 그런데 골프는 샷과 샷 사이에 3분 이상이 소요된다. 테니스는 찰나의 순간에 드라이브를 칠지 슬라이스 또는 네트로 돌진해 발리를 할지 결정해야 한다. 골프는 공 앞에서 원한다면 30초 이상을 충분히 가져도 된다. 또한, 라운드를 도는 동안 농담도 하고 잡담을 할 시간도 많다. 하지만 그것은 내 스타일이 아니다.

삼촌들이나 친구들과 칠 때도 마찬가지다. 초보자인 여동생 남자 친구에게는 조금 덜하지만 말이다.

  나는 타이거 우즈에게서 본받는다. 시작부터 끝까지 나는 동반 플레이어들과 거의 말을 하지 않는다. 그들이 좋은 샷을 쳤을 때도 절대 칭찬해 주지 않는다. 그들은 나의 그런 무례한 태도에 불평도 하고 화를 내며 욕도 한다. 그들은 내가 테니스 코트에서 보다 훨씬 더 공격적이라고 얘기한다. 사실 나는 테니스 코트에서는 상냥하기로 알려져 있는 데 말이다. 그런데 골프 코스에서는 라운딩이 끝날 때까지 절대 그렇지 않다. 그 친구들과 나의 차이점은, 그들 중 나보다 훨씬 골프를 잘 하는 친구들도 있지만 (나는 핸디캡 11), 모든 것을 쏟아 붓지 않는다면 스포츠를 할 의미가 없다고 생각한다는 것이다.

  테니스 훈련을 할 때도 마찬가지다. 가끔 문제가 되는 부분이긴 한데, 토너먼트 기간 중에는 다른 선수들과 약속을 잡아 같이 연습을 하게 된다. 그 때 나는 그들에게 워밍업 시간을 주지 않고 너무 빨리, 그것도 너무 심한 강도로 훈련한다고 선수들로부터 불만을 많이 들어왔다. 10분이면 그들은 지쳐 쓰러져 버릴 정도였다. 커리어 내내 들어온 일반적인 불만이었다. 그렇다고 내가 테니스에 영혼을 팔아버린 것은 아니다. 단지 엄청난 노력을 투자한 것이다. 하지만 나는 그것을 희생이라고 여기지 않는다. 여섯 살 때부터 매일 테니스 훈련을 해왔고 친구들은 파티를 하거나 늦잠을 잘 때에도 나는 나에게 더 큰 것을 요구해 왔다. 그렇다고 나는 이것을 희생이라고 하거나 손해라고 생각해 본 적은 없다. 왜냐하면 나는 항상 즐겼기 때문이다. 물론 훈련을 빠지고 늦게까지 밖에서 놀고 아침에 늦잠을 자는 등 다른 것을 하고 싶다는 생각이 없었던 것은 아니다. 나도 아주 늦게까지 놀기도 한다. 특히 마요르카에서 여름 밤에는, 술은 거의 입에 대지 않지만, 친구들과 클럽에 가서 춤도 추며 아침 6시까지 밤을 지새기도 한다. 내 또래의 젊은 친구들과 비교하면 내가 놓치고 있는 것들도 많겠지만 내가 얻는 것을 고려하면 공평한 거래라고 생각한다.

어떤 선수들은 거의 성직자 수준이지만 나는 그 정도는 아니다. 그것은 내 인생관이 아니다. 테니스는 나의 열정이자 동시에 나의 직업이다. 아버지의 유리 공장이나 외할아버지의 가구 공장에서처럼 정직하고 근면하게 잘 해야 할 '일'인 것이다. 다른 직업과 마찬가지로, 경제적 보상은 더 크긴 하지만, 고된 역경이 있다. 물론 나는 자신이 즐기는 일을 직업으로 하고 있고, 거기에 그 직업으로 어마어마한 부를 누리고 있는 세상에서 몇 안 되는 커다란 축복을 받은 사람인 것은 틀림이 없다. 나는 그 사실을 절대 망각하지 않는다. 하지만 결국에는 일이다. 그렇지 않으면 내가 경기를 할 때처럼 그렇게 진지하고, 격렬하게, 집중해서 연습할 수 없을 것이다. 훈련은 즐거운 것이 아니다. 토니 삼촌이나 친구들이 내가 다른 프로 선수들과 하는 연습 경기를 보러 코트에 오면 내가 농담을 하거나 웃을 분위기가 아니라는 것을 눈치채고 그들은 윔블던 관중처럼 조용히 해야 한다는 것을 잘 알고 있다.

그와 동시에 나는 즐길 줄도 안다. 늦게까지 파티를 하고 사촌동생들과 축구와 낚시도 하는 것은 테니스에서 받은 모든 스트레스를 풀어주는 아주 좋은 해독제 같은 것이다. 고향에 있는 친구들은 나에게 곧 세상 전부인 존재들이고 내가 투어에서 돌아왔을 때, 그 친구들과 마나코르와 포르토 크리스토에 있는 단골 바에 같이 나가지 않는다면 그것은 우정에 금이 가는 행동이라고 생각한다. 그렇게 된다면 나에게 별로 좋지 않다. 왜냐하면 내가 행복하고 즐거운 시간을 가지는 것이 테니스 실력과 경기에 긍정적인 영향을 가져다주기 때문이다. 필요한 즐거움을 부정하는 것은 역효과를 가져온다. 프로선수가 자기 부정 원칙을 너무 심각하게 받아들이면 훈련이 힘들고 고통스럽고 지루하게 되며, 급기야 테니스 자체가 싫어 지게 된다. 나는 가능한한 모든 것을 할 수 있고 인생에서 중요한 요소들도 결코 잃지 않도록 균형을 잘 잡아야 한다고 믿고 있다. 특별한 경우에는 아침 훈련을 건너뛰고 대신 오후에 훈련을 할 때도 있다. 하지만 한 번쯤 은 그렇게 할 수 있어도 3일 연속 그렇게 해서는 곤란하다. 결코 예외를 규칙으로 만들어선 안 된다. 그렇게 되면 최우선시 되어야 하는 훈련이 내 마음 속에서 후순위로 밀려나게 되고 그것은 곧바로 습관화되기 때문이다. 이는 종말의 시작이다. 은퇴를 준비해야 할 지도 모른다. 즐기는 것도 선을 잘 지켜야 하고 훈련 체제도 엄격하게 유지해야만 한다. 그것에 결코 타협이 있어서는 안 된다.

요즘에는 열네 살 때처럼 그렇게 많은 양의 훈련을 하지는 않는 편이다. 하루에 다섯시간 정도 토니 삼촌과 일부 같이 하고, 나의 피지컬 트레이너인 후안 포르카데스와 많은 시간 체력 훈련을 하고 있다. 포르카데스는 같은 마요르카 사람이다. 그의 외모는 트레이너 특유의 근육질 몸에 쉐이빙한 헤어스타일의 군인을 연상시키는 이미지와는 사뭇 거리가 멀다. 토니 삼촌과 1960년생 동갑인 그는 긴 머리를 묶어 꽁지머리를 하고 아주 교양있는 사람이며 독서광, 영화광이다. 1분에 수백가지를 생각하는 사람인 것 같다. 그는 많은 학술 논문들을 독파한 후 나에게 테니스의 모든 면을 강하게 단련시키기는 특별 프로그램을 디자인해 주었다. 우리는 내가 열네 살부터 함께했는데, 내 근육을 강하게 키우는 데 있어서 그의 목표는 바디빌더나 육상선수의 몸으로 만드는 것이 아니었다. 단거리나 장거리 육상선수 같은 훈련방식은 테니스와 맞지 않는다. 포르카데스 말에 의하면 테니스는 직선운동이 아니기 때문이다. 테니스는 간헐적 운동이며 장시간 동안에 걸쳐 순간적으로 폭발했다 멈추고 전력질주했다가도 웅크렸다 내던져야 하는데, 이러한 동작들을 오랜 시간동안 몸이 받쳐 주어야 하는 운동이다. 포르카데스는 테니스 선수들은 반드시 허밍버드(벌새)의 동작을 모델로 훈련해야 한다고 주장한다. 벌새는 하이 스피드와 지치지 않는 스테미너를 결합한 유일한 동물이다. 1초에 80번의 날개짓을 하며 그 날개짓을 4시간동안 유지할 수 있다고 한다. 그래서 우리는 벌크를 키우기 위한 근육 운동은 하지 않았다. 체력과 스피드의 균형이 중요한 테니스 경기에서는 오히려 역효과가 난다. 불필요한 근육의 무게는 스피드를 떨어뜨리기 때문이다. 포르카데스는 집에서 피트니스 센터로 가는 차 안에서 나에게 그러한 이론들을 가르쳐 주었다. 우리는 정말 다양한 훈련을 시도했었다. 그 중에서도 16살에서 17살 때에는 우주 비행사들에게 우주에서 나타날 수 있는 근육손실 위축증을 막기 위해 특별히 고안된 '도르래 기구'를 이용하여 많은 시간 동안 훈련하였다. 플라이 휠에 달린 줄을 잡아당기며 팔근육과 다리 근육을 단련시키는 것인데 주로 팔근육에 집중하였다. 그렇게 함으로써 근육의 스피드를 더 높일 수 있게 된다. 이것으로 인해 (이것에 대한 과학적 연구도 입증되었다), 투어 선수 그 누구 보다도 포핸드 탑스핀에 더 많은 회전량을 만들 수 있게 되었다. "요요"라고 불리는 이 플라이 휠 기구에서 나는 근육을 쓰지 않고도 117킬로그램의 무게를 들어 올릴 수 있게 되었다. 그 당시에 나는 바디 힘을 단련하기 위해 턱걸이도 많이 했다. 물 속에서도 훈련하고 스텝 머신, 실내 로잉 머신, 요가도 하며 근육 운동뿐만 아니라 관절 보호 운동도 병행하였다. 그러한 운동들은 무브먼트의 탄성을 증진시키고 부상을 방지하는데 도움이 된다.

    러닝에서는 빠른 방향 전환과 좌우 전후로 빠르게 움직이는 시퀀스를 훈련하였다. 우리가 시도한 모든 훈련들은 엄청난 속도로 순간적으로 뛰었다가 바로 멈추는 행동을 반복하는 스포츠인 테니스에 최적화된 시뮬레이션을 통해 나의 신체 조건에 맞게 특별히 디자인된 훈련 방식들이었다. 포르카데스가 강조한 또 하나는 아무리 피곤하고 힘들고 기분이 좋지 않거나, 어떤 이유에서든 훈련을 하고 싶지 않을 때에도 훈련 체제는 반드시 지켜야 한다는 것이다. 왜냐하면 투어를 다니게 되면 컨디션이 최상이 아닌 날들도 당연히 있게 마련인데, 그런 컨디션 저하 상태에서도 경기를 준비할 수 있는 또 다른 훈련을 해 두어야 하기 때문이다.

    나는 청소년기에 내가 계속 훈련해온 방식으로 훈련했다. 경기할 때처럼 열심히. 내가 조금이라도 나태해지려 하면 포르카데스는 그만의 방식이 있었다 나의 승부욕을 자극하는 것이다. 이렇게 말한다. "카를로스 모야 알지? 걔는 이것을 30초에 10번을 할 수 있어. 지금 네가 피곤하다고 하니까 오늘은 8시까지만 하고 끝내." 그러면 나는 당연히 12시까지 한다. 아버지나 삼촌들이 모두 덩치가 크고 강한 사람들이어서 내가 몸을 키우는 것이 별로 이상할 게 없었지만, 나는 10대때 남들 보다 유난히 빨리 테니스 세계에 입문했고 성인 프로 선수들과 경쟁해야 했기 때문에 체력을 키우는 데 특별한 노력을 기울여야만 했다. 내 또래 선수나 어린 선수들과 경기하게 된 것은 프로 데뷔 후 수 년 이 지나고 나서였다.

    ATP 투어 탑 레벨 경기에서 가진 첫 우승은 마요르카 오픈에서였다. 상대는 라몬 델가도였는데 나보다 10살이 많았다. 이 승리를 통해 나는 ATP 투어의 아래 단계인 인터내셔널 퓨처스 투어를 뛸 수 있게 되었고, 6개의 토너먼트를 연달아 우승하였다. 그 다음 챌린저 시리즈에 참가하였는데 보통 세계 랭킹 100위에서 300위권 선수들이 경쟁하는 서킷이다. 그 곳에서는 항상 20살, 22살, 24살 선수들과 경쟁하였다. 2002년 그 해 나는 세계 랭킹 199위로 시즌을 마감했다. 내 나이는 16살 6개월이었다. 2003년 초, 델가도를 이기는 커리어 전환점을 맞이하고 1년도 채 안 되어서 나는 ATP 월드 투어 대회 중 중요한 두 대회인 몬테카를로와 함부르크 오픈에서 경기를 하게 되었다. 처음 델가도를 이겼을 때 보다 더 큰 터닝 포인트를 맞이하게 된 것이다. 2002년 프랑스오픈 우승자인 알버트 코스타 선수를 이겼고, 두번째는 나의 친구이자 멘토인 카를로스 모야를 상대로 승리했다. 두 선수 모두 그 당시 세계 랭킹 10위권 안에 있는 그랜드슬램 우승자들이다. 4개월만에 나는 199위에서 109위로 올라갔다. 하지만 불행하게도 그 중요한 시기에 훈련 중 어깨부상을 당하여 2주동안 예정에 없던 휴식을 취해야 했다. 그로 인해 프랑스오픈 롤랑가로스에서의 나의 데뷔전을 포기해야만 했다. 그 뒤 얼마 후, 처음으로 윔블던에 참가해서 3라운드까지 진출했다. 그리고 2003년 ATP '올해의 신인'으로 선정되었다. 나는 코트를 미친듯이 날뛰며 훈련이나 시합에서나 RPM 1000 이상의 탑스핀을 구사하는 하이퍼한 틴에이저였다.

2004년 나의 몸은 "이제 그만"이라고 소리쳤다. 나의 러닝은 갑자기 짧아지기 시작했는데 원인은 왼쪽 발 뼈에 생긴 작은 실금이었다. 그로 인해 4월에서 7월까지 쉬어야 했다. 그것은 올해 나에게는 롤랑가로스는 물론이고 윔블던은 없다는 것을 의미했다. 세계 랭킹은 35위나 더 밀려났고 오랜 휴식 뒤 다시 리듬을 되찾기 위해서는 더 많은 노력이 필요했다. 내 커리어 중에서 부상으로 인한 첫번째 공백이었다. 되돌아보면 훗날 수없이 찾아온 부상들 중에서도 그 첫번째 부상이 심적으로 가장 힘들었다. 당시에는 실망감에 참으로 괴로웠는데 길게 보면 그렇게 나쁜 것 만도 아니었다. 왜냐하면 내 경우에는 신체적 약점이 정신을 더욱 더 강하게 만들어 주었기 때문이다. 그리고 그 시기에는 나의 멘탈도 휴식이 필요 했던 것 같다. 가족들의 지지와 지혜, 토니 삼촌이 나에게 주입해왔던 역경을 견뎌내는 멘탈 훈련 덕분에 좌절하지 않고 모든 것을 감수해서라도 승리하겠다는 강한 의지가 더욱 더 명확하게 나를 단련해 준 시간이었다.

그 시기에 깨닫게 된 또 하나의 중요한 사실이 있는데 그것은 모든 남녀 엘리트 스포츠 선수들은 귀를 기울일 필요가 있을 것 같다. 우리는 너무나도 큰 특권과 많은 부를 누리고 있다. 하지만 그 특권과 부의 대가로 너무 어린 나이에 선수생명이 끝난다는 것이다. 더 심한 경우에는 부상으로 선수로서의 성장이 한순간에 끝날 수도 있다. 꽃이 채 피기도 전에 조기은퇴를 해야만 하는 경우도 얼마든지 있을 수 있다. 그렇기 때문에 첫번째, 네가 하는 것을 무조건 즐겨야 한다. 두번째, 한 번 기회가 왔다고 해서 두 번 오는 것은 아니다. 따라서 매순간 찾아온 기회는 마지막 기회라고 생각하고 모든 것을 동원해서 잡아야만 한다. 토니 삼촌도 이 메시지를 나에게 수없이 상기시켰다. 지금 조급하게 부상에서 회복한 나는 나의 뼈와 살로 그 사실을 느끼고 있다. 해가 거듭될수록 시계바늘이 지나가는 소리는 더 크게 들려온다. 만약 내가 스물아홉 살, 서른 살이 되어서도 탑레벨의 테니스를 구사할 수 있다면 정말이지 행운이며 행복한 사람이 될 것이라는 것을 알고 있다. 그 심각했던 첫 부상은 나로 하여금 프로 선수에게 시간이라는 것이 얼마나 빨리 흘러가는 지를 어린 나이임에도 크게 깨닫게 했다. 매우 유익한 시간이었다. 나의 친구인 토메우 살바는 내가 아주 빨리 '늙은 어린 선수'가 될 것이라고 말하기도 했다. 나는 내가 현재 가지고 있는 것에 큰 가치를 부여하며 내가 승부하는 모든 포인트 하나 하나에도 그것을 명심하고 플레이하려 한다.

하지만 항상 그렇게 하지는 못한다. 2004년 그 부상에서 복귀한 지 한 달도 채 안 된 시점에 US오픈 2라운드에서 앤디 로딕과 맞붙게 된 것이다. 로딕은 전년도 US오픈 우승자였으며 덩치가 상당히 컸으며 좋은 사람이었다. 그날따라 그의 덩치는 내가 상대하기에 너무 거대하고 경기력까지 너무 좋았다. 나는 갑자기 땅으로 꺼지는 느낌이었고, 이제껏 나의 모든 성공에도 불구하고, 나는 아직 애송이라는 것을 상기하게 되었다. 그 당시 로딕은 나보다 훨씬 더 근육질이었으며 페더러 다음인 세계 랭킹 2위였고 전년도에는 1위까지 한 선수였다. 플러싱메도우는 속도가 아주 빠른 코트 표면이었는데, 하드코트 면은 내가 여전히 적응을 해야 하는 숙제 같은 코트였다. 나는 로딕의 서브에 거의 손도 대지 못하고 흠씬 두들겨 맞으면서 6-0, 6-3, 6-4가 말해주는 스코어 보다 훨씬 더 처참하게 패했다.

그러나 그해 말 복수의 기회가 왔다. 2004년의 하이라이트는 데이비스 컵 국가대표로 출전한 것이다. 데이비스컵은 축구로 치자면 월드컵과 마찬가지인 대회다. 나의 데뷔전은 체코와의 경기였다. 나는 17세였고 곧바로 그 대회를 사랑하게 되었다. 첫번째로 나는 스페인인 것을 자랑스럽게 생각하는 사람이다. 진부한 말이 아니라 스페인은 많은 국민들이 나라의 정체성을 모호하게 느끼는 나라이다. 무슨 뜻이냐 하면 우리의 첫번째 애국심은 국가보다는 그들의 고향이다. 나 역시 마요르카가 집이고 앞으로도 그럴 것이며 나는 결코 떠나지 않을 것이다. 하지만 나의 첫번째 애국심은 스페인에 있다. 아버지도 나랑 똑같은 생각이며 그 증거로 우리는 레알 마드리드의 광적인 팬이다. 데이비스컵을 사랑하는 또 하나의 이유는 내가 열두 살 때 테니스를 위해 축구를 포기할 당시, 소속감을 잃어버린 것에 대한 아쉬움을 달랠 수 있는 기회 같은 것이었기 때문이다. 나는 군생하는 사람이다. 나는 주위에 사람들이 같이 있어야 하는 사람인데 테니스라는 매우 고독한 게임을 선택해야만 했던 운명은 참으로 묘한 일이다. 물론 크게 보면 토니 삼촌의 디자인이긴 하지만 말이다. 이 데이비스컵은 내가 어릴 적 축구팀이 발레아레스 제도 챔피언십에서 우승했을 때 느꼈던 그 단체전의 감동을 다시 한번 느낄 수 있는 기회였다.

  하지만 데이비스컵에서 나의 출발은 그리 순탄치 못했다. 체코와의 대결에서 나는 첫 단식과 복식 두 게임 모두 패배했다. 나에게 아주 어려운 표면의 코트였다. 그 말은 아주 빠른 하드코트이자 공기저항이 아주 낮은 실내코트라는 뜻이다. 그러나 결과적으로 나는 히어로가 되었다. 마지막 결정전에서 이긴 것이다. 전반적으로는 내가 그렇게 각광을 받았거나 잘 선발되었다는 느낌은 주지 못했다. 오히려 경기에 지고 있을 때는 "저 어린 선수는 왜 뽑은거야?"라는 분위기였다. 하지만 벼랑 끝에서 근소한 차이인 3-2로 승리하고 나면 다른 모든 것은 잊혀지기 마련이다. 나로서는 아주 다행이었다.

그 다음 네덜란드전에서도 승리했지만 나는 딱히 한 것이 없다. 복식 경기 한 게임을 뛰었는데 역시 패배했다. 그러나 강팀인 프랑스와의 준결승전에서는 전혀 다른 이야기였다. 내가 스페인 대표로 스페인 땅에서 치르는 첫 경기였다. 지중해의 해변도시 알리칸테에서 열렸는데, 내가 이전에 경험해 보지 못한, 그 지역 사람들의 뜨거운 응원 속에서 경기를 했다. 우리 팀 전력도 막강했다. 세계 랭킹 탑10인 카를로스 모야와 후안 카를로스 페레로 두 선수를 필두로 랭킹 12위인 토미 로브레도까지 합세했다. 나는 복식경기에 출전하여 승리했다. 하지만 위에 열거한 쟁쟁한 선수들이 있었기에 단식 경기 출전은 기대할 수도 없었고 캡틴이 뽑아주지도 않았다. 그런데 갑자기 카를로스 모야가 컨디션이 좋지 않다고 했고 그의 추천으로 모야 대신 나를 출전시키기로 했다. 그렇게 단식에 출전하게 된 나는 경기에서 승리했다. 아주 훌륭하게 이겼다. 결국 우리는 결승까지 가게 되었다.

그때까지만 해도 나는 그렇게 긴장되지 않았다. 내가 나이가 조금만 더 들었다면 내 가슴에 새겨진 스페인 국기의 무게가 부담스럽게 느껴졌을 텐데 말이다. 지금 되돌아보면, 그때 나는 아주 무모하고 겁없이 플레이 했었고 머리보다는 아드레날린으로 경기했던 것 같다. 그런데 그 다음 우리가 경기하게 될 스타디움을 봤을 땐 정신이 번쩍 들고 침을 꿀꺽 삼킬 정도였다. 경기 장소는 아름다운 도시 세비야였다. 분위기가 도시만큼 아름다웠다는 것은 아니다. 윔블던 센터 코트 같이 고요한 것은 더더욱 아니었다. 관중들의 함성 때문에 공을 치면 들려야 할 에코가 전혀 들리지 않았다. 고요함은 그 날의 코드가 아니었다. 거대한 종합 운동장에 설치된 특설 경기장이 27,000명의 관중들로 가득 메워졌다. 테니스 게임 역사상 최다 관중이었다. 설상가상으로 세비야 사람들은 열정과 흥이 넘치기로 스페인에서도 유명하다. 쉽게 비교하자면 포효하는 훌리건같은 매니아 축구 팬들 앞에서 테니스 경기를 하는 것과 다름없었다. 결승전에서 나는 복식 한 경기만 출전하기로 되어있었다. 내 파트너는 선배인 토미 로브레도였다. 그는 나보다 나이가 많다는 이유로 성공과 실패의 책임을 오롯이 혼자 떠맡게 되었다. 그에게는 불공평한 몫이라고 생각한다. 나는 18살이었고 10년동안 나름대로 혹독한 경쟁을 경험했지만 그때 내가 느낀 부담감과 긴장은 그 어느 때보다도 컸다. 우리의 복식경기 상대는 복식 랭킹 1위인 밥 & 마이크 브라이언 쌍둥이 형제였다. 그들은 아마 역사상 최강의 복식 페어일 것이다. 우리가 승리할 가능성은 희박했지만 기회라는 느낌이 갑자기 형성되었고 도시의 분위기와 사람들이 우리를 만날 때마다 보여준 흥분은 매치 전날에 내가 보리라고 상상했던 것과는 사뭇 달랐다.

나는 승리에 대한 희망을 저버리지 않았지만 캡틴들의 생각은 우리가 복식 경기에서 지고 미국팀에게 총 5점 중 1점만을 준다는 계산이었다. 우리 팀 에이스인 카를로스 모야가 단식 두경기에서 모두 승리한다는 전제 하에서 말이다. 모야는 미국의 오더 넘버 2인 마르디 피쉬를 이길 것이고 로딕은 무조건 이겨야 한다는 것을 기정사실화 했다. 우리에게 어드벤티지는 클레이 코트에서 경기한다는 점이었다. 내가 가장 좋아하는 코트 표면 이기도 하다. 하지만 로딕에게는 그렇지 않다. 그래도 그는 엄청난 상대이다. 그 파워풀한 아메리칸은 모야 보다 순위가 높은 2위였다. 자국 팬들 앞에서 경기하는 카를로스 모야가 유리했고 우리에게도 가장 안전한 선택이었다. 세계 랭킹 25위인 후안 카를로 페레로는 부상 때문에 순위가 떨어진 것이지 실제로는 훨씬 출중한 선수였다. 우리는 그가 마르디 피쉬는 이길 것으로 예상했지만 로딕을 상대로 한다면 확률은 50/50 정도로 보였다. 가장 중요한 것은 우리는 로딕과의 두 경기를 모두 이겨야 한다는 것이었다. 마르디 피쉬는 무조건 이길 수 있다고 생각했기 때문이다.

그것은 어디까지나 숫자에 불과했다. 논리가 그렇다는 것이다. 그런데 만약 피쉬가 한 경기라도 우리를 이긴다면? 게임의 역사를 보더라도 그것은 얼마든지 일어날 수 있는 일이다. 만약 우리가 지게 된다면 우리는 아마 큰 충격으로 힘들어 하게 될 것이다. 모야가 그 해 나에게 패배했기에 로딕에게 질 가능성도 충분했다. 그렇기 때문에 우리는 조금도 안심할 겨를이 없었다. 개막일 첫번째 경기인 스페인팀의 넘버 2와 미국팀의 넘버 1 로딕과의 경기가 가장 중요하다는 데 모두가 동의했다. 만약 모야가 피쉬를 꺾고 그 경기를 이기면 나와 토미가 복식경기에 지더라도 크게 걱정할 것이 없었다. 그리고 마지막 날 단식 두 경기 중 한 경기만 이기면 된다는 결론이었다. 그렇게 되면 각 팀의 에이스가 맞붙는 모야와 로딕과의 경기에서 모야의 부담감이 상대적으로 줄어들기 때문에 이길 확률도 높아지게 될 것이다. 혹시 모야가 지더라도 피쉬는 자신이 지면 미국팀이 자동적으로 패배하기 때문에 피쉬의 부담감을 높이는 것이 우리가 바라는 시나리오였다.

우리가 예상한 중요한 경기는 우리의 넘버 2와 로딕과의 매치업이었다. 우리의 넘버 2로는 프랑스오픈 우승자이자 US오픈 준우승자인 후안 카를로스 페레로가 내정되어 있었다. 그런 그가 넘버 2에서 제외되고 내가 넘버 2가 되었다. 그리고 내가 앤디 로딕과 개막전을 하게 된 것이다. 페레로의 부상 때문이 아니라 세 명의 캡틴들이 내가 그의 자리에 들어가야 한다고 결정했다. 사이드 라인에서 관전하며 팀 동료들을 최대한 응원하는 역할이 아니라 갑자기 내가 중앙 무대를 차지하게 된 것이다. 캡틴들의 베짱인지 경솔함인지 (많은 사람들은 그렇게 보았다), 나에게는 충격적인 놀라움으로 다가왔다. 페레로는 내가 50위권 안에 들어가기도 전에 이미 세계 랭킹 1위였다. 게다가 나의 복식 파트너인 토미 로브레도는 랭킹 13위였는데, 페레로가 플레이 할 수 없다면, 무조건 그가 뛰어야 하는 것이 자연스러운 것이었는데 말이다. 나는 팀 내에서 아직 어린애였다. 어른들의 리그인 데이비스컵 결승전, 더군다나 대 미국전에서는 나는 누가 봐도 치어리더 수준이었다.

모든 동지애에도 불구하고 테니스는 지극히 개인 운동이다. 누구나 게임에 들어갈 기회를 원한다. 내가 뛰기를 원치 않았다고 말한다면 그 누구도 믿지 않을 것이다. 부담감과 책임감은 두려움보다 더 크게 나를 흥분시켰다. 만약 내가 그때 회피하고 싶은 충동이 조금이라도 있었다면 그 자리에서 나는 프로 테니스 선수의 길을 포기했을 것이다. 그렇지 않았다. 지금껏 내 인생에서 가장 큰 기회였으며 나는 숨이 멎을 만큼 뛸 각오에 흥분되어 있었다. 그러나 나의 마음은 편하지 않았고 미안한 마음도 들었다. 나는 아직 어렸고, 로딕을 꺾을 수 있다고 생각을 할 만큼 낯이 두꺼웠긴 했지만, 그를 상대로 나를 넣은 것이 정상적인 오더가 아니라는 것을 모를 만큼 아둔하지도 않았다. 나의 가족은 항상 어른을 공경하라는 가르침을 심어 주었는데 내가 넘어선 두 명의 팀 동료들은 나보다 나이가 많을 뿐만 아니라 객관적인 시각에서도 나보다 실력이 훨씬 뛰어난 선수들이었다. 물론 그 주에 내가 트레이닝 세션에서 잘 했던 것도 사실이고 페레로가 조금 부진한 모습을 보이긴 했지만 연습은 연습이고 실전은 또 다른 것이다. 그런 큰 경기에서는 경험이 컨디션만큼이나 중요한 요소이다. 만약 페레로의 컨디션이 안 좋다면 나보다 네 살이나 많고 ATP 투어 우승 경력도 두 번이나 있는 로브레도가 당연히 그 자리를 대신해야 했었다.

팩트는 이랬다. 나는 팀 동료 네 명에 비교해서는 세계 랭킹도 아주 많이 낮고 특히 부상으로 인해 안 좋은 한 해를 보냈으며, 심지어 최근에 로딕에게 패한 열여덟 살 아이라는 점이다. 게다가 나는 동료들에 비해 앞으로 데이비스컵에 출전할 기회도 더 많을 것이었다. 나는 페레로와 로브레도에게 이 결승전이 어떤 의미인지 잘 알고 있었다. 팀 내는 다소 긴장감이 감도는 분위기였다. 그래서 나는 캡틴에게 맡기기 보다 내가 직접 페레로에게 대화하러 찾아갔다. 나와 그는 오랫동안 알고 지낸 사이였다. 함께 훈련도 많이 했고 나에게는 큰 형과 같이 믿고 의지하는 존재였다. 그리고 같은 마요르카 사람이기도 했다.

나는 그에게 물었다. "당신을 대신해야 한다면 로브레도가 경기하는 것이 솔직히 더 마음이 편하고 믿음이 가지 않아요? 나는 어리고 그가 나보다 훨씬 잘하는데…." 페레로는 그 때 내 말을 잘랐다. 그리고 지금도 그가 한 말이 정확하게 기억난다. "바보 멍청이 같은 소리 하지 마. 그냥 네가 가서 뛰어. 너는 잘하고 있어. 나는 네가 출전한다는 것에 아무 문제없어." 우리는 조금 더 얘기를 나누며 내가 얼마나 어색한 마음인지도 전달하고 난처한 상황에 처한 내 자신에 대해 항변하기도 했다. 그러나 그는 말했다. "괜찮아. 편하게 생각하고 그리고 이 순간을 그냥 즐겨. 그리고 기회를 잡아. 캡틴들이 너를 넣기로 한 결정은 심사숙고 후 한 것이고 너를 믿기 때문이야. 나도 너를 믿고 있다."

그렇게 결정되었다. 내가 안 뛰겠다고 계속 우긴다면 그게 더 이상한 분위기를 만드는 것이었다. 솔직히 나는 간절히 뛰고 싶었다. 하지만 그 대회는 아직 어린 내가 뛸 자리가 절대 아니었기 때문에 캡틴의 판단에 의문이 있었다. 강한 반대를 고집했다면 말로 표현할 수 없을 만큼 어리석었을 것이다.

그렇게 나는 코트로 나갔다. 내가 로딕을 이긴다고 해서 우리가 데이비스컵에서 우승하는 것은 아니지만 우승을 향해 큰 한걸음을 전진하는 것이었고 내가 진다면 모든 것이 그대로 끝나는 것이었다. 나는 그 어느때보다 고무되어 있었고 어린 내 인생에서 가장 큰 매치가 되리라는 것을 한치의 의심도 없이 잘 알고 있었다. 그것과 동시에 마음 한 켠에는 두려움도 있었다. US오픈에서처럼 상대도 안 되게 로딕이 나를 격파하는 것에 대한 두려움이었다. 그렇게 되면 정말 창피하고 팀에게도 전혀 도움이 안 되는 것이기 때문이다. 질 수는 있지만 최소한 로딕을 지치게 만들어 다음 경기에 영향을 주게는 해야 했다. 그런데 만약 나를 다시 무너뜨린다면 나는 나를 믿어준 캡틴과 팀 동료들, 관중, 이 모두를 저버리게 된다. 부담감이 큰 경기였다. 이것은 데이비스컵이다. 그것도 스페인 땅에서 개최되고 있다. 나 혼자를 위해 뛰는 경기가 아니다. 그랬다. 무엇보다 가장 큰 두려움은 나를 뽑은, 위험한 선택 바로 그것이었다.

그런데 내가 코트에 들어서는 순간 아드레날린이 모든 두려움을 날려버렸다. 관중들의 감격의 물결이 나를 휩쓸어 생각할 여지도 없이 순수한 본능의 질주로 경기를 했다. 그 전에도 그 후에도 관중들이 나를 이토록 응원해 준 적은 없었다. 나는 스페인의 가장 열광적으로 애국적인 도시에서 스페인 국기를 단 스페인 사람이라는 사실뿐만 아니라 그야말로 언더독이었다. 다윗과 로딕 골리앗 같은 것이었다. 윔블던에서의 고상한 에티켓과는 거리가 멀었다. 포인트 사이와 경기 중에는 조용히 해야 하는 코드 따위는 여기선 통하지 않는다. 내가 비록 어린 시절 원했던 프로 축구 선수의 꿈은 이루지 못했지만 그것과 가장 비슷한 분위기는 바로 여기였다. 축구 선수가 챔피언십 결승전 스타디움에 입장할 때나 결승골을 넣었을 때와 같은 분위기였다. 이 곳 27,000명의 관중들은 내가 포인트를 득점할 때마다 마치 내가 축구에서 골을 넣은 것과 같은 분위기로 자리에서 일어나 환호했다. 나 역시 종종 골을 득점한 축구선수처럼 세레모니를 해주었다는 것을 인정하지 않을 수 없다. 그 어느 때보다 더 많이 주먹을 불끈 쥐고 점프 세레모니를 하였다. 그것에 대해 앤디 로딕이 어떻게 받아들였는지는 모르지만 그 당시의 축제 에너지에 흠뻑 젖은 나로서는 어쩔 수 없었다. 테니스는 축구나 농구에 비해 관중들이 승패의 결과에 그다지 큰 영향을 주는 스포츠는 아니다. 그러나 여기는 그랬다. 홈 어드밴티지라는 것에 대해서 알고는 있었지만 실제로 느껴본 적은 없었다. 관중들의 현장을 들어올리는 분위기와 응원의 함성이 감히 닿을 거라 상상도 못해본 높은 곳으로 나를 데려다 줄 수 있다는 것을 결코 상상하지 못했다.

나는 도움이 필요했다. 세비야의 따사로운 겨울 햇살 아래 스펙터클한 대극장에서 피를 흘리지는 않았지만 로딕과 내가 싸우는 전쟁이었다. 3시간 45분이라는 내가 당시까지 치른 경기 중 가장 긴 매치였다. 긴 랠리들, 끊임없는 장타를 주고받았고 로딕은 네트를 점유하려고 호시탐탐 기회를 노렸으며 나는 줄곧 베이스라인을 지키고 있었다. 이제 이대로 내가 지더라도 최소한 로딕을 지치게 해야 한다는 나의 소임은 다했다. 체력이 바닥난 로딕은 이틀 뒤에 첫 경기를 비교적 수월하게 이긴 모야와 맞붙게 될 것이다. 타이브레이크까지 간 첫 세트는 로딕이 가져갔다. 이는 오히려 관중들을 더욱 흥분시켰다. 그런데 그 뒤 세 세트를 내가 모두 이겨, 6-2, 7-6, 6-2 역전승으로 끝을 냈다. 나는 거의 모든 포인트를 기억한다. 로딕의 아주 각이 큰 와이드 앵글 세컨드 서브를 네트가 아닌 포스트 옆으로 돌려 넣은 리턴 위너가 특히 기억에 남는다. 또 중요한 승부처였던 3세트 타이브레이크 상황에서 백핸드 패싱샷으로 얻은 포인트도 기억한다. 그리고 마지막, 매치포인트, 내 서브에서 로딕의 백핸드가 너무 길어 내가 승리한 순간이 생생하다. 나는 코트에 드러누워 눈을 감았다. 눈을 떠보니 기뻐 춤을 추고 있는 팀 동료들이 보였다. 관중들의 함성은 마치 정보 제트기가 내 머리 위로 낮게 날아가는 것처럼 크게 들렸다.

우리는 5전 3선승제 경기에서 2-0으로 앞섰다. 다음 날 우리는 예상대로 복식경기에서 패했다. 셋째 날, 우리의 진정한 영웅 카를로스 모야가 앤디 로딕에게 승리했다. 모야는 지난 수년 동안 이 데이비스 트로피를 노렸다. 이제 그렇게 되었다. 나는 마르디 피쉬와 경기를 할 필요도 없었다. 3-1로 이겼고 데이비스컵은 우리 것이 되었다. 그것은 내 인생의 하이라이트였을 뿐 아니라 테니스 세계가 벌떡 일어나 그제서야 '나'라는 선수에게 관심을 갖기 시작했다. 앤디 로딕도 경기 후 나에 대해 아주 좋은 코멘트를 해 주었다. 그는 진정한 빅 게임 선수들은 많이 없는데 나를 확실한 빅 게임 선수라고 말했다. 로딕과의 경기에 나를 뽑은 것에 대한 논쟁이 있은 후 극복하기 힘든 큰 부담감이 확실히 있었지만 그의 코멘트는 그 후 내가 그랜드슬램 같은 큰 대회에서 싸울 수 있다는 새로운 자신감을 심어 주었다.

당신은 당신이 뛴 경기들의 산물이다. 그로부터 3년 6개월 후 윔블던 센터코트에서 페더러를 상대로 3세트를 이기기 위해 싸우고 있을 때 데이비스컵 파이널은 이미 내 기억에서 멀리 있었다. 하지만 자취는 남아 있었고 적어도 첫 두 세트에서는 확실히 도움이 되었다. 그래서 내가 이길 수 있었다. 그러나 페더러는 3세트에서 환상적인 샷들을 보여주기 시작했고 여섯 번째 게임에서는 나를 완전히 묶어 놓았다. 내 서브 게임이었고 아주 실망스러운 백핸드 샷이 네트에 걸리면서 15-40로 뒤지고 있었다. 경기 시작 후 처음으로 나는 냉정을 잃어버리고 성난 함성을 내 질렀다. 나는 내 자신에게 화가 났다. 왜냐하면 그 샷을 어떻게 쳤어야 하는지를 정확하게 알고 있었기 때문이다. 자신있게 더 밀어쳤어야 하는데 그러지 못했다. 나의 머리가 나를 무너뜨렸다. 스윙과 히팅이 잘못된 것이 아니라 주저하는 순간이 있었고, 두려운 순간이 있었고, 그런 상태에서 공을 친 것이 잘못된 것임을 알고 있었다. 나는 소심한 방법을 선택했으며 과감한 용기를 잃어버린 것이었다. 그 순간 나는 그런 내 자신이 미웠다. 다행히 굿뉴스는 페더러도 벼랑 끝에 매달려 있었다는 것이다. 우리 둘 모두에게 어마어마한 긴장 속에서의 경기였다. 그런 이유로 테니스 내용으로는 눈부신 플레이를 보여주는 경기는 아니었다. 우리 둘은 똑같이 경기를 잘 풀지 못하고 있었다. 둘 사이의 차이라고 한다면 중요한 순간에 그나마 내가 덜 형편없었다는 점이다. 여섯 번째 게임에서 그는 네 번의 브레이크 찬스가 있었는데 나는 네 번 모두 성공적으로 막아 냈다. 그리고 마침내 어드밴티지 서버 상황에서 세컨드 서브를 성공시키면서 게임을 가져왔다.

그로써 3-3. 페더러의 서브이자 그 유명한 '결정적인' 일곱 번째 게임이 시작되었다. 테니스 전설에서처럼 일곱 번째 게임이 항상 결정적인 것은 아니지만 적어도 지금은 그랬다. 나는 나의 기회를 보았고 준비가 되었다고 느꼈다. 페더러는 지난 게임에서 자신의 기회를 살리지 못했던 것에 당황했을 것이다. 지금까지 우리가 가졌던 브레이크 포인트 기회는 페더러가 열두 번이었고 나는 네 번이었다. 하지만 페더러는 그 중 한 번만 성공했고 나는 세 번 성공했다. 이것이 바로 테니스라는 스포츠가 얼마나 중요한 포인트로 인해 승부가 바뀔 수 있는지 보여주는 증거이다. 승패가 체력이나 타고난 재능의 차이로 결정되는 것이 아니라 고도의 정신력에 달려 있는 것이다. 그것이 지금 나의 코트 사이드에 있었다. 긴장은 최고조에 달했지만 모멘텀은 변해 있었다. 이전 게임에서 그가 나에게 계속 쌓아 올렸던 압박에서 빠져나와 발이 빨라지고 움직임이 날카로워지는 느낌이 들었다. 하늘을 올려다보니 잔뜩 흐려져 있었고 코트에는 그림자도 보이지 않았다. 정말로 곧 비가 쏟아질 것 같은 기세였다. 매치를 금방이라도 중지시킬 충분한 이유가 있어 보였다.

그리고 모든 것이 내가 지금 하려는 것을 암시했다. 페더러는 세 번의 네트 대시를 시도했고 나는 세 번 모두 포인트를 가져왔다. 그는 급해졌고 냉정함도 잃고 있었다. 나는 러브-포티(0-40)로 앞서갔다. 삼촌들과 숙모님이 앉아있는 곳에서 응원의 함성이 들려왔다. "바모스 라파!" 나는 내가 들었다는 표시를 해주기 위해 그들을 쳐다보았다. 바로 그때, 눈 깜짝할 사이, 다시 판세가 바뀌었다. 압박감에 무너지는 건 나였다. 어이없는 서브 리턴과 짧은 공격은 그에게 포인트를 쉽게 헌납해 주었다. 그 다음, 서브 리턴 실패. 하지만 그 서브는 너무 좋았다. 그 다음 포인트도 마찬가지. 이제 브레이크 기회는 단 한 번뿐이며 실패하면 듀스였다. 이제 써티-포티(30-40). 오늘 경기에서 내가 결코 잊지 못할 포인트가 되었다. 악몽 같은 기억이다. 페더러의 첫 번째 서브는 폴트. 세컨드 서브는 정말 나의 포핸드가 완벽하게 리턴 할 수 있는 평범한 서브였는데 나는 그만 네트에 처박고 말았다. 그것은 나의 세 번째 찬스였는데 바로 전 두 번의 실책들로 인해 두려움이 나를 사로잡아 버린 것이다. 나의 결정력은 부족했고 내 머릿속은 흐려졌다. 그것은 정신적인 인내력에 대한 시험이었는데 나는 실패한 것이다. 그래서 내가 더욱 뼈아프게 기억하고 있는 것이다. 내가 강해지려고 인생 내내 그렇게 훈련한 부분에서 또 실패한 것이다. 다시 한번 나는 "또 다시 이번 기회를 잡지 못할지도 몰라. 이것이 아마 터닝 포인트가 될 지도 몰라"라는 생각에 사로 잡히기 시작했다. 나는 바로 여기서 윔블던을 우승할 기회를 놓치고 우승 근처까지만 갔었다는 것을 기억하고 있다.

페더러는 확실하게 완벽한 서브 두 개로 게임을 가져갔다. 실망감이 컸다. 하지만 이내 나는 머릿속에서 지워야 했다. 그리고 지웠다. 다음 게임은 비교적 쉽게 내가 이겼고 페더러도 다음 게임에서 그랬다. 5-4로 페더러가 앞선 상황에서 예보처럼 비가 내리기 시작했다. 나는 이 상황도 준비하고 있었기에 침착하게 받아들였다. 다시 경기를 재개하기까지 한 시간 이상이 소요되긴 했지만 말이다. 나는 락커룸으로 들어갔고 토니 삼촌과 티틴을 즉각 만났다. 티틴은 손가락의 붕대를 갈아주었고 나는 새 옷으로 갈아입었다. 우리는 별로 대화를 나누지는 않았다. 나는 말할 기분이 아니었다. 페더러는 훨씬 여유 있어 보였다. 자기 사람들과 농담도 하며 심지어 크게 웃기까지 했다. 그는 지금 두 세트를 지고 있는 상황인데 이기고 있는 내가 더 긴장하고 있었다. 어쨌든 보기에는 그랬다.

다시 코트로 나왔고 경기가 재개되었다. 나는 내 서브 게임을 지켰다. 두 게임을 더 한 뒤 우리는 타이브레이크에 접어들었다. 그는 강력한 서브로 나를 압도했고 마치 경기를 이제 막 시작한 것 같은 컨디션으로 세트를 끝냈다. 세 개의 에이스와 거의 에이스 같은 마지막 서브로 타이브레이크를 7-5로 가져가며 게임 스코어 7-6으로 세트를 마무리 지어 버렸다. 내게도 분명히 기회가 있었는데 강하게 맞서야 할 순간이 나약함의 순간이 되어 아까운 기회를 날려 버린 것이다. 하지만 나는 여전히 세트 스코어 2-1로 앞서고 있었다.

극도로 예민한
Highly Strung

2004년 데이비스컵 결승전 전날 밤, 후안 카를로스 페레로와 토미 로브레도의 얼굴에는 못마땅한 표정이 역력했다. 그날 18세 신예 나달로 인하여 그들의 커리어는 처참히 부정당했다. 경기 전 날 밤 열렸던 스페인 대표팀 기자 회견을 본 사람이라면 그 때 스페인 팀 분위기가 그다지 애국적이지 않았다라는 것을 눈치챘을 것이다. 스페인 랭킹 1위인 카를로스 모야는 외교적인 자세로 회견을 했고 페레로와 로브레도는 딴청을 피우는 듯 집중하지 않았다. 나달은 안절부절 못하며 자신의 발만 쳐다보고 있었고 불편함을 감추기라도 하듯 억지로 미소를 짓기도 했다.

"나달이 나에게 와서 로딕과 경기하는 자기 자리를 선배 둘 중 한 명에게 양보하고 싶다는 의사를 피력했지만 나는 안된다고 했어요. 캡틴은 이미 결정했고 나도 너를 전적으로 믿고 있다고 말했죠." 그러나 모야의 속내는 이랬다. "나도 사실 확신은 없었어요." 모야는 토니 나달에게도 이 메시지를 전했다고 한다. 토니 나달 역시 나달의 출전이 불안했다고 한다. "결정은 이미 내려졌고 더 이상 왈가왈부하는 것은 팀 내 갈등을 조장할 뿐이며, 이미 힘들어 하고 있는 나달에게 부담만 더 지우고 아무런 도움이 안 된다고 판단했어요."

모야는 페레로에게 직설적으로 얘기했다. 결정을 단호하게 받아들이라고 요청했고 페레로가 스페인이 결승전에 진출하기까지 자기 역할을 충분히 해준 것도 기억하고 있었다. 데이비스 컵 기록이 그것을 잘 보여주고 있으며 이제 페레로에게도 나달의 승리는 본인의 승리이기도 했기 때문이다. 그들이 말다툼을 했는지는 모르지만 자신이 출전하는 것이 정당한지에 대한 나달의 의심도 모야의 또 하나의 고려대상 이기도 했다. 만약 라파가 좀 더 뻔뻔하고 덜 민감했다면, 그가 갑자기 팀을 괴롭혔던 나쁜 감정을 알아채지 못했거나 혹은 단순히 신경 쓰지 않았더라면, 그는 적어도 덜 어수선한 정신상태에서 경험 많은 미국팀 넘버 1과의 결정적 시합에 들어갔을 것이다. 그러나 그러지 못했다. 모야는 경기할 때 나달이 쓰고 있는 검투사의 가면 안에는 경계심과 예민한 영혼이 숨어 있다는 것을 잘 알고 있었다. 그는 또한 우유부단한 클라크 켄트 라파는 결정을 하기 전에 많은 옵션을 들어야 하고 어둠과 개를 무서워한다는 것도 잘 알고 있었다. 나달이 모야 집을 방문할 때면 모야는 자신의 개를 방 안에 가둬 두어야 했다. 그렇지 않으면 나달은 결코 편안히 앉아 있을 수 없었기 때문이다.

　　　안정되고 화목한 집안 분위기에 익숙했던 나달은 다른 사람들의 언짢은 감정에 극도로 예민했다. 당시 스페인 데이비스컵 대표팀은 누가 봐도 불편한 분위기였다. 설상가상으로 나달이 확실하게 문제의 중심에 있었다. 평소 또래들과의 시합보다 나달이 자기 인생의 가장 큰 경기에서 정신을 가다듬는 것이 더 큰 과제임을 모야는 직감하고 있었다. 그뿐 아니라 모야는 나달이 그 주 연습 게임에서 400위 선수에게도 졌다는 것을 기억하지 않을 수 없었다. 그리고 서브도 로딕보다 약했다. 아마 로딕이 거의 50퍼센트는 더 빨랐을 것이다.

　　　그러나 모야는 자신의 어린 팀메이트를 믿어야 할 충분한 이유가 있었다. 그는 나달이 어렸을 때부터 서로 알고 지냈으며 많은 시간 같이 훈련을 했고 2년 전에는 중요한 시합에서 그에게 패하기도 했다. 자신보다 나달과 친하게 지내는 탑 플레이어도 없고 친밀한 관계를 유지하는 선수도 없었다. 나달보다

10살이 많은 모야는 1999년에 피트 샘프라스를 제치고 잠시 세계 1위 자리를 탈환한 적이 있었다. 그런 그는 나달에게 특별한 재능이 있다는 것을 알고 있었다. 하지만 그 어린 선수가 27,000명 관중들이 모인 세비야의 특설 무대에서 전 세계의 부담을 어깨에 짊어지고, 세계 랭킹 2위 선수를 상대로 체력과 정신력이 고갈되는 4세트 에픽 매치를 선보이기 전까지는 그 재능이 얼마나 특별한 지 정확하게 알지는 못했다.

모야는 이렇게 회상한다. "나달이 7살 때부터 마요르카 사람들은 벌써 나달 애기를 하고 있었죠. 처음에는 축구 스타인 미구엘 앙헬의 조카라는 이유일 수도 있지만 마요르카 테니스계는 아주 좁아요. 그가 8살 때 마요르카 12세부 이하 대회에서 우승했을 때 그에 대한 관심이 시작되었죠. 나의 코치이며 나달을 지도하기도 했던 조프레 포르타는, '이 아이는 아주 크게 될 거야.' 라고 말했어요. 나는 나달이 열두 살이었을 때 처음 만났는데 그 때 이미 또래 중에서는 세계 1위가 되어있었죠."

그 둘의 첫만남은 독일 스투트가르트에서였다. 모야는 ATP 토너먼트에 참가하고 있었고 나달은 주니어 대회에 참가했다. "영리하게도 나달과 벌써 계약한 나이키 관계자가 나에게 와서 그와의 워밍업 세션을 요청했죠. 그래서 한 시간 정도 같이 연습을 했는데 솔직히 처음에는 또래의 다른 선수들보다 특출나게 재능이 있다는 인상은 받지 못했어요. 아주 전투적이라는 느낌은 있었는데 그것보다 더 놀라웠던 점은 나달이 엄청나게 수줍음이 많다는 점이었어요. 처음 악수를 하는데 그는 내 얼굴을 쳐다보지도 못하고 말한마디 못하더라고요. 아마 그가 많이 긴장했을 수도 있겠죠. 왜냐하면 내가 시드없이 호주 오픈에서 결승전까지 진출한 후 미디어에서 적잖이 유명세를 타고 있었으니까요. 그래도 코트 밖에서는 소심한 어린 아이가 코트 안에서 그토록 전투적으로 변하는 상반된 모습이 사실

충격적이었어요 시합도 아니고 단순한 랠리만 주고받았을 뿐인데 말이죠."

　　　나달이 열네 살 때 모야와 (당시 모야는 그의 처음이자 유일한 그랜드 슬램인 프랑스오픈 타이틀을 거머 쥐었다), 마요르카에서 일주일에 세 번 정도 훈련을 같이 하기 시작했다. 모야는 말한다. "사람들은 흔히 내게 '라파에게 도움을 많이 주었죠?' 라고 물어봅니다. 음, 그럴 수도 있겠죠. 하지만 그도 나를 많이 도와주었어요. 그와의 훈련 세션들은 나에게도 큰 가치가 있었죠. 그는 이미 나를 충분히 몰아붙일 만큼 실력이 좋았거든요. 나는 당시 세계 10위권에 들어있을 정도로 전성기였는데도 말이죠. 우리는 연습게임도 같이했는데 14살에게 지고 싶지 않은 마음은 나를 계속 긴장하게 만들었죠. 오히려 그가 나를 더 나은 선수로 만들어 주었다고 생각합니다."

　　　나달의 입장에서 보면 더 명확한 팩트가 있다. 테니스 역사상 14살 나이에 그랜드 슬램 우승자와 주기적으로 일상 훈련을 할 수 있는 행운을 가진 선수는 별로 없었다. 당시 모야는 테니스 신이라고 할 수 있는 피트 샘프라스나 안드레 아가시와 투어에서 주로 맞붙고 있었을 만큼 최고의 전성기를 구가하고 있을 때였다. 이것은 챔피언을 꿈꾸고 있는 어린 선수를 위해 스타들이 얼마나 너그러이 협조해 주었는지를 보여주는 또 하나의 예라고 할 수 있다.

　　　본인의 테니스 꿈은 이루지 못했지만 최고 기량의 선수를 기르기 위해 자신의 인생과 영혼을 조카에게 오롯이 바친 삼촌이 있다는 것은 그야말로 행운이었다. 그 삼촌의 혹독한 훈련체제에서도 따뜻하고 애정이 충만한 가족이라는 버팀목도 있었다. 데뷔 때부터 프로 스포츠 스타의 본보기를 보여주고 선수 생활 동안에 따라오는 유명세 속에서도 성실한 훈련과 집중력 유지의 중요성을 일깨워 준 미구엘 앙헬 삼촌도 있었다. 그리고 카를로스 모야가 있었다. 뉴욕, 런던, 또는 마드리에서 자란 프로 지망생이었다면 그와 같은 위상과 너그러움을 가진 멘토,

자신감 있는 연습 파트너를 우연히 만나는 것은 꿈도 꾸지 못했을 것이다. 토박이들 사이의 끈끈한 유대감이 특징인 마요르카 같은 작은 섬의 테니스 환경에서만 일어날 수 있고 나달에게 일어난 것이다.

모야는 마이애미와 마드리드에도 집이 있으며 나달보다는 더 코스모폴리탄의 성향을 가지고 있다. 모야는 마나코르 키드를 그의 프로젝트로 만들었다. 나달의 부모님은 모야에 대해 얘기할 때면 칭찬을 쏟아낸다. 모야는 자신이 가질 수 있는 지배권을 더 빨리 그리고 더 많이 위협하는 어린 지배자에게서 멀리 도망갈 법한 작은 그릇이 아니었다. 그러나 나달이 더 성공하면서 모야의 테니스 왕좌를 꾸준히 찬탈해 갔지만 그 둘의 관계는 더욱 더 돈독해졌다. 나달은 지금까지도 모야를 (현재 모야는 나달의 투어 코치를 맡고 있다), 지혜롭고 자애로운 큰 형 같은 존재로 생각하고 대하고 있다. 그는 가족 수준으로 모야에게 모든 속내를 털어놓고 어드바이스를 구하며 지낸다. 나달에게 그런 존재는 그의 전속 피지오 테라피스트인 동시에 심리학자인 티틴이 예외적으로 유일하다고 할 수 있다.

"처음에는 아이 한 명의 꿈을 이룰 수 있도록 도와준다는 느낌으로 시작했고, 나달에게 자기자신을 들여다볼 수 있는 거울이 되어준다는 생각에 의욕이 생겼어요." 라고 모야는 말했다. 그리고 오래지 않아 자신에게 동기부여를 준 쪽은 오히려 나달이었다는 것을 인정했다. "그가 훈련하는 혹독한 강도를 보며 그는 큰 포부를 가지고 발전하기 위해 온 힘을 쏟고 있다는 것을 알 수 있었어요. 그는 모든 샷을 인생이 걸려 있는 듯이 쳤죠. 나는 그런 샷들을, 아니 비슷한 샷들도 결코 본 적이 없어요. 당시 또래의 아이들과 나달을 비교하자면, 테니스 투어의 위대한 챔피언인 현재 나달이 그때도 지금과 똑같이 치고 있었다면 아마 상상이 될 것입니다. 물론 그 나이 때에는 앞으로 어떻게 될 지 모를 일이긴 하죠. 세상에는 수많은 남녀 스포츠 선수들이 열네 살의 나이에도 세계 정상이 될 것처럼 보였다가 어떤 삶의 환경이나 성격적인 문제로 흔적도 없이 사라지는 경우가 허다하니까요. 하지만 라파에게는 확실히 다른 무언가가 있었어요."

그리고 나달은 코트에서는 태도가 돌변하는 대담함까지 겸비하고 있었다. 모야는 말한다. "나달은 열다섯살에 ATP의 작은 대회인 퓨처스 토너먼트에서 뛰기 시작했는데, 당시 자신보다 열 살 많은 선수들과 경쟁해야 했죠. 나는 처음에는 걱정했어요. 이기는 데 익숙한 어린 선수는 패배할 경우에는 (패배의 필연성이 존재함에도), 자신감이 무너지는 경우가 종종 있습니다. 그것이 위험했죠. 하지만 또 한 번 나는 그를 과소평가했던 것입니다. 5개월 만에 나달은 경기를 이기기 시작했고 8개월 째에는 토너먼트를 우승해 버렸어요."

모야는 감탄했다. 일반적인 테니스 진화 단계를 뛰어넘는 나달의 발전 속도는 믿을 수 없을 정도였다. "내가 열다섯 살때에는, 여름에는 마요르카 대회에 참가하고 겨울에는 학교에서 수업을 했죠. 그게 나의 한계였어요. 만약 그때 내가 퓨처스 리그에 참가했다면 모든 경기에서 6-0, 6-0으로 패했을 게 분명해요. 내가 퓨쳐스 대회를 시작한 건 열일곱 살이에요. 그 다음 해 나달이 열여섯 살에 퓨처스에서 챌린지 카테고리로 올라갔어요. ATP 정규 투어 바로 아래 단계입니다. 처음에는 그에게도 쉽지 않았어요. 속도가 아주 빠른 실내 하드코트에서 경기를 했는데 그가 자란 무덥고 습한 날씨의 클레이 코트와는 완전히 다른 환경이었어요. 일반적으로 우리 스페인 선수들이 약한 코트이기 때문에 그도 처음에는 고전했습니다. 사실 스페인 선수들은 참가하려 하지도 않습니다. 왜냐하면 1라운드에서 탈락할 확률이 높다는 것을 경험으로 이미 알고 있거든요." 모야는 말을 이어 나갔다.

"우리가 실전에서 처음 맞붙은 경기는 그가 열여섯 살, 내가 스물한 살 때였어요. 2003년 ATP 마스터즈 함부르크에서였는데 아주 큰 대회였죠. 지난 몇 년간 수많은 연습 경기를 그와 함께 했는데 거의 대부분 내가 이겼죠. 솔직히 말하면, 내가 이기고자 하면 이기는 수준이었죠. 하지만 이번에는 긴장이 많이 되었어요. 부담감도 아주 컸습니다. 나는 탑 10 선수였고 그는 아직 어린 아이였죠. 물론 라이징 스타이긴 했지만 300위권 선수일 뿐이었죠. 혹시라도 지게 되면 창피스러운 일이 될 게 뻔했기에 큰 부담감을 느꼈어요.

"날이 쌀쌀한 야간 경기였어요. 나는 추웠지만 그는 전혀 추워 보이지 않았어요. 오히려 첫 포인트를 시작하기도 전에 그는 이미 더워 보였어요. 사실 그는 그의 베스트를 선보이지 않았어요. 나도 마찬가지긴 했지만. 그런데 그가 나를 이겼어요. 그것도 2세트로. 우월하게 강한 정신력을 가진 선수가 끝내 게임을 이기게 된다는 것을 명백하게 보여 준 케이스였죠. 투어에서 활동하는 대부분의 열여섯 살 선수들을 보면 나달처럼 뛰어나지도 않거니와 작은 차질에도 엄청나게 분노하며 혼란스러운 상태에 봉착하게 되는 것이 일반적이죠. 내가 그날 네트 건너편에서 본 것은 그 엄청난 재능은 말할 것도 없고 무엇보다 나와는 차원이 다른 프로정신과 집중력이었습니다. 그의 약한 경기는 다른 선수들의 약한 경기보다 열 배는 더 강했습니다. 그게 얼마나 대단한 것이었는지 말하자면 그 당시 나는 그랜드슬램 우승자였고 호주오픈 준우승자였다는 사실입니다.

"경기가 끝나고 우리는 네트에서 서로를 껴안아 주었는데, 그는 나에게 '미안해요.'라고 말하는 게 아니겠어요. 그런 말을 할 필요가 전혀 없는데 말이죠. 나는 그 패배를 의외로 좀 더 냉철하게 받아들였어요. 나는 이 패배가 앞으로 있을 많은 패배의 시작임을 알아 차렸죠. 그리고 라파에겐 미래의 시작, 나에겐, 아직 은퇴가 한참 멀었기는 했지만, 내리막의 출발이기도 했죠."

1년이 지나 한 명은 뜨고 다른 한 명은 졌다. 모야는 나달이 다른 선수들에게 아주 위협적인 존재가 되고 있다는 것을 잘 알게 되었다. 모야는 말한다.

"내가 나달에게 물어본 적도 없고, 그도 결코 인정하지 않겠지만, 나는 그가 고의적으로 라이벌들을 위협한다고 생각해요. 사생활에서 그는 대중에게 보여지는 이미지보다 훨씬 더 복잡하고 연약한 성격입니다. 그런데 그가 라이벌에게 주는 임팩트는 전혀 복잡하지 않아요. 그들은 나달에게 완전히 기가 죽게 됩니다. 그가 보여주는 루틴 그 자체가 쇼입니다. 그 어떤 선수에게서도 찾아볼 수 없는 루틴이죠. 그는 워밍업으로 경기 시작할 때 이미 땀에 흠뻑 젖은 채로 코트에 나갑니다. 나라면 결코 감당할 수 없지만 그것은 경기를 시작하는 최적의 상태인 것은 분명합니다."

라파의 에이전트이며 테니스 선수 출신이기도 한 카를로스 코스타는 모야의 말에 동감한다. 나달을 상대할 때는 무언가 섬뜩한 것이 있다고 한다. 상대 선수에게 주는 그의 임팩트는 마치 타이거 우즈가 그의 전성기 시절 다른 프로 골퍼들에게 준 임팩트와 같은 것이라고 비유했다. "네, 맞아요. 내 커리어 마지막까지 나달과 경쟁했었는데, 그와 경기를 하는 중, 어느 순간 공포가 심장에 '쿵'하고 들어오는 순간이 있어요. 내가 지금 절대 승자 앞에 있다는 것을 알게 되는 것이죠. 라파엘은 그 누구보다 강한 멘탈을 갖고 있어요. 스페셜한 무언가로 만들어졌죠."

그는 특별한 카리스마도 가지고 있다. 그의 전성기에 슈퍼스타였던 모야는 나달이 랭킹 2위가 되기도 훨씬 전 스페인 넘버원이었는데, 어린 나달의 인기는 스페인을 넘어 전세계로 모야를 능가하게 되었다. 모야는 클래식하게 잘생긴 외모를 가졌다. 1999년 피플 매거진 5월호에 아름다운 사람 세계 50위에 이름까지 올릴 정도였다. 그런 그도 나달의 원초적인 매력에는 맞서지 못했다. 모야는 나달보다 더 엘레강스한 스타일의 선수였고 서브도 더 강했지만 나달의 격렬한 승부근성이 더 매혹적인 힘을 가지고 있었다. 나달은 모야가 이루지 못한 대중과의 어떤 교감이 있었다.

　　　　모야는 자신은 결코 나달 같은 레벨이 아니었다는 것을 인정한다. 재능뿐 아니라 애티튜드에서도 말이다. "나달이 다른 선수들과 차별되는 점은 그의 두뇌입니다. 그 점은 코트 위에서 상대 선수뿐만 아니라 전세계에서 TV를 시청하는 사람들에게까지 전해집니다. 그건 보이지는 않지만 느껴지는 것이죠. 그의 백핸드, 그의 포핸드. 다른 선수도 가지고 있는 것인데 말이죠. 그는 천부적인 재능이 있습니다만, 정작 나달은 자신이 얼마나 뛰어난 선수인지 충분히 자각하지 못하고 있는 것 같아요. 그는 자신을 과소평가하는 경향이 있거든요. 그리고 멘탈에 관해서는 그는 완전히 다른 세상 사람이에요. 나는 많은 세계 정상급 선수들을 알고 지내죠. 테니스가 아닌 다른 종목의 스포츠 선수들도 많아요. 그러나 그 누구도 나달이 가진 것을 가진 선수는 없어요. 적어도 타이거 우즈나 마이클 조던을 제외하면 말이죠. 나달은 특히 결정적인 포인트에서는 치명적이죠. 그의 집중력은 완전무결해요. 나는 결코 범접할 수 없는 수준이며 그의 야망은 한계가 없어요. 나는 커리어 통산 한 번의 그랜드슬램의 우승이 있었고, 그것에 행복하게 만족했어요. 내 인생의 과업은 성취되었다고 느꼈죠. 나달은 계속해서 우승을 필요로 했고 결코 충분한 적이 없어요. 나달은 모든 포인트를 매치포인트라고 생각하고 경기를 합니다. 나는 내가 5-0으로 이기고 있을 때면 잠시 집중력을 잃어요. 그러면서 한 게임을 내주고, 그러다가 또 두 게임을 내주기도 하죠. 하지만 나달은 절대 그러지 않아요. 결코 공짜로 내어주는 포인트란 없어요. 그는 상대 선수에게 참담하고 절망적인 메시지를 계속해서 보냅니다. '나는 오늘 당신을 6-러브(6-0), 6-러브로 끝내기 위해 모든 것을 쏟아 붓겠다'는 메시지를 말이죠."

　　　　모야가 하려는 이야기는 아직 남아 있었다. 그것은 켜켜이 복잡한 얘기였다. 나달의 단점에 관한 것이다. 모야의 마음 속에는 나달의 예민하고 불안정한 성향과 우리가 보게 되는 토르의 망치를 들고 경기하는 모습 사이에 괴리감이 있었다. 모야의 관점에서는 나달이 코트에서 그의 클라크 켄트 페르소나를 완전히 벗지는 못한다고 한다. 슈퍼맨으로 확실하게 변신하려는 의지는 있지만 완전히 그렇게 하지는 못한다는 것이다. "나달은 당신이 생각하는 것보다 더 조심스럽습니다. 우선 자신의 세컨드 서브를 두려워합니다. 그렇기 때문에 첫 서브를 자기가 할 수 있는 만큼 강하게 치지 않죠. 자신의 피지컬 파워에 비해서 말이죠. 그러한 조심성은 오픈 플레이에서도 볼 수 있어요. 그와 수없이 많이 훈련해 온 나는 그가 실제 시합 때보다 훈련 중에 얼마나 더 공격적으로 플레이하는지를 보고 놀라곤 합니다. 나는 그에게 '좀 더 편하게 쳐. 눈 감고도 이길 수 있는 수준의 선수와 경기할때는 네트 플레이 기회를 더 많이 노리고 공격하는 게 어때? 최소한 토너먼트 초반에는 말이야.'라고 얘기해 주지만 나달은 그렇게 하지 않습니다. 아마도 그건 본인이 정말 얼마나 대단하게 잘하는지를 스스로 믿지 않기 때문일 것입니다."

모야는 나달의 워리어 이미지가 그의 공격성이 아니라 그의 불굴의 수비 능력에서 온 것이라고 생각한다. 그는 '알라모 정신'으로 플레이를 한다. 나달은 세계 랭킹 순위와 상관없이 어떤 면에서는 도전하는 언더독처럼 경기하는 인상과 느낌을 관중들에게 심어주기도 한다. 모야도 얘기하듯이 페더러는 결코 검투사의 이미지를 보여주지 않는다. 왜냐하면 그는 파이터도 스크램블러도 아니기 때문이다. 그는 나달이 항상 보여주는 것처럼 목숨을 걸듯이 싸우지 않는다. 페더러의 트레이드 마크는 치명적인 '스위스 정밀함'이다.

모야는 그러한 나달로 인해 불굴의 챔피언이 더 매력이 있다는 것을 알게 되었다. 나달이 지금의 자리에 오른 것은 그가 가졌던 불안감을 극복했기 때문이다. 또한 그것은 코트 위 그의 성향을 설명하는 데 도움을 준다. 사람들은 능수능란하게 타고난 실력자보다 고군분투하는 언더독에 더 친밀감을 느낀다. 왜냐하면 그것이 더 인간적이기 때문이다. 대중들이 테니스 신과 같은 페더러보다 약점을 지닌 나달에게 더 동질감을 갖는 것도 마찬가지 이유이다. 만약 그가 가끔 비교되곤 하는 레전드 비욘 보그나 코트의 악동 존 매켄로 같았다면 대중들이 느끼는 바는 달랐을 것이다. 모야에게 나달은 '페달시대'(페더러+나달 라이벌 시대) 이전에 최고의 라이벌 구도였던 보그와 매켄로 두 선수를 합쳐 놓은 격이다. 보그는 얼음 같은 차가움, 매켄로는 불 같은 뜨거움이었다. 모야는 이렇게 말했다. "나달의 세계적인 인기는 그에게서 맥켄로의 열정과 보그의 냉혹한 킬러의 자제력을 모두 볼 수 있기 때문입니다. 상반된 모순을 다 가지고 있는 한 사람. 그것이 바로 라파입니다."

RAFAEL NADAL

제 5 장

승리에 대한 공포
Fear of Winning

윔블던 우승은 상상 자체만으로 매혹적이었을 뿐만 아니라 이번에 우승을 한다면 커리어 처음으로 세계 1위가 되는 것이었다. 나는 내가 리드하고 있는 상황에서 첫 서브를 침착하게 넣으면서 4세트를 시작하였다. 적어도 다리가 떨리지 않았고 아드레날린은 여전히 불안감을 잠재우며 솟구치고 있었다. 3세트 타이브레이크에서 진 것으로 타격을 입긴 했지만 그것은 이미 지난 일이다. 제아무리 페더러라고 할지라도 3세트처럼 계속해서 에이스를 성공시킬 수는 없을 것이다. 경기 시작 전 나의 우승 확률은 50대50 이라고 스스로 생각했고 그 생각은 아직도 변함이 없다. 그를 이길 확률이 제로라고 생각하고 그와 경기를 했는데 이긴 적이 있었다. 2004년 마이애미 오픈 3라운드, 그 때가 그와의 생애 첫 대결이었다. 나는 17살이었고 그는 22살이었다. 그는 막 세계 랭킹 1위가 되었는데 내가 그를 스트레이트 세트로 이겼다. 1년 뒤 우리는 같은 토너먼트 결승에서 다시 만났고 그때는 페더러가 이겼다. 하지만 상당히 근소한 차이의 게임이었다. 나는 첫 두 세트를 이겼고 3세트는 타이브레이크에서 그가 이겼다. 그리고는 마지막 두 세트를 그가 가져가 버렸다. 비록 패하긴 했지만 그래도 나에게는 상당히 고무적인 패배였다. 나는 페더러보다 랭킹이 30위나 아래였는데 시작부터 끝까지 대등한 경기를 펼쳤다. 그 후 나의 커리어는 로켓처럼 우뚝 올라섰다. 두 달 후 열리는 프랑스오픈 무렵에는 세계 랭킹 5위까지 올라갔다.

마이애미 대회 직후 나는 클레이코트 시즌의 시작을 알리는 대회인 몬테카를로 오픈에 참가하였다. 집과 가까운 지중해에서 열리는 대회이다. 바다가 내려다보이는 장관의 코트에서는 멀리 마요르카 집이 보일 것만 같았다. 거리는 정말 깨끗했고 모나코 도시가 주는 느낌은 정돈되고 깔끔했다. 몬테카를로 오픈은 내가 정말 좋아하는 대회 중 하나이다. 좋은 성적을 내기도 했고 윔블던과 같이 대회 자체의 유구한 역사와 전통이 있기 때문이다. 100년 이상의 역사를 가지고 있으며 수많은 전설적인 테니스 선수들이 이 대회에서 우승했다. 비욘 보그, 이반 렌들, 매츠 빌랜더, 스페인 원로 마누엘 산타나, 안드레스 기메노 그리고 나의 친구인 카를로스 모야.

작년에는 발 부상으로 이 대회에 출전하지 못했다. 이번에는 큰 ATP 토너먼트에서 나의 첫 우승을 노려볼 기회라고 생각했다. 특히 코트 표면은 내가 어릴 때부터 해왔던 클레이코트 아닌가. 마이애미에서는 기회를 놓쳤지만 페더러를 다시 만나더라도 이번만큼은 날려 보내지 않을 것이다. 하지만 페더러는 만나지 않았다. 그는 8강에서 탈락했다. 내가 결승전에서 격돌하는 선수는 디펜딩 챔피언인 아르헨티나 출신 길레르모 코리아였다.

클레이코트는 수비형 선수에게 적합한 코트다. 그리고 날씬한 선수에게도 유리하다. 테니스라는 게임은 단거리 선수의 스피드, 순간적인 방향전환, 그리고 마라톤 선수의 스태미나가 필요하다. 뛰고 멈추고, 뛰고 멈추고. 그것을 2시간, 3시간 혹은 5시간까지 계속 해야 한다. 클레이코트는 경기시간도 더 긴 편이다. 랠리도 오래 이어지고 공의 바운드가 더 높기 때문에 공의 체공시간이 더 길다. 그래서 한 포인트를 끝내기가 어렵고 서브게임을 지키기는 더 어렵다. 인내심이라는 요소가 다른 코트 표면보다 더 중요하다. 앵글샷은 각이 더 크기 때문에 더 넓은 범위를 커버해야 한다. 후안 포르카데스는 클레이코트를 기하학이라고 표현했다. 한 포인트, 한 포인트 차근차근 쌓아 나가야 한다. 하드코트에 비해 상대 선수를 더 몰아붙여야 하고 위너를 시도해도 되겠다는 완벽한 순간이 올때까지 더 오래 기다려야 한다. 구기 종목임에도 특별한 기술 하나가 더 필요하다. 바로 '스케이팅'이다. 테니스는 그라운드에 몸무게의 균형을 굳건히 유지해야 하고 효과적인 샷을 치기 위해서는 발과 몸이 올바르게 포지셔닝 되어야한다. 그런데 부드러운 클레이코트에서는 대체로 공을 치기 위해 슬라이딩을 하게 되면 흙바닥은 순간적으로 스케이트 링크처럼 변하게 된다. 어릴 때부터 클레이코트에서 플레이를 해오지 않았다면 이 기술을 연마하는 것은 쉽지 않다. 나는 클레이코트에서 경기하는 법을 배워왔다. 나는 빨랐고, 탄탄했고, 결코 공을 포기하지 않기 때문에 내가 육체적, 정신적으로 어떤 수준에 도달하게 되면 이 클레이코트에서 나를 이기기는 아주 어려울 것이라는 것을 알고 있었다.

  나는 내 커리어에서의 첫 ATP 토너먼트 우승을 몬테카를로에서 거두었다. 아르헨티나 선수 코리아와의 결승전 대결이었다. 세트 스코어 3-1로 이겼는데 3세트를 6-0으로 내주고도 이긴 이상한 경기였다. 그 뒤 바로셀로나와 로마에서 우승하며 오랫동안 우승 행진을 이어갔다. 로마 다음에 치룰 경기는 롤랑가로스로 불리는 파리에서의 프랑스오픈이었다. 클레이 시즌의 클라이막스라고 할 수 있는 그랜드슬램이다. 나는 랭킹 5위였고 열아홉 번째 생일을 며칠 남겨두었으며 대회의 우승 후보였다.

작년에는 부상으로 대회에 참가하지는 못했지만 경기를 관전하기 위해 며칠동안 파리에 와서 머물렀다. 그것은 카를로스 코스타와 나의 나이키 담당자인 투츠의 아이디어였고 그들이 여행을 준비했다. 카를로스는 미리 한 번 와서 토너먼트 분위기도 파악하고 적응해 두는 것이 나에게 도움이 될 거라고 했다. 왜냐하면 그는 내가 이 대회에서 언젠가는 우승할 것이라고 믿었기 때문이다. 하지만 나는 그때 이 거대한 프랑스 테니스극장에 와서도 아무런 감흥이 없었다. 오히려 기분이 안 좋았다. 경기에 뛸 수 없다는 것이 화가 났다. 내가 이길 수 있다고 생각하는 선수들이 경기하는 모습을 보는 것이 견딜 수 없이 힘들었다. 카를로스가 한 말이 아직도 기억이 난다. "내년에 이 대회는 바로 네 것이야." 나의 가장 큰 꿈은 항상 윔블던이었다. 하지만 그 전에 내가 넘어야만 할 산은 롤랑가로스라는 것을 알고 있었다. 내가 프랑스에서 우승하지 못하면 영국에서도 결코 우승하지 못한다.

그럼에도 많은 언론에서 2005년 프랑스오픈의 유력한 우승자로 나를 선택했다는 것은 여전히 놀라웠다. 고작 두 번의 그랜드슬램에 참가한 경험뿐이었고 최고 성적도 8강까지였는데도 말이다. 나는 내가 그렇게 경쟁이 치열한 대회에서 잘 해낼 수 있을 지에 대해서는 여전히 확신이 없었다. 게다가 페더러도 참가했는데, 당시 페더러는 네 개의 그랜드슬램을 모두 우승하는 대기록을 수립하기 위해서는 이 롤랑가로스 우승이 절실히 필요한 상황이었다. 나는 내가 우승 후보라는 보도는 과장되었고 논리적이지 않다고 내 스스로에게 강조하고 있었다, 이것은 토니 삼촌이 나에게 주입한 내 머릿속 생각이었다. 또 다른 나 자신은 (투지가 넘치고 야망이 큰), 1년 전에 가졌던 우승의 확신을 그대로 간직하고 있었다. 그러나 내가 만든 그 기대는 나에게 부담을 지우고 있었고 초반 라운드에서 그 멘탈의 부담감을 떨쳐버리기 위해 고군분투하게 만들었다. 승리에 대한 자신감에 필요한 좋은 감각들을 가질 수 없었고 오히려 평소보다 더 긴장하고 있었다. 내 몸은 위축되어 있었고 다리는 무겁게 느껴지고 팔은 뻣뻣했고 공은 라켓에서 경쾌하게 맞지 않았다. 그렇게 되면 플레이를 유연하게 할 수 없고, 평소처럼 게임운영을 하지 못할뿐더러 게임 전체가 어려워진다. 얼마 전까지 편안하게 이겼던 상대 선수들도 갑자기 거대한 벽처럼 느껴진다.

다이어트도 실패했다. 그때는 지금처럼 내 식욕을 조절하는데 그렇게 조심하지 않았는데 갑자기 파리에서 초콜릿 크루아상에 푹 빠져 버리게 된 것이다. 토니 삼촌은 문제를 인지하고 있었지만 그 만의 방식으로 대처했다. 카를로스 코스타가 삼촌에게 말했다. "제발 저것 좀 못 먹게 하세요!" 토니 삼촌은, "아냐, 아냐, 초콜릿 케익 실컷 먹게 내버려 둬. 위장병이 나게 된다는 걸 배워야지." 항상 그렇듯, 그의 방식은 맞아 들어갔다. 나는 토너먼트 중에는 소화가 잘 안되는 음식을 먹어서는 안 된다는 교훈을 아주 혹독하게 깨닫게 되었다.

그 정신적 부담감과 자초한 초콜릿 핸디캡에도 불구하고 나는 프랑스오픈 초반 라운드를 통과하였다. 나의 세컨드 코치인 프란시스 로이그는 내가 나의 능력의 80 퍼센트 정도로 경기를 할 때 다른 선수들보다 낫다고 했다. 왜냐하면 정신력으로 상대를 지배하기 때문이라고 한다. 그 말이 항상 맞는지는 모르겠지만 클레이코트에서는 그런 것 같다. 내가 가진 최고의 능력은 수비에서 재빠르게 공격으로 전환하는 것인데 그것은 상대 선수를 놀라게 하고 심지어 사기를 꺾이게까지 한다. 그러나 위너의 순간이 아니라면 모든 샷을 받아 넘기는 인간 벽으로 변하는 것이 최선이며, 그렇게 되면 클레이코트는 좋은 안식처가 될 수 있다.

이 방법으로 상대 선수를 무너뜨리면서 준결승까지 올라와 페더러와 만나게 되었다. 그 경기는 클레이코트에서 그와의 첫번째 만남이었다. 그날은 나의 열아홉 번째 생일이었으며 최고의 선물과 축하파티는 승리하는 것이었다. 그리고 나는 4세트 경기로 승리하였다. 커리어 그랜드슬램 달성을 간절히 원했던 페더러는 보슬비가 내리는 순간에 엄파이어에게 경기를 중단해 줄 것을 요청했다. 그는 비가 게임을 방해한다고 했고 나 역시 마찬가지였다. 하지만 엄파이어는 경기를 중단하지 않았고 나는 이겼다. 그 후 나는 결승전에서 아르헨티나 선수인 마리아노 푸에르타를 만났다. 아르헨티나 선수들은 스페인 선수와 마찬가지로 클레이코트 전문이다. 나처럼 왼손잡이인 푸에르타는 경기 전반에 걸쳐 나보다 우세했다. 나는 당시까지만 해도 결승전 분위기와 그에 따른 두려움을 떨쳐버리는 심리 기술이 그다지 노련하지 못했다. 사람은 완벽하게 그렇게 할 수 없다. 그렇지 않다면 그건 사람이 아니다. 하지만 그 때 나는 승리하기 위해서는 감정의 보호가 무조건 필요했기에 끊임없이 그것을 만들어 내기 위해 노력하고 있었다. 하지만 그 당시, 지속적으로 승리하기 위해 필요한 감정 방어력은 완성되지 않았고, 긴장은 내 훗날 경기에서들에 비해 필요이상으로 내 사고체계에 영향을 주고 있었다. 그 결승전에서 나에게 부족하지 않았던 한가지는 바로 에너지였다. 푸에르타는 정말 잘했다. 1세트를 7-5로 이길 만큼 충분히 잘하고 있었다. 지금 그 경기를 돌이켜보면 한 순간도 숨 쉴 틈이 없었다는 기억이다. 나는 마치 이틀 연속 쉬지 않고 싸울 기세로 뛰었다. 승리의 생각으로 피곤한 기색 없이 아주 고무되어 있었다. 그 점이 푸에르타를 지치게 만들었고 나는 그 기회를 잡았다. 빅 포인트들을 차곡차곡 더 많이 쌓았고 1세트 후로는 모든 세트를 이겼다. 5-7, 6-3, 6-1. 7-5.

거의 6개월의 시간동안 나는 세 봉우리를 정복했다. 갈수록 더 큰 봉우리들이었다. 데이비스컵, 몬테카를로, 그리고 최고봉은 나의 첫번째 그랜드슬램인 프랑스오픈이었다. 그 감정은 이루 말로 표현할 수가 없다. 우승의 순간, 나는 내 가족들이 이성을 잃는 모습을 보았다. 부모님은 서로 부둥켜안았고, 삼촌들이 소리를 지르는 모습을 보면서 승리가 나 혼자만의 것이 아니라는 것을 나는 바로 깨달았다. 푸에르타와 네트에서 악수를 하고 난 뒤 내가 가장 첫번째로 한 것은 생각할 여지도 없이, 관중석으로 뛰어올라 가족들과 포옹한 것이다. 물론 토니 삼촌이 첫번째였다. 마릴렌 대모님은 거기서 울고 있었다. "나는 도저히 믿을 수 없었어."라며 지금도 그녀는 그날의 매치포인트 순간을 회상하곤 한다. "내가 거기서 너를 보는데, 아주 크고 어른이 다 된 챔피언이었어. 그런데 갑자기 마나코르의 심각한 눈빛을 한 7살짜리 깡마른 아이가 떠올랐단다."

나도 비슷한 생각이었다. 나는 여기까지 오기 위해 아주 긴 시간동안 열심히 싸워왔다. 하지만 동시에 내 마음속에는 그 어느 때보다 고향에서의 가족들과의 장면이 밀려왔다. 그날 나는 크게 깨우쳤다. 큰 성공은 결코 혼자만의 힘으로 이루어지지 않는다는 것을. 프랑스오픈의 우승은 나의 보상이자 우리 가족의 보상이었다.

또한 안도감을 느꼈다. 그랜드슬램에서 우승하면서 나는 어깨에 짊어진 큰 짐을 내려 놓았다. 이제부터 인생에서 따라올 다른 것들은 웰컴 보너스일 뿐이다. 그렇다고 나의 야망을 느슨하게 한다는 것은 아니다. 나는 최고 수준의 승리를 맛보았다. 그 느낌이 아주 좋았고 더 원하게 되었다. 나는 이정도 규모의 토너먼트에서 우승을 한 번 해 보았기에 다음은 덜 어려울 것 같다는 느낌이 들었다. 이제 롤랑가로스를 우승했으니 언젠가 윔블던을 우승해야겠다는 생각이 마음속에 서서히 자리잡기 시작했다.

말할 필요도 없이 그건 토니의 생각이 아니었고 적어도 그가 나에게 전달하고자 했던 메시지는 아니었다. 삼촌 특유의 무뚝뚝함으로 그 결승전에서도 나보다 푸에르타가 더 잘했다고 말할 정도였다. 푸에르타가 나를 더 뛰게 만들었는데 내가 결정적인 포인트들에서 운이 더 좋았을 뿐이라고 말했다. 또한, 나는 솔직히 기억이 나지 않지만 삼촌은 우리가 집으로 돌아오기 전날 내가 이러한 메이저 대회에서 다시 우승하기 위해서 고쳐야 할 부분들을 다각도로 분석한 리스트들을 손으로 적은 메모를 나에게 주었다고 주장하고 있다.

그 해 남아있던 두 개의 그랜드 슬램을 고려해본다면 그는 또 옳았다. 윔블던에서 나는 2회전에서 탈락했고 US오픈에서는 3회전이었다. 그 패배들은 나를 다시금 겸손하게 만들었고, 그냥 그랜드슬램 한 번 우승한 사람으로 이름 하나 역사에 남기거나 클레이 코트에서 전천후 코트로 적응하는 데 실패한 또 한 명의 스페인 선수가 되지 않으려면 얼마나 많은 노력이 필요한지를 알게 해 주었다. 프랑스오픈 우승 후, 많은 전문가들은 내가 프랑스오픈은 다시 우승할 지도 모르지만 다른 세 그랜드슬램 (윔블던, US오픈, 호주오픈)은 절대 우승 하지 못할 것이라고 판단했다. 이를 뒷받침하는 역사적 근거가 있다. 지난 20년 동안 롤랑가로스에서 우승한 스페인 선수는 있었지만 그 후 다른 어떤 그랜드슬 램에서도 우승한 스페인 선수는 없었다. 2005년에는 나 역시 그 트렌드를 이어가고 있었고 그들의 편견에 더욱 힘을 실어 주었다.

하지만 나는 겨우 열아홉 살이었고 미래가 어떻게 되든 간에 그 해 나는 환상적인 한 해를 보냈다. 나는 캐나다에서 열린 메이저 대회인 몬트리올 마스터즈 결승에서 안드레 아가시를 무실 세트로 이겼고 연말에는 마드리드 마스터즈에서 우승했다. 마드리드 대회는 내가 가장 취약하다고 할 수 있는, 공이 가장 빠른 인 도어 하드 코트 환경이라는 더 어려운 도전이었다. 그 점에서 마드리드는 내가 올 코트 플레이어가 될 수 있다는 강력한 사인이자 분수령이 되어 주었다. 결승전에서 빅 서버인 크로아티아의 이반 루비치치에게 0-2로 뒤지다가 역전으로 승리했다. 루비치치의 게임 스타일은 나의 클레이코트에서처럼 실내 코트에 아주 유리했다.

2005년에 나는 총 열다섯 토너먼트에서 우승했다. 그 해 페더러와 똑같았다. 나는 단숨에 세계 랭킹 2위로 올라서게 되었다. 서서히 스페인을 넘어서 유명해지기 시작했고 나의 테니스는 다음 단계로 올라갈 태세를 갖추었다. 2006년이 밝게 손짓해 주었다. 아니 그렇게 느꼈었다. 마드리드 우승 뒤 재난이 닥쳐왔다. 지난 해 나를 괴롭혔던 발 통증이 똑같은 부위에 재발하였다. 이번에는 더 심각했고 그때까지의 내 커리어에서 가장 무서운 에피소드가 되어버렸다.

10월 17일 마드리드에서 루비치치와의 결승전 매치 중 첫번째 찌릿한 통증을 느꼈다. 나는 통증을 안고 경기하는 것에 익숙했기 때문에 그 순간에는 그렇게 심각하게 생각하지 않고 경기를 끝까지 마쳤다. 그 날 밤 통증은 더 심했졌다. 하지만 그 때도 대수롭지 않게 받아들였다. 5세트 경기를 격렬하게 치룬 결과라고 생각하고 다음 날이면 통증이 사라지리라 믿었다. 다음 날 아침 발은 전날 보다 더 심하게 부어 있었다. 나는 침대에서 일어났지만 똑바로 서기도 힘들었고 심하게 발을 절었다. 스위스에서 참가할 예정이었던 다음 토너먼트를 기권하고 곧장 집으로 돌아가서 나의 주치의 안젤로 코토로를 만났다. 그는 특별히 심각한 점은 발견되지 않는다고 했고 시간이 지나면 자연히 뼈는 나을 것이라고 내다봤다. 말그대로 며칠이 지나자 나는 더 이상 절뚝거리지 않았고 그 해의 큰 마스터즈 토너먼트 참가를 위해 곧장 지구 반대편인 상하이로 날아갔다. 그런데 훈련을 시작하자 마자 나는 다시 통증을 느꼈고 토너먼트가 시작되기도 전에 기권할 만큼 통증이 밀려왔다. 집으로 다시 돌아와 나는 그 어떤 훈련도 하지 못하고 2주를 쉬었다. 다시 훈련을 재개하였는데 다음 날 섬광 같은 통증을 느끼며 도저히 이대로는 계속할 수 없다는 것을 깨달았다. 절망적이었다.

나는 닥터 코토로를 무척 신뢰한다. 그 때도 그는 나의 주치의였고 지금도 나의 주치의이다. 아마 내가 은퇴하는 날까지 나의 주치의로 남아 있을 것이다.

그런 그도 휴식을 취하라는 조언 이외에는 어떠한 진단도 내리지 못하였다. 그래서 나는 또 2주를 쉬었다. 11월에서 12월로 넘어가고 있었다. 슬슬 긴장되기 시작했다. 왜냐하면 주치의는 모든 노력을 하고 있었지만 무엇이 잘못되었는지 정확하게 알아 내지 못했기 때문이다. 발은 계속 부은 채 통증은 약해지지 않고 오히려 더 심해졌다. 그러자 미구엘 삼촌은 자신이 바르셀로나 축구팀에 있을 때부터 알고 지낸 발 전문 의사를 소개해 주었다. 그 발 전문 의사는 MRI등 여러 검사를 해보았지만 역시나 아무것도 찾지 못했다. 그가 소개해 준 마지막 희망은 마드리드로 가서 나에게 문제가 된 바로 그 발 뼈로 박사학위를 받은 전문가를 만나 보는 것이었다. 아버지를 비롯한 나의 모든 팀은 함께 마드리드로 그를 만나러 갔다. 나의 왼발 속에 부어 있는 그 작은 뼈는 현재 나와 나의 모든 가족의 고통의 중심 그 자체였다.

      마지막 시합을 치른지 두 달이 지나 12월 중순이었고 나는 긴장과 불안 속에 있었다. 우리는 마드리드 의사와 병원에서 만났다. 마침내 그는 원인을 찾아냈다. 당연히 안도감이 올 줄 알았지만 아니었다. 예후는 너무나 암울했으며 나는 내 인생에서 가장 깊고 어두운 수렁으로 빠지는 기분이었다.

      그것은 선천적인 문제였고 아주 희귀한 발질환이었다. 여자보다는 남자에게서 더 희귀하게 발견된다고 했다. 그는 마침 이 질병에 관한 세계적인 권위자였다. 이 주제로 박사논문도 썼다. 문제의 뼈는 타르살 스카포이드 Tarsal Scaphoid 라는 족부 주상골이었는데, 발등 위 발목뼈에 위치하고 있다. 이 족부 주상골은 주로 유년기에 골화 또는 단단해지게 되는데, 그렇게 되지 않으면 성인이 되었을 때 심한 통증을 야기하게 된다고 했다. 더군다나 프로 테니스 선수라면 피할 수 없는 종류의 반복적인 자극을 가하게 되면 더 큰 통증을 불러오는 것은 말할 것도 없었다. 내 경우와 같이 이 뼈가 완전히 형성되기 전인 유년기에 발을 혹사하게 되면 그 위험은 더 커지는 것이다. 뼈 모양이 뒤틀리고 뼈가 정상보다 커지게 되면서 쪼개지기 쉬운 결과를 야기하는데 그것이 바로 작년에 나에게 일어났던 일이다. 그 때 회복은 되었지만 그 후 문제의 심각성을 인지하지 못해 관리에 소홀했던 이유로 지금 문제는 더 복잡한 상황이 되었다.

  존재하는지조차 몰랐던 그 족부 주상골은 이제 나의 독특한 버전의 아킬레스건이 되어 버린 것이다. 나의 몸에서 가장 취약한 점이다. 그 진단을 통해 의사는 나에게 사형선고를 내렸다. 더 이상 프로 선수로 경기를 할 수 없을 지도 모른다고 했다. 내 평생의 꿈을 가지고 투자해온 테니스 선수의 길을 접고 열아홉 살의 나이에 은퇴를 고려해야하는 순간이었다. 나는 완전히 무너졌고 크게 울었다. 모두가 울었다. 하지만 그 순간 아버지는 기지를 발휘해서 그 상황을 수습하였다.

  모두가 바닥에 주저앉아 울고 있을 때 아버지는 방도를 찾았다. 그는 아주 현실적인 사람이며 절망적인 환경에서도 침착함과 대범함을 유지하는 타고난 리더였다. 그는 운동선수는 아니지만 승자의 멘탈을 가지고 있다. 그래서 가족 모두는 나의 승부사 기질은 아버지에게서 물려 받았다고 말한다. 그 날은 나에게 테니스 코트가 가장 멀게 느껴지는 날이었고 현실적이지도 희망적이지도 않았다. 나는 처참히 무너졌을 뿐이다. 내 인생을 걸고 쌓아왔던 모든 것이 내 눈 앞에서 무너져 내리고 있었다.

  그 절망의 중심에서 아버지는 한 줄기의 빛을 내려주었다. 그는 두가지를 말했다. 첫째, 아버지는 해결책을 찾을 수 있다고 자신있게 말했다. 의사도 은퇴"할지도" 모른다고 했지 정확하게 은퇴"해야" 한다고 말한 것은 아니라고 했다. 둘째, 만약 해결방도를 찾지 못한다면 새로운 커리어로 전환한다는 것이다. 당시 나에게 신선한 관심 종목이었던 골프로 전향하자는 것이었다. 아버지는 "네가 가진 재능과 배짱이면 프로 골프 선수가 되어도 충분히 잘 할 수 있어" 라고 말했다.

다소 현실감이 낮은 그 가능성은 지금까지도 대기 상태이며 영원히 그랬으면 하는 바램이다. 의사에게 당장 궁금했던 점은 해결책이 있는가였다. 있다면 무엇인가? 주치의는 한가지의 가능성을 제안했다. 수술이 아닌 거의 증명되지 않은 불확실한 방법이었다. 테니스화의 밑창을 조정하는 것이었다. 아주 미세한 mm 단위까지 시행착오 과정을 통해 나의 테니스 움직임으로 뼈에 가해지는 충격을 완화하는 쿠션을 만들어 주자는 의도였다. 그리고 만약 그것이 효과가 있게 되더라도 또 다른 리스크가 있다고 경고했다. 밑창 개조에 따른 체중의 미세한 변화가 무릎이나 척추 등 신체의 다른 부분에 심각한 손상을 야기할 수 있다고 했다.

아버지는 신이 나서 쇠뿔도 단김에 빼야 한다며 당장 실행에 옮기자고 말했다. 바르셀로나에서 만났던 발 전문가를 컨택하여 나와 닥터 코토로와 함께 특수 밑창 제작에 착수했다. 아버지는 그날 밤 활기에 차서 예정되어 있던 비즈니스 디너로 떠났고 우리는 거의 초상집 분위기와 막연한 희망이 뒤섞인 기분으로 집에 남겨져 있었다. 지난 두 달 동안의 실망감과 계속되는 뼈 치료의 실패 속에서 밑창 제작이 마법과 같은 해결책이 되리라는 희망은 그다지 보이지 않았다. 하지만 통증은 시간이 흐를수록 더 커져갔고 그 희박한 가능성은 우울한 나를 가장 암울했던 그해의 크리스마스에서 구제해 주지는 못했다.

나는 인생이 두 동강 나는 느낌이었다. 가족들도 그 때의 나를 떠올리면 완전히 다른 사람으로 변해 알아보지 못할 지경이었다고 했다. 평소의 나는 혈기 왕성하고 잘 웃고 특히 여동생에게는 농담도 잘하는 사람이다. 그런 내가 예민하고 어둡게 변했다. 심지어 친한 친구들과도 부상에 관한 이야기는 하지 않았다. 처음에는 내 여자친구 마리아 프란체스카에조차 차마 얘기를 꺼낼 수가 없었다. 그녀는 나의 변화에 당혹스러워했고 염려하기 시작했다. 우리가 사귄 지 몇 달 되지 않은 시기였고, 밤낮으로 괴로워하는 내 모습은 인생을 즐기고 싶은 열일곱 살 소녀에게 그다지 매력적이지는 않았을 것이다. 전형적으로 과잉반응을 보이고 바닥에 발을 딛지도 못할 정도였던 나는 테니스 생각은 고사하고 하루종일 소파에 누워서 허공만 쳐다보거나 방 구석에 앉아 눈물을 흘리며 시간을 보냈다. 나는 웃고 싶지도 말하고 싶지도 않았다. 삶에 대한 욕구를 완전히 잃어버렸다.

정말로 감사하게도 나의 그러한 상태에 대해 부모님은 적절하게 대응해 주었다. 내가 필요로 할 때 곁에 있어 주었고 필요한 만큼만 제공해 주었으며 나를 숨막히게 하지 않았다. 나의 어두운 기분을 깨기 위해 나를 흔들거나 질문을 하거나 내가 말하고 싶지 않을 때 말을 걸지도 않았다. 아버지는 내 운전기사 역할을 하며 마요르카 전체에 내가 가야할 곳으로 데려다 주었다. 그들은 세심하게 나를 배려했다. 또한 그들은 좋을 때나 나쁠 때나 내가 테니스를 다시 하게 되든 다른 커리어를 찾아야 하든 언제든지 내 곁에서 나를 지지해 줄 것이라고 분명히 말했다.

토니 삼촌도 그의 역할을 해주었다. 나를 깨우고 흔든 건 바로 삼촌이었다. 삼촌은 나에게 자기연민에 빠지면 안 된다고 말했다. "컴온, 나가서 훈련하자." 라고 했다. 미친 소리처럼 들렸지만 그는 계획이 있었다. 물론 윔블던 같은 대회를 준비하는 훈련은 아니었다. 그의 지시에 따라 나는 목발을 짚고 코트로 나갔다. 흔한 클럽 의자에 앉아 라켓을 잡고 공을 치기 시작했다. 토니 삼촌의 말처럼 나는 습관을 잃어버리지 않을 수 있었다. 그 무엇보다 심리적인 것이었다. 시간을 보내는 한 방법이며 부정적인 생각에 사로잡히지 않고 작은 희망을 가지게 하는 방법이기도 했다. 처음에는 가까운 곳에서 토니 삼촌이 네트 너머에 있는 나에게 공을 치면 나는 앉은 채 발리, 백핸드, 포핸드로 공을 넘겼다. 많은 것을 할 수 없는 상황에서도 우리는 가능한한 다양한 방법으로 연습하였다. 그 놀이에 가까운 훈련은 나의 게임이나 팔에 어떤 도움이 되지는 않았지만 삼촌이 계획한 대로 나의 사기를 높이는 데에는 도움이 되었다. 이 이상한 훈련요법은 보는 이들을 당황스럽게 하고 짜증나게도 했지만 3주 동안 45분간 매일 하였다. 훈련이 끝나면 항상 팔뚝이 아프기도 했다. 다리 근육을 단련시키기 위해 수영도 했다. 나는 수영을 잘하지는 못하는데 다시 걷는데 도움이 되는 훈련이지만 그다지 즐거운 시간은 아니었다.

발에 준 휴식 시간은 크게 도움이 되었다. 통증이 사라졌다. 나에게 사형선고를 내렸던 마드리드의 발 전문의는 구세주로 변신했다. 많은 시험을 거친 끝에 나에게 맞는 신발 밑창을 찾게 되었다. 따라오는 부작용을 우리는 알고 있었기에 아주 이상적인 해결방안이라고 할 수는 없었지만, 최소한 족부 주상골에 대한 문제는 일단 해결해 주었다. 이제 체중의 부하는 발의 다른 뼈 쪽으로 실리게 되었다. 나이키는 내가 전에 신던 신발보다 더 넓고 높게 특별 제작해 주었다. 아픈 뼈에 더 많은 쿠션을 주기위해 밑창이 더 두껍고 높아졌기 때문에 나의 발 사이즈보다 더 큰 신발이 필요했다. 처음에는 새로운 밑창이 불편했다. 변화를 준 부위로 인해 나의 신체 밸런스가 무너졌기 때문이다. 그리고 결국, 그 전문의가 예견했듯이, 결코 문제가 된 적이 없었던 허리와 허벅지 쪽 근육에 문제가 생기기 시작했다.

우리는 할 수 있는 한 최선을 다했다. 하지만 새로운 신발은 새로운 문제를 계속해서 야기시켰고 그때마다 밑창에 미세하지만 중요한 변화를 주는 게 불가피했다. 몇 년이 지난 지금도 연구 중이며 아직도 완벽한 단계가 아니다. 아마도 완벽한 해결책이란 없을 지도 모른다. 중요한 사실은 몇 해가 지난 지금도 족부 주상골은 여전히 아프다는 것이다. 그럴 때마다 나는 훈련량을 줄일 수밖에 없다. 티틴이 여전히 가장 많은 시간을 들여 마사지하는 부위이다. 관리는 잘 되고 있지만 결코 안심할 수 없는 상황인 채로 남아있다.

굿뉴스가 찾아왔다. 2월에는 풀 트레이닝을 할 수 있다고 했다. 4개월만에 복귀하는 것이다. 첫 매치는 마르세이유에서의 경기였다. 스피커를 통해 내 이름이 호명되는 것을 들으며 코트에 들어서고 관중들의 함성 속에 경기 전 워밍업을 하면서, 이것이 바로 내가 그동안 염원해 오던 것이었고 또 감히 꿈도 못 꿨던 시간이 있었지만 지금 나는 여기로 다시 돌아왔다. 아직 성취한 것은 아무 것도 없지만 코트에 서 있다는 사실 그 자체만으로도 나는 승리했을 때와 똑같은 행복감을 느끼고 있었다. 나는 잃어버렸다고 생각했던 내 인생을 다시 되찾았고 내가 가진 것에 대한 소중함을 그렇게 절실히 느낀 적도 없었다. 내가 테니스 선수가 된 것이 얼마나 감사하고 행운인지를 알게 되었고 동시에 프로 선수로서의 생명이 얼마나 짧은 지 그리고 언제라도 끝날 수 있다는 것을 깨닫게 되었다. 허비할 시간이 없었다. 이제부터 나는 내 앞에 오는 어떤 기회도 결코 놓치지 않을 것이다. 그 시점부터 나는 지금 하는 경기가 나의 마지막 매치가 될 지도 모르는 일이라는 것을 알게 되었기 때문이다. 이 깨달음은 나를 한 가지 결론으로 이끌었다. 매 경기, 매 훈련을 마지막이라 생각하고 임하는 것이었다. 사생결단 테니스에 가까웠다. 나는 나의 테니스 커리어의 끝을 거의 눈 앞에서 목도했었다. 그 쓰라린 경험은 나의 멘탈을 더 강하게 단련시켰으며 인생을 보는 지혜를 주기도 했다. 나에게 인생은 시간과의 레이스였다.

나의 투어 복귀 시점은 내가 예상했던 것 보다 훨씬 더 빨리 돌아왔다. 마르세이유에서 준우승, 그리고 그 다음 투어인 두바이에서는 우승을 거두었다. 그것도 결승전에서 페더러를 상대로 내 발에 가장 부담을 주는 하드코트에서 말이다. 그 승리는 나에게 컴백과 함께 자신감을 확고히 해주는 부스터가 되었다. 내가 느낀 그나마 다행인 사실은 시합 때보다 훈련할 때 발이 더 아프다는 것이다. 내가 모든 면에서 신뢰하는 티틴은 그 이유를 이렇게 설명했다. 시합 중에 분비되는 아드레날린과 엔도르핀이 진통제 역할을 하고, 또한 경기 중에는 나의 집중력이 아주 깊어, 육체적으로 세상과 분리되어 아픈 곳이 있다 하더라도 내가 덜 느끼게 된다는 것이다.

부상에서 복귀 후 우리가 한가지 변화를 준 것이 있다면 그것은 훈련량을 줄이는 것이었다. 나의 피지컬 트레이너인 포르카데스가 거의 모든 테니스 선수들이 하는 훈련 중 결코 추천하지 않는 것은 장거리 달리기였다. 나는 30분 이상은 뛰지 않았다. 이제 심지어 러닝은 아예 훈련에서 제외시켜 버렸다. 투어에서는 1년에 대략 90경기 정도를 소화하게 되는 데 그것 만으로도 이미 체력 훈련을 하는 것과 마찬가지라는 판단에서였다. 발에 무리가 느껴질 때는 즉각 훈련량을 줄였다. 열아홉 살 때까지 부상이 오기 전에는 하루에 5시간 이상 훈련했다면 지금은 3시간 반으로 줄이고 강도도 전보다는 약하게 하였다. 그 중 45분만 백 퍼센트로 훈련하는 것이다. 그리고 발리와 서브 같은 특정 훈련에 집중했다.

나는 모든 공을 포기하지 않고 뛰어서 받아내는 선수이기를 멈추지 않을 것이다. 내 스타일은 여전히 방어와 역공이다. 하지만 2004년 데이비스컵에서 앤디 로딕과의 경기 영상을 보더라도 지금은 더 이상 나의 경기에서 잘 볼 수 없는 역동성이 보인다. 나는 이제 좀 더 계산적이고 효율적인 동작과 움직임으로 경기한다. 그리고 페더러나 다른 선수들에 비해 여전히 약한 나의 약점인 서브를 강하게 하기 위한 훈련을 해왔다. 그리고 2006년 2월 복귀를 앞두고 훈련한 결과, 토니 삼촌은 나의 서브 스피드가 현격히 올라 갔다고 말해 주었다. 부상 전 나의 서브 속도는 시속 160km였는데 마르세이유에서는 평균 200km 이상이었다고 했다.

빠른 서브는 연초에 미국에서 개최되는 중요한 빅 토너먼트들인 인디언 웰스와 마이애미에서 효과를 보았어야 했는데 두 대회에서 모두 실패였다. 마이애미 대회에서는 나의 오랜 친구 카를로스 모야에게 1라운드에서 패했다. 그때까지만 해도 나는 그 대회에서 큰 기대를 받지 못했고 3년 전 함부르크에서 첫 대결을 했을 때처럼 그를 몰아붙이지도 못했다.

바로 그 후 지중해 시즌이 시작되는 몬테카를로로 돌아왔을 때는 마치 집으로 돌아온 것 같은 기분이었다. 내가 첫 ATP 우승을 거두었던 클레이코트로 귀환한 것이었다. 다시 한번 결승에서 페더러와 만났고 나는 또 한 번 우승했다. 그리고 바로 다음 대회인 로마오픈 결승전에서 그와 또 다시 맞붙게 되었다. 이 대회는 내가 부상에서 완벽히 회복했는지를 가늠하는 진정한 테스트라고 할 수 있었다. 그리고 나는 회복했음을 증명했다. 경기는 5세트까지 가는 풀세트 접전이었고 5시간의 마라톤 매치였다. 나는 더블 매치포인트를 지키며 우승했다. 그 다음은 롤랑가로스였다. 4개월 전만 해도 가질 수 있을거라 결코 상상하지 못했던 프랑스오픈 왕관을 지킬 수 있는 기회였다. 지금 이 곳에 있다는 것은 작년에 처음 이 곳에 왔을 때보다 그 의미가 더욱 특별했다. 롤랑가로스의 우승은 나 자신에게나 가족에게나 그 악몽 같았던 지난 시간들을 지우고 새롭게 자신감을 가지고 단시간에 승리 궤도로 재진입하는 것을 의미했다. 그리고 내가 증명하고 싶었던 것은 2005년의 우승 한 번으로 끝나는 것이 아니라 그랜드슬램 리그에서 상주하는 것이었다.

나는 험난한 대진표를 뚫고 결승까지 진출했다. 당시의 탑 플레이어들인 스웨덴의 로빈 소더링, 호주의 레이튼 휴이트 그리고 8강에서 노박 조코비치를 상대할 정도로 고된 여정이었다. 나보다 한 살 어린 조코비치는 정말 가공할 만한 선수였다. 괴팍한 성격이긴 하지만 엄청난 재능을 가진 테니스 선수였다. 토니 삼촌과 나는 조코비치에 대해 아주 많이 이야기를 나누었으며 오랫동안 그를 주시하고 관찰하고 있었다. 그는 랭킹 레이스에서 질주하고 있었고 머지 않아 나와 막상막하로 견주게 되리라는 강한 예감이 들었다. 또한 비단 나 혼자가 아니라 '나와 그'가 함께 페더러의 경쟁 상대가 되리라는 것도 알았다. 조코비치는 강한 서브를 가지고 있었고 빠른 발과 파워도 겸비하고 있었다. 게다가 포핸드와 백핸드는 가히 눈부실 정도였다. 무엇보다도 조코비치는 큰 야망과 위너 기질을 가지고 있었다. 클레이 코트보다 하드 코트에서 더 잘했지만 롤랑가로스 8강에서 그는 나를 힘들게 할 만큼 충분히 위협적이었다. 나는 첫 두 세트를 6-4, 6-4로 가져갔지만 마음속으로는 긴 초과근무를 준비하고 있었는데, 그에게는 불행이고 나에게는 행운이었지만 그는 부상으로 기권하였다.

결승전은 또 다시 페더러였다. 첫세트는 내가 1-6으로 졌지만, 나머지 3세트를 스트레이트로, 그 중 마지막은 타이브레이크에서 이기며 우승을 차지했다. 후에 그 날의 경기 영상을 다시 보면 전반적으로 페더러가 나보다 좋은 플레이를 했다고 생각한다. 다만 엄청난 텐션의 분위기에서 (그는 4개의 메이저 타이틀 석권을 강하게 열망했고, 나는 불운의 저주를 떨쳐버리기를 간절히 원했던), 내가 그것을 이겨낸 것일 뿐이었다.

카를로스 모야는 이에 대해, 페더러가 나와 경기할 때를 보면 완전한 페더러가 되지 못한다고 했다. 나의 소모전은 천부적인 재능을 가진 그에게서 흔치 않은 실수를 쥐어짜며 나를 승리로 이끈다고 했다. 그것이 게임 플랜이기도 했고, 또한 작년의 우승으로 생긴 자신감은, 그렇지 않았다면 부족했을, 특히 페더러를 상대할 때 필요한 자신감을 주었기 때문이라고 생각한다. 이유가 무엇이든 나는 나의 두번째 그랜드 슬램을 거머쥐었다.

모든 것을 끝낸 후에는 엄청나게 감정적인 순간이 마음 속에 찾아온다. 나는 작년에도 그랬듯이 관중석으로 뛰어올라갔다. 이번에는 나는 아버지를 찾았다. 우리는 격하게 끌어안았고 둘은 모두 울고 있었다. "감사해요, 아빠. 모든 것이!" 나는 말했다. 아버지는 감정을 표현하는 것을 그렇게 좋아하지 않는다. 나의 부상 기간동안 그 자신은 강해 보이고 흔들림 없는 모습만 보였지만 무너지지 않으려고 한없이 노력했다는 것을 나는 이제야 완전히 깨달았다. 그 다음으로 어머니를 껴안았다. 그녀도 울고 있었다. 우승의 순간에 내 마음을 채운 생각은 그들의 서포트가 나를 견디게 했다는 것이었다. 2006년 프랑스오픈 우승의 의미는 우리 가족이 최악의 상황을 극복했다는 것이다. 우리는 어찌할 바 몰라 두려워했던 도전을 이겨냈으며 이전보다 더욱 강해진 것을 확인하게 되었다. 아버지에게는 내 커리어를 통틀어 가장 기뻤던 순간이었을 거라는 것을 나는 알고 있다. 그는 만약 나의 발이 이 최고 중의 최고를 상대로 버텨 준다면 앞으로도 계속해서 잘 버틸 것이라고 믿고 있었다. 그동안 내가 견뎌온 모든 것을 누구보다 잘 아는 아버지에게는 이것이 내 인생의 부활을 의미하는 것이었다.

이제 나는 인생의 꿈을 이루려는 것에 대해 현실적으로 다시 생각할 수 있었다. 그것은 바로 윔블던 우승이었다. 카를로스 코스타는 2005년 프랑스오픈에서 내가 첫 우승을 하고 난 뒤 "이제 윔블던이야!"라고 말 한 것을 기억하고 있었다. 그는 이제야 말하지만 솔직히 내가 목표를 너무 높게 잡고 있다고 생각했다고 한다. 그는 내심 내가 윔블던을 우승할 만한 실력을 갖고 있다고는 생각하지 않았다고 한다. 하지만 2006년 롤랑가로스를 우승한 뒤 내가 윔블던에서 우승하겠다고 다시 한번 선언했을 때는 그도 생각이 바뀌었다고 말했다. 잔디코트는 내 발에 가장 무리가 안가는 코트이기도 하고 무엇보다도 내가 큰 무대에서 승리할 수 있는 기질을 가졌다고 그 자신이 확신하게 되었기 때문이었다. 과거 탑 랭커 테니스 선수였던 카를로스 모야는 그랜드슬램에 대한 남다른 존경을 갖고 있었는데 하드코트인 US오픈이나 호주오픈은 나의 역량 밖이라고 생각했다. 하지만 윔블던은 '예스!'. 그도 이제 언젠가 내가 그 황금 트로피를 들어올릴 것이라는 생각에 함께 하게 되었다.

겉으로 보이는 그런 자신감에도 불구하고 사실은 한 달 뒤에 찾아온 그 기회에서 나는 승리를 위해 필요했던 자신에 대한 믿음이 부족했다. 윔블던 결승까지는 진출했지만 페더러는 나를 가볍게 제압했다. 6-0, 7-6, 6-7, 6-3 이라는 스코어 카드가 보여주는 것 보다 더 편하게 말이다.

그러나 지금은 2008년이다. 2년이 지난 지금 나는 2세트를 이기고 서브권을 가지고 있다. 경기 내용의 관점에서 4세트는 아마 역대 결승전 중 최고의 세트라고 할 수 있다. 우리 둘 모두는 최고의 기량에서 경기했고 긴 랠리와 멋진 위닝샷을 주고받았으며 실책은 거의 없었다. 나는 서브를 먼저 시작했기에 계속해서 한 경기를 앞서갔다. 그리고 페더러도 그의 서브 게임을 내주지 않았다. 역시 페더러는 파이터였다.

세트는 타이브레이크로 접어들었다. 첫 서브는 나였다. 센터 코트의 군중들도 이쯤에선 자제력을 잃는다. 관중의 반은 "로저!, 로저!"를 외쳤고, 나머지 반은 "라파!, 라파!"를 외치고 있었다. 첫 포인트에서 나는, 이번만은, 네트로 돌진했다. '왜 네트 플레이를 하지 않는거지?'하는 생각이 순간 들었기 때문이다. 페더러는 보란듯이 포핸드로 다운-더-라인 패싱샷을 성공시켰다. 시작이 좋지 않았다. 하지만 그 다음은 놀라운 기량을 이어갔다. 그의 서브 두 포인트를 모두 가져왔다. 자신감으로 게임을 주도했다. 그 다음 나는 페더러의 전매특허인 서브에이스로 되갚아 주었고 또한 그가 리턴하지 못한 첫 서브를 성공시켰다. 나는 4-1로 앞서가고 있었다. 만약 내가 남은 나의 서브게임을 모두 지켜낸다면 윔블던 챔피언이 되는 것이다. 나는 아직 감히 승리를 상상하지 않았다. 나의 샷들이 되돌아오지 않았음에도 평소라면 당연히 했을 주먹 세레모니도 하지 않았다. 나는 의도적으로 더욱 더 침착하고 집중하려 했다. 지금 상대는 다른 누구도 아닌 페더러라는 것을 계속 기억해야 했다.

이제 그의 서브 게임이다. 나는 다음 내 서브 차례가 있기에 여유를 가졌다. 이미 그의 서브를 두 번이나 브레이크 했고 앞서가고 있기 때문에 무리할 필요가 없었다. 만약 내가 지금 그의 서브 중 한 포인트를 가져온다면 그건 기대하지 않은 보너스일 뿐이다. 하지만 나는 그것을 기대하지 않았다. 오히려 페더러가 나보다 더 큰 압박감을 받는 순간이었다. 나는 내 자신에게 말했다: "작전대로 하자. 높은 탑스핀으로 그의 백핸드를 공략하자." 하지만 그는 나의 공격에 포핸드로 돌아서서 전광석화 같은 포핸드 다운-더-라인으로 포인트를 가져갔다.

우리는 4-2 상황에서 엔드 체인지를 했다. 나는 루틴대로 두 병의 물병에서 한 모금씩 마셨다. 그가 먼저 코트로 걸어 나갔고 나는 뒤따라 점프하며 뛰어나갔다. 그 다음은 아주 날카롭고 긴 랠리였다. 열다섯 번의 샷이 오갔고 우리 둘 모두 아주 신중하게 플레이했다. 나는 거의 끝장을 내려는 충동적인 자살에 가까운 포핸드 위닝 드라이브 샷을 날렸고 페더러의 백핸드는 크게 빗나가면서 포인트가 끝이 났다. 비로소 나의 세레모니를 허락한 순간이었다. 신중하고 절제된 슬로우 모션으로 주먹을 들어 올렸다. 크게 활기 넘치지도 않았고 센터 코트의 관중들도 눈치 채지 못했지만 나 자신은 어쩔 수 없이 이제 거의 되었다고 느낄 수밖에 없었다. 5-2로 앞선 상황에서 나의 서브였다. 나는 이제 인생의 꿈이 손을 뻗으면 닿을 거리까지 왔다고 느꼈다. 그리고 그것이 바로 나의 나락이었다.

지금까지 아드레날린이 긴장감을 없애 주고 있었는데 갑자기 긴장감이 모든 것을 지배하게 되었다. 나는 마치 벼랑 끝에 매달려 있는 기분이었다. 첫 서브를 넣기 전 공을 튀기면서 생각했다. "서브를 어디로 넣어야 하지? 지난 세트에서 실패했지만 과감하게 그의 몸 쪽으로 공략해서 깜짝 놀라게 할까?" 그렇게 너무 많이 생각해서는 안 되는 것이었다. 나는 원래대로 그의 백핸드 깊숙이 서브를 넣었어야 했지만 강하게 스트레이트로 서브를 넣었고 그 서브는 그만 너무 길었다. 폴트! 나는 그 순간 아주 아주 긴장하고 있었다. 한 번도 경험하지 못한 감각들이 느껴지는 미궁 속으로 발을 들여놓아 버렸다. 공을 토스하며 속으로 말했다. "더블 폴트는 위험해. 실수해선 안 돼." 그러나 나는 실수할 것을 알고 있었다. 내 몸은 매우 타이트해졌다. 그렇다. 세컨드 서브는 맥없이 네트에 걸리고 말았다. 긴장감이 나를 완전히 삼켜 버렸다. 그 이유는 패배에 대한 두려움이 아니었다. 바로 승리에 대한 두려움이었다. 나는 윔블던에서의 우승을 너무도 간절히 원하고 있었다. 내 인생에서 가장 간절한 순간이었으며 이 승부에서 이기기를 너무도 갈망해 왔다. 결코 뒤를 돌아보지도, 앞을 내다보지도 않으며 오로지 한 번에 한 포인트씩에만 집중함으로써 내 자신으로부터 숨겨온 가장 중요한 진실이 바로 이것이었다. 하지만 앞을 내다보는 유혹의 대가는 너무 컸다. 승리 직전의 흥분은 나를 처참히 배신해버렸다.

승리에 대한 공포라는 것은 어떤 샷을 쳐야 할지 알면서도 다리와 머리가 뜻대로 반응하지 않는다는 것을 의미한다. 내 몸을 지배하고 있는 긴장감을 내가 이겨낼 수 없는 것이다. 패배에 대한 공포가 아니었다. 왜냐하면 경기 중 내가 승리할 수 없다고 느낀 순간이 단 한 번도 없었기 때문이다. 그 믿음만큼은 결코 잃지 않았다. 처음부터 끝까지 나는 승리할 자격이 있다고 느꼈고 모든 플레이를 게임 플랜대로 펼치고 있었으며 경기 시작 전부터 이미 베스트 컨디션으로 준비되어 있었는데 말이다.

그러나 5-3으로 앞선 상황에서 다시 서브를 준비하고 서있을 때 그 확신은 사라져 있었다. 용기를 잃어버렸다. 나의 플레이를 계속 이어가지 못하고 더블 폴트가 내 마음을 방해하고 있었으며 내 스스로 그 실책이 다음 서브에 영향을 미치게 만들어 버렸다. 나는 생각했다. "무슨 수를 써서라도 첫 서브를 성공시켜야 해. 더블 폴트를 다시 범하는 위험을 감수하지 말자. 무조건 첫 서브를 넣자!" 그리고 나는 첫 서브를 성공시켰다. 하지만 너무 약했다. 첫 서브를 가장한 아주 조심스러운 세컨드 서브와 다름없는 위력이었다. 겁쟁이 서브! 그래, 이것이 적절한 표현이다. 아주 비겁한 순간이었다. 그것은 페더러에게 즉각적인 공격 기회를 제공했다. 그는 아주 깊숙이 리턴을 했고 나의 리턴은 아주 짧았다. 그는 다시 깊이 쳤다. 나의 백핸드 리턴은 엉성했고 공은 맥없이 네트 하단에 걸리고 말았다. 그렇게 어려운 샷도 아니었는데 말이다. 정말이지 그런 공은 열에 아홉은 아무 문제없이 리턴할 수 있는 수준의 공이었다. 어쩌면 그런 공은 위닝샷을 만들 수도 있었다. 하지만 나의 팔은 경직되어 있었고 나의 리듬은 깨져 있었으며 몸의 밸런스는 무너져 있었다. 확신에 찬 샷을 만들지 못하고 그저 허둥대고 있을 뿐이었다.

이제 5-4, 페더러의 서브 게임이다. 주도권은 페더러에게 넘어가 버렸다. 그의 기가 막힌 첫 서브는 나의 포핸드쪽으로 와이드하게 들어왔다. 나는 라켓 끝으로 겨우 받아 넘겼지만 리턴이 짧았고 그는 위닝샷을 성공시켰다. 나는 또 생각했다. "일단 망쳤지만, 이제 5-5야. 그리고 여전히 타이브레이크 상황. 만약 이 포인트만 따낸다면 드디어 윔블던 챔피언쉽 포인트가 되는 거야." 나는 다시 다짐했다. "무조건 이 포인트를 따내자!" 하지만 페더러는 또 하나의 위력적인 서브를 적중시켰다. 이제 서브는 나에게로 넘어왔고 역으로 그의 세트 포인트가 되어버렸다. 갑자기 조금 전과 달리 나는 더 이상 긴장되지 않았다. 더블 폴트에 대한 두려움 또한 사라져 버렸다. 벼랑 끝에서 벗어난 기분이었다. '승리에 대한 공포'는 사라졌고, 편안하지는 않았지만 세트를 지켜야 하는 익숙한 상황 속에 있게 되었다. 나의 첫 서브는 네트에 걸렸지만 괜찮은 세컨드 서브를 넣었고 긴 랠리가 시작되었다. 나는 그의 백핸드로 맹렬히 공격했다. 그러다가 그의 포핸드 쪽으로 와이드하게 쳤는데 그게 다소 짧게 떨어졌고 그에게 찬스가 되었다. 페더러는 위닝 드라이브를 날렸는데 그만 너무 와이드하게 나가 버렸다.

다시 엔드 체인지. 항상 그렇듯, 페더러는 나보다 먼저 코트로 나가 자리를 잡았다. 나는 수건으로 흘러내리는 땀을 닦아야 했고 물병 두 개의 물도 마시고 물병들을 제자리에 정렬해야 했다. 그리고 코트로 나가 서브 포지션을 잡았다. 드디어 첫 서브가 제대로 들어갔다. 나의 주도로 우리는 아주 강하고 깊은 랠리를 주고받았다. 마침내 그의 깊은 샷이 너무 깊어 버렸다. 아웃 콜이 선언되었고 그는 챌린지를 요청했다. 화면은 선심이 옳았다는 것을 보여주었다. 페더러에게는 절박한 순간이었다는 것을 나는 충분히 이해할 수 있었다. 그러한 절대절명의 순간에는 나 역시도 그렇게 했을 것이다. 이제 그의 서브권에 나는 매치포인트를 맞이하였다. 그러나 챔피언 페더러는 역시나 챔피언답게 또 하나의 막을 수 없는 서브를 폭발시켜 버렸다.

나는 혹시나 하는 마음으로 (기대보다는 기도에 가까운), 엄파이어를 바라보며 챌린지를 신청하였다. 화면이 나타났다. 공은 모서리 쪽 라인 위에 선명하게 찍혀 있었다. 이제 스코어는 7-7. 그 다음, 환상적인 포인트가 뒤따라왔다. 페더러의 세컨드 서브는 강력했다. 그리고 몇 번의 랠리를 나누었고 그의 강력한 포핸드가 나의 포핸드 쪽으로 와이드하게 깊숙이 넘어왔다. 나는 듀스 코트 끝에서 애드 코트 끝까지 쏜살같이 달려갔고 페더러는 네트로 돌진했다. 나는 포핸드 러닝 스트로크로 네트에서 발리를 준비하고 있는 페더러를 제치는 다운-더-라인 패싱샷을 성공시켰다. 그야말로 어메이징 샷이었다.

그것은 또 한 번의 매치포인트, 챔피언쉽 포인트를 의미했다. 이제 나는 나의 모든 긴장감을 통제하고 있었다. 또한 윔블던 우승이 곧 내 것이라고 자신했고 나는 그럴 자격이 충분하다고 생각했다. 바보였다. 정말 바보였다. 내 커리어를 통틀어 이기기 전에 이겼다고 생각한 정말 몇 안 되는 한 순간이었다. 감정은 나를 앞서가고 있었고 그러면서 나는 테니스의 불문율을 잊고 있었다. 그 어떤 다른 스포츠보다 끝날 때까지는 끝난 것이 아니라는 사실을 말이다.

8-7 매치포인트, 나의 서브였다. 나는 정확히 내가 해야 할 일을 했다. 그의 백핸드 쪽으로 깊게 서브를 넣었다. 그의 리턴은 짧았고 코트 중앙으로 떨어지자 나는 바로 어프로치 샷을 준비했다. 그런데 바로 그 때, 그 순간, 내 인생 처음으로, 임팩트 하기 위한 순간, 승리에 도취된 기분이 나를 휘감는 것을 느꼈다. 나의 포핸드는 그의 백핸드 쪽으로 공격했고, 나는 네트로 돌진하며 생각했다. 페더러가 이 샷을 미스하거나, 내가 쉽게 끝낼 수 있을 정도의 약한 리턴이 올 것이라고. 페더러는 그렇지 않았다. 그는 휘파람을 불 듯 센세이셔널한 백핸드 다운-더-라인 샷을 날려 버렸다. 내가 근처에도 가지 못할 샷을 말이다. 그 장면은 내 머릿속에 비디오로 녹화되어 생생하게 남아 있으며 수시로 복기하고 있다.

그럼 내가 어떻게 다르게 할 수 있었을까? 공을 더 강하고 깊게 쳐야 했을까 아니면 그의 포핸드 쪽으로 쳐야 했을까? 지금 생각해도 포핸드 쪽으로 치는 것은 옳은 선택이 아니다. 그 이유는 이렇다. 만약 내가 포핸드 쪽으로 쳤다 하더라도 그는 패싱샷을 치거나 내가 리턴하더라도 또 다시 내가 막지 못하게 쳤을 것이다. 만약 그렇게 되었다면 나는 더 좌절했을 것이다. 왜냐하면 무조건 그의 백핸드를 공략하라는 나의 게임 플랜을 어긴 것이기 때문이다. 그것은 내가 잘못된 선택을 했다는 것을 즉각 깨닫게 할 것이고 그런 생각은 나의 멘탈에 아주 안 좋은 영향을 주었을 것이다. 비록 결과가 예상보다 효과적이진 못했지만 나의 선택은 옳았다. 샷도 그렇게 나쁘지 않았다. 오늘 경기 중 대부분의 그런 샷들에서 그는 리턴을 실패했다. 그냥 이번에는 페더러가 환상적인 샷을 친 것이다. 압박감이 엄청난 그 순간에도 그가 잘 쳤다고 위안할 수밖에 없었다. 바로 전 포인트에서는 내가 나의 베스트 샷을 쳤고 이번에는 페더러가 그의 베스트 샷으로 응답해 준 셈이다. 드라마가 클라이맥스로 치닫듯이 이런 순간들 때문에 윔블던 파이널이 그토록 특별한 것이다. 모든 것이 끝난 지금이기에 나는 그 순간을 회상하며 이렇게 말할 수도 있는 것이다.

　　그 위너 포인트는 페더러의 기를 다시 살려주었다. 그는 성난 자신감으로 다음 포인트에서 나를 두들겼다. 내가 손도 대지 못할 포핸드 크로스 코트 샷으로 점수를 가져갔다. 타이브레이크 9-8 상황에서 그는 세트 포인트를 위한 첫 서브를 넣었다. 그 서브는 살짝 길었는데 관중들의 즉각적인 반응은 보통때와는 달랐다. "아…"라는 실망 섞인 탄식이 스타디움 전체에 흘렀다. 관중들은 이 경기가 끝나기를 원하지 않았던 것이다. 관중들은 5세트를 원했다. 그리고 원하는 대로 되었다. 페더러의 세컨드 서브에 나의 리턴은 길게 라인을 벗어났다. 이제 다시 원점으로 돌아가는 순간이었다. 투 세츠 올! 모든 것이 다시 '러브-올'이 되었다

RAFAEL NADAL

마요르칸

Mallorcans

세바스찬 나달과 그의 아내인, 아나 마리아가 바르셀로나에서 그들의 아들에게 테니스 장학금을 수여하겠다는 달콤한 제안을 거절한 것은 그리 놀라울 일이 아니었다. 그리고 그 아들은 부모님의 결정에 안도했다는 사실은 더더욱 놀랄 일이 아니다. 이 섬은 나달에게 강력한 영향력을 가지고 있다. 나달은 해외 원정 경기를 다닐 때에도 항상 이 섬을 그리워한다. 토너먼트가 끝이 나면 나달은 곧바로 가능한한 빠르게 떠날 채비를 갖추어 가장 빠른 비행편으로 섬으로 돌아온다. 이것은 나달의 경쟁 본능 속에 존재하는 스포츠 페르소나와 개인적 페르소나의 갭을 설명해 주는 것이다. 집에 있을 때에 비로소 나달은 라파엘 나달이 되는 것을 느낄 수 있다. 테니스 선수 나달은 마요르카 섬 밖에서 전 세계 코트를 지배하는 위대한 선수이지만 자연인 나달에게는 그야말로 물 밖에 있는 물고기 같은 것이다.

그 이유를 설명하기 위해서는 먼저 섬사람들의 배경적 성향에 대한 이해가 필요하다. 또한 마요르카라는 섬은 전세계에서 나달이 일반인으로서의 자신을 느낄 수 있는 유일한 곳이라는 것도 알아야 한다. 그가 이룬 업적이 아니라, 한 인간적인 가치로 그를 보아주고 생각해주는 원주민들의 자연스러운 시선과 나달이 원하는 사생활이 연결되어 있기 때문이다.

　　　나달 패밀리는 다이아몬드 보다 더 단단한 가족의 유대를 그 어느 곳보다 노골적으로 중요한 가치로 여기는 마요르카 문화로 그들을 규정하는 것을 아주 자랑스럽게 생각한다. 그 마요르카 문화가 나달의 원동력과 멘탈 회복력을 키워낸 초석이라고 믿고 있다. 마요르카의 그 강한 가족 유대는 카톨릭을 뿌리의 중심으로 두고 있는 스페인 같은 나라에서도 흔하지 않은 일이다. 본래 스페인 사람들은 애국심보다 고향에 대한 소속감과 애착이 큰 성향이 있는데 마요르카 사람들은 그것이 좀 더 큰 편이며 나달 패밀리의 경우는 더욱 더 강하다. 나달 가족은 마나코르에서 모든 가족 구성원들이 똘똘 뭉쳐 지낸다.

　　　세바스찬과 아나 마리아는 마나코르에서 태어나고 자랐으며 세바스찬의 아버지도 그러했으며 아버지의 아버지도 그랬다. 나달과 그의 여자친구인 마리아 프란체스카도 그렇다. 자신의 고향에 그토록 애착을 가지는 나달에게는 타지의 여성과 교제하는 것은 상상하기 어려운 일이다. 그의 기본 터전은 마나코르인데 몬테카를로나 마이애미 출신의 누군가와 관계를 가지는 것은 다른 두 종이 만나는 것 같이 부자연스러워 보인다.

　　　현재 라파의 친척들 모두는 3대에 걸쳐 마나코르와 부근인 포르토 크리스토에 살고 있다. 라파의 절친들도 모두 마나코르 토박이들이다. 그의 피지컬 테라피스트인 티틴도 포함이다. 나달의 내부인들 중 단 두 명만 외부에서 왔다고 할 수 있다. 카를로스 모야와 트레이너인 후앙 포르카데스이다. 하지만 그들도 마나코르에서 그리 멀지 않은 마요르카의 수도인 팔마 출신이다.

　　　나달의 글로벌 프로페셔널 팀에서 외부인은 두 명인데, 카를로스 코스타와 조르디 로버츠이다. 그들은 카탈루냐인Catalans들이다. 마요르카 사람들에게는 두 부류의 '외국인'이 존재한다. 카탈루냐인과 그 외 사람들이다. 카탈루냐의 수도인 바르셀로나는 비행기로 30여분 정도의 가까운 거리다. 그 언어와 지역적 근접성 때문에 마요르카인들은 카탈루냐인들을 사촌으로 여긴다. 베니토 페레즈 바르바디요는 스페인이지만 안달루치아 출신이며 확실히 외향적인 성격으로 나달 팀 내에서 애정을 받고 있지만, 어떤 부분에서는 코드가 달라 가끔 외톨이가 되기도 한다.

   단결력이 강한 마요르카인들의 이러한 성향이 스페인 타지인들로 하여금 섬사람들은 믿어서는 안 된다는 관념을 심어왔다. 마요르카 섬의 역사를 간략히 살펴보면 왜 그런 인식이 사라지지 않았는지 설명하는데 도움이 된다. 유럽의 지도에서 아주 작은 점에 불과한 마요르카는 2천년 이상 동안 외부 침략자들과 점령자들의 표적이 되어왔다. 처음에는 로마인, 그 다음에는 반달족, 그 다음에는 무어인, 그 다음에는 스페인 사람이었으며 50년 전부터 시작된 관광 붐으로 영국인과 독일인 관광객 (현지 용어로 "북부에서 온 야만인"), 등 많은 사람들이 이곳에 머물며 섬의 아름답고 그림 같은 부분을 식민지로 만들어 버렸다. 마요르카 섬 원주민의 인구는 약 80만 명이며 매년 1,200만 명의 관광객이 이 섬을 다녀간다.

   그동안, 그리고 그 사이에 해적들이 마요르카의 해안을 약탈해왔다. 그것은 왜 지난 세기의 중간쯤에 바다 근처에서 모험을 할 생각을 전혀 하지 않았거나 심지어 그 너머를 본 적도 없거나, 혹은 "마요르카와 마요르카 밖 중 어디가 더 커?"라고 묻는 마요르카 시골 사람들을 만나는 것이 드문 일이 아니었는지 설명할 수 있을 것이다. 외세 점령자들과 공존하는 것에 대한 그들의 오랜 반응은 조용하고 신중하며 수동적이었다. 이러한 선입견을 부정하지 않는 세바스찬 나달은 본인 고향의 문화를 이해하고자 하는 외부인들에게 섬에서 원주민과 방문객 모두에게 인기 있는 작은 책을 읽으라고 권한다. 그 책의 제목은 '디어 마요르칸Dear Majorcans'이다. 책의 내용은 다른 스페인 사람들이 가지고 있는 섬사람들에 대한 관념 같은 것 ('다소 차갑다거나', 또는 '항상 들을 준비는 되어있지만 항상 말하지는 않는다', 라고 묘사되어 있다,을 강조한다. 그것은 세바스찬 나달과 그의 아들의 성격과는 일치하지만, 말하기를 좋아하는 토니와는 맞아 떨어지지 않는다. 이것은 아마도 그가 가족 내에서는 부적응자라는 인식을 설명하는데 도움이 될 것이다.

하지만 만약 라파 나달이 테니스계를 정복하고 모든 대륙에 이름이 알려졌다면, 그것은 그가 토니처럼 섬사람들을 정의하는 그 스테레오 타입을 거부했기 때문이다. "마요르카 사람들은 일보다는 삶의 즐거움에서 성공을 추구하며 노력의 물질적 결과보다는 여유로운 즐거움과 연결된 시간 개념을 가지고 있다." 라고 책에 씌어 있다. 라파 나달은 흔치 않게 개신교의 직업윤리를 수용하면서 마요르카의 조상 원주민들보다 최근의 독일 식민지 개척자들과 더 많은 공통점을 가지고 있다. 카를로스 모야 또한 마요르카 출신이고 테니스 챔피언이기도 하지만 나달보다 훨씬 덜 야심적인 선수라고 스스로를 인정하며, 라파와 토니 둘 모두가 보여 준 승리를 향한 욕망은 그가 '편안하고 거의 카리브해 스타일에 가까운'이라고 묘사한 마요르카인의 캐릭터와는 아무런 관련이 없다고 지적했다.

반면에 테니스 이외의 영역에서 라파 나달은 마요르카 바이블인 그 책에서 서술하는 마요르카인 특유의 시간에 대한 게으른 태도면에서는 결을 같이 한다. 그는 천성적으로 시간 약속을 잘 지키는 사람은 아니다. 고향의 친구들과 즐거운 시간을 보낼 때면, 두 번 생각할 것도 없이 새벽 5시까지 클럽에서 밤을 지새우곤 한다. 다만 친구들과의 차이점은 라파는 섬 관습을 깨고 4시간 뒤에 일어나 테니스 코트로 훈련하러 간다는 것이다. 그가 일생을 바친 스포츠가 빛을 발할 때, 그는 지중해의 쾌락주의자가 되는 것을 그만두고 절제된 자기 부정의 모델이 되는 것이다.

　　　　그의 마요르카 친구들은 그가 선택한 일탈의 길과 섬에 가져온 성공에 대해 그를 존경은 하지만 감명을 받지는 않는다. '디어 마요르칸'에 따르면, "마요르카는 많은 영웅을 만드는 곳은 아니다." 라고 한다. 이 사실이 마나코르가 라파 나달이 밝은 대낮에도 낯선 이들에게 사인과 사진 촬영 요청 등의 방해없이 자유롭게 쇼핑을 하거나 길을 걸어다닐 수 있는 지구상의 유일한 장소인 이유이다. 그것은 섬사람들의 습관적인 경계심을 보여주는 또 다른 예이다. 어떤 종류의 자기 과시도 눈살을 찌푸리게 한다. 만약 라파가 자신의 성공으로 인해 새로운 분위기와 위엄을 갖게 되었다면, "자기가 도대체 누구라고 생각하는거야?"라는 반응일 것이다. 그리고 같은 규칙에 따라, 사람들에게 칭찬을 퍼붓는 것은 아무리 그럴 만한 가치가 있다 하더라도 비위에 거슬리는 것으로 간주된다. 책에서는 "누구든 고개를 들어 다른 사람보다 더 위에 있으려는 자는 즉시 잘라버릴 것이다."라고 말한다. 나달이 테니스를 하는 시간이 아니라면, 그는 결코 그 누구의 위에 서려는 마음이 없다. 오히려 정반대이다. 그것이 나달의 어머니, 아나 마리아가 마요르카가 나달이 세상과 완전히 단절되는 유일한 장소라고 말하는 이유이기도 하다. "만약 그가 토너먼트 후에 계속 집으로 돌아올 수 없다면 그는 미쳐버릴 것입니다"라고 그녀는 말한다. 광적인 테니스 인생을 사는 라파 나달에게 마요르카로의 귀환은 평화를 의미한다.

제 6 장

"더할 나위없이 순수한 기쁨의 세례"
An Invasion of The Purest Joy

파이널 세트까지 가는 경기는 많았지만 이번에는 무언가 다른 느낌이 들었다. 나는 여전히 내 기량을 한 단계 더 높일 수 있을 것 같았다. 하지만 지금은 아니다. 적어도 윔블던 5세트 초반에서는 아니었다. 나는 경기를 작전대로 정확히 수행하고 있었는데 두 세트를 모두 타이 브레이크에서 내주었다. 지금의 위험 요소는 그것이 나를 지배하여 내 마음까지 지게 하는 것이었다.

내가 주로 다른 선수에게 쓰던 전략을 지금 페더러가 나에게 사용하고 있다. 그는 극도로 어려운 상황에서 살아 돌아왔고 대단히 중요한 포인트에서 극적으로 위닝샷을 날리며 완전히 부활하였다. 나는 이길 수 있는 아주 큰 기회를 막 날려 버리고 말았다. 엎친 데 덮친 격으로 그의 서브로 5세트를 시작했다. 이는 승부를 결정짓는 마지막 세트에서는 큰 어드밴티지가 된다. 왜냐하면 짧은 승부에서는 반드시 서브권을 지켜야만 이길 확률이 있기 때문이다. 스물 다섯 번의 게임을 하는 동안 서로의 서브를 한 번도 브레이크 하지 못했을 만큼 우리 둘 모두는 최고의 테니스를 보여 주고 있었다. 초반에 한 번 있었던 나의 브레이크 조차도 만족스럽지는 않았지만 나는 똑바로 생각하고 있었다. 코트는 뜨거웠지만 내 머리는 차가웠다. 자리에 앉아 세트 시작을 기다리면서 이 전 두 세트의 패배를 한탄하고 있지 않았다. 5-2로 리드하고 있었던 마지막 타이브레이크 상황에서 진 것을 생각하고 있지도 않았다. 더블 폴트는 이미 잊었다. 나는 아버지가 위기의 상황에서 했던 방법대로 아주 현실적으로 생각하고 있었다. 버틴다는 것은 받아들이는 것이다. 내가 바라던 대로가 아니라 있는 그대로 상황을 받아들이고 뒤가 아니라 앞만 보고 있었다. 나는 스스로에게 말했다. "첫 게임에서 페더러의 서브를 브레이크 하는 것에 신경 쓰지 말고 다음 내 서브 게임에만 집중 하는 거야." 만약 내 서브게임에서 실수를 하나라도 하게 된다면 곧바로 게임스코어는 0-3으로 벌어지게 되고, 나의 멘탈은 벼랑 끝에 매달리게 되는 것이다. 페더러가 단 한 번이라도 브레이크를 하게 되면 나의 승리는 아득해진다. 나는 나의 서브 게임들을 반드시 이겨야만 했고 오직 그것이 최우선이었다. 왜냐하면 페더러는 컨디션을 회복하여 아주 무시무시할 정도로 최상의 기량으로 다시 돌아왔기 때문이다. 하지만 나 역시 내가 무엇을 해야 하는지 잘 알고 있었다. 만약 내가 초반 세 번의 서브 게임을 잘 지켜 낸다면 3-3 게임스코어, 그의 상승세를 무사히 방어했다는 뜻일 것이다. 페더러는 더 이상 흔들리지 않고 우리 둘 모두는 관중들은 모르게 서로의 멘탈 게임에서 팽팽하게 비기고 있었다. 나는 경기의 마지막 순간까지 나의 서브 게임들을 지키고 싶었다.

작년 윔블던 결승전 파이널 세트에서 네 번의 브레이크 포인트를 가지고도 페더러에게 패한 것은 나를 괴롭혀 왔지만, 지금은 그 패배가 진정으로 가치 있는 경험이었다는 것을 증명하는 순간이었다. 그 때 나는 승리가 거의 확실하다는 것을 알고 있었지만 승리하지 못했던 이유는 너무 많은 생각과 감정이 이미 나를 앞서갔기 때문이다. 극도의 긴장감을 극복할 멘탈이 준비되어 있지 않았던 것이다.

나는 지금 그것이 필요하다. 왜냐하면 이제부터 스페인에서 우리가 흔히 일컫는 '심장마비' 세트가 시작될 것이기 때문이다. 우리 가족석을 흘깃 보았는데 모두 겁에 질린 듯 2007년의 악몽을 떠올리는지 얼어 있었다. 나 역시 잘 기억하고 있지만 지금은 작년과 다른 긍정적인 방향으로 말이다. 나는 교훈을 얻었으며 이제 그것을 실행으로 옮길 수 있음을 직감했다. 나는 5세트를 이길 것이라고 믿으며 여유 있게 시작했다. 4세트에서 기회를 날려버린 것은 나를 더 강하게 만들었다. 더 이상 더블폴트를 하지 않았다. 게임을 이기는 것을 생각하는 것이 아니라 포인트를 이기는 것에만 집중했다. 본능대로 움직였고 수만시간의 훈련대로 플레이하고 있었다.

2년 전 프랑스오픈에서 페더러를 이기고 윔블던 결승에서 페더러에게 진 후, 나는 이런 생각이 들었다. 내가 이 곳 윔블던 센터코트에서 우승할 수 있는 기회보다 페더러가 롤랑가로스에서 우승하여 그랜드슬램 네 개 모두를 석권할 수 있는 기회가 더 많을 것이라고. 2006년부터 나는 세계 랭킹 2위로 머물면서 줄곧 그의 뒤를 쫓았지만 격차는 줄어들지 않았다. 드라마틱한 도약없이 그 격차의 간격이 유지되는 시간이었다. 내가 프랑스오픈에서 4연속 우승하며 클레이코트에서 연승 가도를 달렸던 2007년, 2008년, 페더러 역시 윔블던에서 똑같이 그의 질주를 하고 있었다.

2008년 몬테카를로 오픈 결승에서 페더러를 7-5, 7-5로 이기며 수립했던 4년 연속 우승은 아주 만족스러운 기록이었다. 프로 테니스 선수로는 그

대회에서 처음으로 세운 기록이기도 했다. 대회가 끝나자 마자 나는 곧장 집으로 가고 싶었다. 내가 거의 고향처럼 느끼며 좋아하는 몬테카를로이지만 나는 서둘러 짐을 챙겨 떠나기로 했다. 문제는 그 시간에 갈 수 있는 방법은 저가 항공편으로 바르셀로나를 거쳐 팔마로 가는 비행편 뿐이었다. 나는 니스 공항 이지젯 항공사 출발 라운지에서 나를 본 승객들의 놀란 표정을 지금도 기억한다. 그들은 다른 승객과 함께 줄을 서서 음료와 샌드위치를 사는 나를 보고 많이 놀라 했다. 한 승객이 물었다. "왜 전용기를 타지 않나요?" 나의 대답은 "내가 원치 않아요." 물론 나의 후원사들에게 전용기를 요구하면 얼마든지 가능할 것이다. 하지만 그렇게 하는 것이 결코 편하지 않다. 전용기는 나에게 너무 호사스럽기도 하고 무엇보다도 후원사들과의 관계를 악용하는 것을 원치 않는다.

문제는 탑승 후였다. 나는 웅크리며 앉아야 하는 좁은 좌석은 물론 큰 몬테카를로 트로피를 좌석 위 선반에 넣기 위해 씨름하여야 했다. 그때 나는 나의 선택이 옳았는지 약한 의문이 들긴 했었다. 내가 트로피의 앵글을 바꿔가며 이리저리 넣어 보는 모습에 객실은 웃음과 박수로 한바탕 소동이 있었다. 또 다른 승객이 물었다. "페더러를 제외하고 심각한 라이벌로 생각하는 다른 선수가 있나요?". 나는 지체없이 대답했다. "노박 조코비치!" "몇 년 안에 조코비치는 나와 페더러에게 아주 강력한 라이벌 선수가 될 것입니다."

그는 이미 나에게 어려움을 주고 있었다. 2007년 나는 인디언웰스에서 조코비치를 상대로 이기며 미국땅에서는 처음 우승하였지만 그 다음 대회인 마이애미에서는 그에게 패하였다. 그 해 프랑스오픈 준결승과 윔블던 준결승에서 조코비치에게 이겼지만 캐나다오픈에서 그에게 지고 그는 그 대회를 우승했다. 1년 뒤인 2008년 그를 다시 만나게 되었을 때, 함부르크와 프랑스오픈에서 승리하기 전인 인디언웰스에서는 조코비치가 승리하였다. 하지만 조코비치는 그 해 1월에 열리는 첫 그랜드슬램인 호주오픈에서 이미 우승하고 왔었다. 그의 나이 20세였다. 모든 사람들이 페더러와 나에게만 관심을 가지고 있을 때, 우리 둘은 조코비치가 새로운 라이징 스타라는 것을 이미 알고 있었고 다른 어떤 선수들보다 우리를 위협하게 될 선수가 바로 조코비치라는 것을 직감하고 있었다. 더욱 당황스러웠던 것은 조코비치가 나보다 어리다는 것이다. 지금껏 나는 모든 스포츠 특히 테니스나 주니어 축구 리그에서 내가 바로 선배 선수들을 이기는 어린 선수라는 것에 익숙해 있었기 때문이다. 그런데 지금 이 어린 선수는 나를 이기고 있고 심지어 내가 이길 때에도 아주 힘들게 이기게 만들고 있었다. 페더러는 내가 부상을 입는다 하더라도 아마 나보다 먼저 은퇴하게 되겠지만 조코비치는 나의 커리어 끝까지 나를 괴롭힐 것이다. 또한 세계 랭킹에서도 나를 앞서기 위해 모든 것을 쏟아 부을 것이다.

클레이코트에서는 페더러나 다른 선수들과 마찬가지로 조코비치를 압도해 왔다. 그러나 하드코트에서는 다른 선수들을 상대할 때와 마찬가지로 그에게 맞서서는 항상 힘들었다. 하드코트야 말로 내가 적응하기 위해 가장 많이 노력해야했던 표면이었다. 나는 속도가 빠른 하드코트에서 필요했던 큰 도약을 이루지 못하고 있었다. 호주오픈에서는 약간의 희망이 보이긴 했지만, 나에게는 가장 어려운 그랜드슬램 토너먼트인 US오픈에서는 절망적인 상황이었다. 나는 결코 만족하지 않았고 항상 더 많은 것을 갈구했다. 한편으로 나는 나의 능력의 한계치까지 나를 몰아붙이고 싶었다.

그러는 동안 나는 내가 감히 상상했던 이상으로 돈을 벌고 있었다. 그렇다고 해서 단 한 번도 몬테카를로나 마이애미, 심지어 마요르카에 집을 산다는 생각을 해 본적은 없다. 부모님 집에서 같이 사는 것이 더 행복했기 때문이다. 검소한 것에 대한 의미도 아니었다. 나는 항상 나만의 요트를 사서 포르토 크리스토에 정박해 놓는 것이 꿈이었다. 나는 이따금 팬시한 스포츠카를 가지는 상상을 하곤 했는데 그 판타지는 2008년 프랑스오픈이 열리는 6월 어느 날 구체화되었다.

나는 아버지와 길을 걷다 어느 스포츠카 매장 앞을 지나게 되었다. 나는 발길을 멈추었고 윈도우 안을 들여다보았다. 멋진 스포츠카를 보며 아버지에게 말했다. "음, 나도 저런 스포츠 카 하나 사고 싶어요." 아버지는 나를 바보 취급하듯 쳐다보았다. 물론 나는 그의 반응을 예상했고 이해하였다. 그러한 것은 암묵적으로 우리 가족이나 마나코르 지인들, 특히 아버지 자신은 천박하게 과시하는 사치로 여기는 것이었다. 나는 다소 멋쩍었다. 하지만 내 마음 속의 마음에는 여전히 그 차를 원하고 있었다. 일단 아버지가 '노우'라고 하면 얘기할 것도 없이 나는 그 생각을 즉시 포기해야만 한다. 그의 동의 없이 내 마음대로 차를 살 수는 없었다. 대신에 아버지는 아주 교묘한 타협안을 나에게 제시하였다. "라파, 만약 올 해 윔블던에서 우승하게 된다면 저 차를 사도 좋다. 어때?" 나는 "음, 이번주 프랑스오픈에서 우승하는 걸로 어때요?" 아버지는 미소 지으며, "노우, 노우. 윔블던 우승, 스포츠 카!" 나는 당시 아버지의 그 말의 뜻을 너무도 잘 알고 있었다. 그 해 윔블던은 나의 능력 밖이라는 그의 짓궂은 확신이었다. 그는 그의 배팅이 질 것이라고는 생각도 못하고 있었다. 한 달 뒤 윔블던 센터코트에서 결승전 마지막 세트가 시작될 때, 나에게는 페더러를 꺾고 모든 선수들이 간절히 열망하는 최고의 그랜드슬램 토너먼트를 우승하는 것 이외에도 한 가지 인센티브가 더 있었던 것이다.

내 안에 긴장감은 분명 있었지만 내가 생각한 대로 마음은 차분했다. 페더러의 첫 서브 포인트에서는 나 자신에게 그렇게 영예롭지 못했다. 우리는 몇 번의 날카로운 랠리를 주고받은 후, 나는 그의 백핸드로 몰아붙였고 그의 리턴은 라켓 프레임에 맞으며 네트를 가까스로 넘어왔다. 나는 확실한 위닝샷 대신에 드롭샷을 선택했다. 드롭샷은 다른 선택이 없을 때나, 공이 나의 리치 먼 곳에 떨어졌거나, 상대가 라인 밖 깊숙이 있어 수비할 확률이 확실히 낮을 때에 시도해야 한다. 그러나 가끔 너무 긴장하여 공이 부담스럽게 느껴져 강하게 칠 자신이 없을 때에 드롭샷을 치게 되는 경우가 있다. 그 때 내가 그랬다. 그 드롭샷 뒤에는 나의 비겁함이 어느 정도 숨어 있었다. 그는 너무도 예리하게 나의 백핸드 쪽 뒤로 로브를 띄웠고 나는 몸을 뻗어 공을 쳤지만 그만 나가고 말았다. 좋지 않은 출발이었다.

그 순간 내가 찬스의 타이밍에 계속 실수를 하면서 약해지는 이미지를 페더러에게 심어주지 않는 것이 중요했다. 그래서 나는 나에게 주지시켰다. "방금 실수했지만 나는 지금 컨디션이 좋아. 다음 기회에는, 아주 작은 기회라도 무조건 강한 리턴을 하는 거야." 그것이 바로 다음 서브 리턴에서 내가 한 것이다. 그의 와이드 서브를 포핸드 대각선 크로스 코트로 강하게 낚아채 올렸고 그는 손도 대지 못하게 공은 튀어 나갔다. 사실 내가 의도한 리턴은 아니었지만 결과에 불만은 없었다.

다음 포인트는 강력한 서브로 그가 가져갔다. 그 다음 포인트는 내가 첫 포인트에서 그랬듯이 페더러도 긴장감에 사로잡혀 있었다. 그는 강력한 첫 서브를 와이드하게 적중시켰고 나의 리턴이 약했는데 그는 강한 공격을 하지 않고 드롭샷을 시도한 것이다. 심지어 네트를 넘기지도 못하고 말았다. 이러한 세트 상황에서는 서브 게임을 지키는 것이 목표인데, 나는 '써티 올(30-30)'에서 순간 예상치 못한 기회를 엿보고 있었지만 그는 다음 서브 두 개 모두 파워풀 한 첫 서브들을 성공시키며 게임은 그의 것이 되어버렸다. 그 다음 나는 나의 서브게임에서 첫 서브 포인트를 잃었다. 포핸드가 다소 넓게 빗나갔다. 당신의 서브 게임을 러브-15로 시작하는 것은 결코 좋지 않다. 포인트 한 점 한 점이 결정적인 상황에서는 더욱 더 좋지 않다. 나는 서브 게임을 지키기 위해 싸우고 있었다. 매치가 길어질수록 관중들의 열기는 더 뜨거워지고 있었다. 나는 침착함과 포커 페이스를 유지하고 있었다. 다음 포인트는 내가 가져왔다. 그리고 다음 포인트에서 페더러는 나의 샷에 대해 챌린지를 요청했지만 나의 포핸드 탑스핀은 정확히 라인 위에 찍혀 있었다. 그는 언짢은 표정을 지으며 감정이 흔들리는 모습을 내비쳤다. 게임의 텐션은 4세트와는 전혀 다른 레벨로 진행되고 있었다. 우리는 서로에게 예민하게 신경 쓰고 있었다. 단지 차이점이라고 한다면 나의 첫 서브는 들어가지 않았고 그의 첫 서브는 잘 들어가고 있었지만, 양 쪽 모두 실책이 있고 난 후에 내가 게임을 이겼다는 것이다. 나는 오른손 주먹을 불끈 쥐어 올렸다. 나는 여동생과 삼촌, 숙모에게 눈길을 살짝 주었고 그들은 고개를 끄덕이며 응원해 주었다. 진지한 끄덕임이었다. 나의 팬들은 아마 미소 지었을지도 모르지만 나의 가족들은 그렇지 않았다.

  게임 스코어 1-1. 페더러의 서브였다. 그의 첫 서브는 계속해서 안정적으로 들어왔다. 하지만 그것만이 오늘 유일하게 작동하고 있는 부분이었다. 그는 아주 단순한 샷들에서 실책을 범했다. 그리고 아주 예상밖으로 더블폴트가 나오고 말았다. 그것으로 게임은 듀스가 되었다. 우리 둘 모두 최상의 경기력을 보이고 있지는 않았지만 그렇게 나쁜 것도 아니었다. 그는 이제 4세트에서의 위닝 모멘텀을 잃어버린 것 같았다. 흐름은 미세하게 나에게로 넘어오고 있었다. 그런데 나는 그만 포핸드 샷을 불필요하게 길게 쳐버리고 말았다. 나는 오늘 경기 중 처음으로 머리를 절레절레 흔들었다. 하지만 성난 소리를 지르지는 않았다. 그러고 싶었지만 참았다. 모든 압박감을 페더러가 안고 있는 상황에서 그에게 한 포인트를 선물하는 실책을 한 것에 대해 나 자신에게 화가 났다. 다음 포인트에서 나는 다시 한번 드롭샷을 시도했다. 이번에는 페더러가 손도 대지 못할 만큼 공격적인 좋은 드롭샷이었다. 하지만 그는 다음 두 포인트와 함께 게임을 가져갔다.

  다시 한번 나는 그가 달아나지 못하게 나의 서브를 지켜야 했다. 나는 페더러가 경기 초반에 두 세트를 뒤 진 후 다시 올라오는 과정에서 체력적으로 많이 지쳐있다는 것을 느끼게 되면서 조용한 자신감이 올라오고 있었다. 나는 또 한 번 무의미한 드롭샷을 구사했고 순간 나는 정신이 아찔했다. 하지만 페더러는 이 확실한 위닝샷의 찬스에서 클럽 동호인 선수가 할 법한 어이없는 실책을 하고 말았다. 그의 샷은 코트 밖 멀리 날아갔다. 오늘 같은 접전의 매치에서는 그다지 보기 좋은 장면은 아니었다. 우리는 2-2, 게임 스코어에는 나타나지 않지만 득점 포인트 상으로 내가 앞서고 있다는 것은 나보다는 그에게 더 부담되는 상황이었다.

바람이 불기 시작했다. 나는 하늘을 올려다보았다. 날은 빠르게 어두워지고 있었고 선심들은 판정을 내리기 어려워졌다. 우리는 다섯 번째 게임 중 페더러의 서브에서 각자 챌린지를 신청했고 결과는 두 번 모두 나의 편이었다. 스코어는 듀스가 되었고 비가 내리기 시작했다. 페더러는 경기 중단을 요청하는 시그널을 주심에게 보냈고 주심도 동의했다. 얼핏 보기에도 나에게 좋은 상황은 아니었다. 경기 초반 내가 두 세트를 리드하고 있는 상황에서 첫번째 레인 브레이크 후 재개된 경기에서 페더러는 두 세트를 연속으로 이겼다. 5세트 초반에는 우리 둘 모두 형편없는 경기를 펼치고 있긴 했지만 페더러의 상태가 더 좋지 않았다. 그의 유일한 무기는 서브뿐이었다. 그럼에도 서브권을 지키기 위해 안간힘을 쓰고 있는 사람은 내가 아니라 그였다. 컨디션이나 밸런스 모두 내가 더 좋았기 때문에 지금 경기가 중단되지 않는 것이 나에게 더 유리한 상황이었다. 휴식은 나보다는 그에게 더 절실했다.

락커룸에서 만난 토니 삼촌의 표정에서도 나와 같은 생각이 보였다. 훗날 우리 가족들도 같은 생각이었으며 운이 나에게 안 좋게 돌아가고 있다고 모두 느꼈다고 한다. 아버지는 두 번의 우천 중단 중에서도 두번째 중단은 거의 고문처럼 느껴졌다고 한다. 아버지는 경기가 재개된 후 리듬을 되찾기 위해서는 내가 페더러보다 더 많은 에너지가 필요하기 때문이라는 논리가 있었다. "비가 왔을 때 나는 너에게 패배 선고가 내려졌다고 생각했어." 아버지는 나중에 나에게 그렇게 고백했다. 어머니도 내가 페더러보다 더 잘하고 있는 상황으로 보였고, 우천 중단은 나의 모멘텀을 끊고 페더러에게 훨씬 더 유리하게 작용할 것이라 생각했다고 한다. 센터코트에 있었던 우리 가족 모두가 그렇게 생각했었다. 살면서 도대체 무엇을 잘못했기에 이런 고통을 받아야 하는지 원망할 정도로 경기를 보는 것이 너무 힘들었다고 한다. 그러면서 모두의 생각은 "내가 이렇게 느끼는데, 라파 본인은 어떨까?" 였다고 한다.

   토니 삼촌의 얼굴에서도 중압감이 보였다. 티틴의 표정은 더욱 굳어 있었고 분위기가 진정되기를 기다리고 있었다. 나중에 티틴이 말하기를 그는 많이 불안했지만, 프로페셔널 임무인 붕대를 갈고 나의 문제의 왼발을 유심히 살피면서 자신의 감정을 숨기고 있었다고 했다. 나의 왼발은 다행히 아무런 느낌이 없었기에 나를 방해하지 않았다. 티틴은 고개를 숙이고 말없이 그의 임무를 신속히 처리했다. 토니 삼촌의 역할은 항상 그랬듯이 상황에 맞는 정확한 말을 찾는 것이었다. 그러나 이번에는 그 역시 힘들었다. 5세트에 비가 올 때 그는 체념했다고 시인했다. 그는 애써 강인한 표정을 지으며 본심을 숨긴 채 작은 스피치를 했지만 진심이 아니라는 것을 그도 알고 나도 알았다. 나는 벤치에 앉아 있고 그는 내 옆에 서서 말하였다. "음, 승리의 가능성이 적다하더라도 끝까지 싸워라. 포기하기에는 아직 이르다. 실망과 탈진으로 많은 경우 선수들이 전투력을 상실하는데, 단 한 번의 기회라도 있다면 마지막까지 싸워야 한다. 끝까지 감각을 컨트롤하는 선수가 최고의 선수가 될 것이다."

   토니 삼촌은 분명 락커룸에 들어서면서 3세트와 4세트에서 기회를 날려 절망하고 있을 나를 예상하고, 나의 무너진 정신을 되살릴 '미션 임파서블'

한 상황을 상상하고 있었을 것이다. 그렇다면 그는 나를 잘 못 알고 있는 것이다. 그것은 작년의 시나리오다. 나는 지금 다른 시나리오를 쓰고 있다. 그는 나의 대답에 놀라했다. "릴렉스. 걱정마. 나는 편안해. 할 수 있어. 지지 않을 거야." 삼촌은 깜짝 놀라 할 말을 찾지 못하는 듯했다. 나는 말을 이어갔다. "음, 그가 이길지도 모르지만 나는 적어도 작년처럼 지진 않을 거야." 경기가 어떻게 끝이 나더라도 그에게 승리를 쉽게 바치지는 않겠다는 뜻이었다. 나는 나의 가드를 내리지도, 자신감을 잃어버리지도 않을 것이다. 그 역시 모든 수단을 동원해 싸우겠지만 나 역시 어떤 것도 양보할 생각이 없었다. 첫번째 우천 중단 때와는 락커룸 분위기가 완전히 달랐다. 페더러는 아무 말이 없었다. 말하고 있는 사람은 나였다. 일단 나의 멘탈에 문제없음을 확인한 토니 삼촌은 경기에 대해서 얘기하였다. 나는 4세트에 있었던 몇 가지 실수에 대해 언급했다. 그 이유는 자책하기 위함이 아니라 그 순간을 다시 한번 상기하며 되풀이하지 않기 위함이었다. 4세트 타이브레이크 중 5-2로 앞서고 있었던 것, 두 번의 매치포인트를 끝내지 못한 것은 기회를 날린 것이 아니라 얼마나 승리에 가까이 다가갔는 지와, 그만큼 페더러를 압박했다는 증거였고 그 기회를 다시 만들어 그 땐 결코 실패하지 않으리라 다짐했다. 또한 나는 아직 단 한 번의 서브 게임도 내어주지 않은 반면, 페더러는 두 번의 브레이크를 당했다는 사실도 삼촌에게 상기시켜 주었다. 물론 서브 에이스는 나보다 다섯 배나 많긴 했지만 내가 두 세트를 딸 수 있었다면 세 세트를 따지 못할 이유가 있겠는가?

토니 삼촌이 락커룸에서 돌아와 나의 분위기와 멘탈이 아주 밝고 확고하다는 얘기를 전했고, 그 말을 들은 우리 가족 모두는 놀랐다고 한다. 처음 그 얘기를 듣고는 몇몇은 내가 억지로 밝은 척을 했을 것이라며 의심했다고 한다. 토니 삼촌 역시 처음에는 그렇게 생각했는데 나의 목소리 톤과 눈빛에서 진심이라는 것을 느꼈다고 한다. 나는 진심이었다. 나는 오늘만큼은 나의 순간이라는 것을 알고 있었다.

티틴도 알고 있었다. 가끔 우리는 그 순간을 얘기하곤 한다. 그는 내게 기대를 하고 있었다. 그 기대는 이 마지막 격전에서 확인되었다. 나는 자신감에 차 있었고 여유도 있었다. 전날 디너 자리에서보다도, 식사 후 우리가 함께 다트 게임을 할 때보다도, 아침 훈련이나 런치 타임 때 보다도 더욱 그러했다. 30분 후 비가 그치고 티틴은 자리로 돌아가면서 드디어 내가 윔블던 우승할 때가 되었다고 믿었다고 한다.

게임 스코어 2-2 듀스에서 페더러의 서브로 경기가 재개되었다. 그는 에이스 두 개를 작렬하면서 서브 게임을 가져갔다. 에이스는 비와 같은 것이다. 내가 할 수 있는 것이 딱히 없다. 그냥 받아들이고 넘어갈 뿐이다. 나는 나의 서비스 게임을 훌륭한 포핸드 위너로 화답하며 시작했다. 그 게임은 한 포인트만 내주며 내가 이겼다. 그리고 페더러는 또 한 번 에이스를 뿜어대며 러브 게임으로 쉽게 지켰다. 다음 게임은 스코어 3-4. 나의 서브였고 페더러가 기회를 잡았다. 나의 포핸드가 사이드라인을 벗어났다. 나는 기대보다는 희망으로 챌린지를 신청했다. 러브 피프틴(0-15). 다시 써티 올(30-30). 그리고 페더러는 완벽한 포핸드 다운-더-라인 리턴을 구사했고 백핸드로 오리라 예상했던 나는 스텝이 그만 엉키고 말았다. 30-40. 5세트 들어 첫번째 브레이크 포인트인 동시에 내 인생에서 가장 중요한 포인트이기도 했다. 나는 다음 결과는 생각하지 않았다. 이 포인트를 주게 되면 페더러가 5-3이 되고, 자신의 서브 게임만 이기면 경기는 그의 승리로 그대로 끝나게 된다는 그 사실 조차도 떠올리지 않았다. 나의 생각은 오직 하나였다. "나의 모든 에너지와 세포 하나 하나와 내 인생 모든 것을 오직 지금 이 포인트 하나를 지키는 것에만 집중한다."

나는 페더러가 아주 강력한 공격으로 퀵 위너를 만들려고 할 것임을 직감했다. 그런 기회를 허용해선 안 된다. 그러기 위해서는 내가 선제 공격을 해야만 했다. 작전의 변화가 필요한 시점이다. 그가 예상하지 못한 서프라이즈가 필요했다. 그날 내 서브의 90퍼센트였던 그의 백핸드 와이드 쪽으로 보내는 대신에 그의 몸 쪽으로 똑바로 공략했고, 그의 어정쩡한 포핸드 리턴은 코트 중간으로 짧게 넘어왔다. 그는 내가 또 다시 그의 백핸드로 높게 공격할 것으로 생각했을 것이지만 나는 또 한 번 서프라이즈를 주었다. 이것은 반신반의할 타이밍이 아니었다. 나는 나의 두려움을 극복하고 가슴을 활짝 열고 자신있게 그의 포핸드 코너로 깊숙이 강하게 날려 공격했다. 그는 팔을 쭉 뻗어 겨우 로브로 받아 올렸고 공은 포물선을 그리며 네트 가까이로 날아왔다. 나는 잔디 위로 강하게 스매싱했고 공은 센터코트 관중석까지 튕겨져 나가버렸다. 나는 주먹을 불끈 쥐어 올렸다. 지금까지 그만큼 긴장하고 그토록 용감하게 지능적으로 그리고 멋지게 플레이 했던 한 포인트는 없었다. 그 다음 포인트를 내리 가져오면서 게임을 이겼다.

스코어는 이제 4-4. 나는 내가 원했던 순간에 서 있었다. 이제 싸워야 할 시간이 왔다. 더욱 공격적으로 게임을 운영해야 한다. 모든 포인트에서 모든 것을 쏟아 부어 강하게 때릴 기회를 노려야 한다. 이렇게 5세트까지 왔다는 것은 이제 공격적인 플레이로 리스크를 가져도 될 만큼 내가 경기를 잘 운영해 왔다는 것을 의미한다. 토니 삼촌은 4-4 상황에서는 감각을 잘 컨트롤하는 선수가 승자가 된다고 말해왔다. 나는 지금 나의 감각을 지배하고 있었다. 또한 센터코트의 관중들은 나를 응원하고 있다는 것을 느꼈다. 이전 세트에서는 페더러를 응원하고 있었다. 왜냐하면 그들은 5세트를 원하고 있었기 때문이다. 지금 센터코트는 "로저!" 보다는 "라파! 라파!"를 더 많이 외치고 있었다. 물론 관중들의 응원을 당연히 좋아하지만 그것은 경기가 끝 난 후에 즐겨도 늦지 않다. 지금은 오직 경기에만 집중해야 한다. 나의 집중력을 흐리게 하는 그 무엇도, 팬들의 응원조차도 허락할 수 없다.

관중들이 나를 응원하는 이유는 아마도 내가 더 잘하고 있고 우승할 자격이 있다고 생각했기 때문일 것이다. 그것이 경기가 거의 막바지에 다다랐을 때 내가 느낀 것이었다. 페더러는 나보다 공을 깨끗하게 치지 못하고 있었고 심지어 그의 최고 강점인 포핸드에서 조차도 실책을 범하고 있었다. 나는 내가 감각의 전쟁에서 이기고 있고 페더러가 나보다 더 지쳐 있다는 것을 직감할 수 있었다. 그는 여전히 내가 가지고 있지 않은 강한 무기를 가지고 있었다. 빅 서브. 그것은 그를 계속해서 위험에서 구해주고 있었다. 다음 게임을 그가 이김으로써 5-4로 그가 앞서게 되었다. 이제 나의 서브 차례. 이 게임은 브레이크를 막는 것뿐 아니라 매치포인트를 지켜내야 하는 절대 절명의 게임이었다.

서브의 파워로 그와 맞붙을 수는 없었지만 기량으로는 그를 능가해 볼 수 있었다. 그리고 첫 서브로 에이스를 넣으면서 15-0로 앞섰다. 파워로 에이스를 성공시킨 것이 아니라 백핸드를 기다렸던 그의 예상을 뒤엎고 포핸드로 와이드하게 방향을 바꿔 넣은 덕분이다. 나는 자신감이 넘쳤고 그것을 페더러에게 알려주고 싶었다. 그렇게 해서 비교적 쉽게 게임을 이겼다. 이제 큰 위기에 몰리게 된 쪽은 페더러였다. 다음 그의 서브 게임에서 나는 안으로 휘어지는 깊은 포핸드 다운-더-라인을 성공시키며 15-40로 앞섰다. 투 브레이크 포인트로 나는 날고 있었다. 그러나 그 때 '붐!' 에이스! 그리고 또 한 번의 빅 서브! 그렇게 그는 게임을 가져가고 또 다시 게임스코어 6-5로 앞서갔다. 3세트 때 0-40의 기회를 놓친 것과 다르게 이번은 내가 잘못했다기보다는 그가 잘 한 것이기 때문에 위안을 삼을 수 있었다. 나는 또 한 번의 멘탈 싸움을 맞이하고 있었다. 결정적인 포인트에서 내가 우위에 있을 때 그는 결코 내 뜻대로 플레이할 기회를 허용하지 않았다.

나는 또 다시 내 서브 게임을 지켜야 했고 비교적 쉽게 지켜냈다. 페더러는 랠리가 이어지면 나의 저돌적인 공격에 거의 대응하지 못했다. 관중석에 있는 아버지는 그것을 어떻게 보았는지 잘 모르겠다. 내가 게임 스코어 6-6을 만들고 관중석을 살짝 올려다보았을 때, 아버지는 자리에서 펄쩍펄쩍 뛰면서 박수를 치고 있었다. 그의 표정은 강한 의지와 파이팅을 말하고 있었다. 그런 일그러진 표정의 아버지는 이제껏 본 적이 없었다. 나는 지금 환호를 생각할 때가 아니었다. 계속 정신을 똑바로 차린다면 승리는 나의 것이라는 확신이 있었다. 페더러의 그라운드 스토르크는 무너지고 있었다. 스코어는 6-6. 타이브레이크가 없는 그랜드슬램 파이널 세트. 첫 포인트. 그는 아주 심플한 포핸드에서 에러를 범했다. 그리고 다음 포인트에서도 페더러의 서브를 오랜 만에 긴 랠리 끝에 이겼다. 하지만 그는 세 개의 송곳 같은 서브를 성공시키며 다시 40-30로 앞섰다. 지금은 확실히 알지만 그 때 페더러는 나보다 훨씬 지쳐있었고 샷에 자신감도 떨어져 있었다. 그렇기에 나는 그의 유일한 탈출구이기도 한 계속되는 강력한 서브에 더욱 더 화가 나고 있었다. 나는 생각했다. "내가 더 잘하고 있어. 하지만 내가 더 할 수 있는 게 뭐가 있지?"

　　나는 듀스를 만들었다. 마침내 기회를 맞이했다. 페더러가 첫 서브를 실패했다. 하지만 아니었다. 나는 그의 세컨드 서브를 아주 강하게 리턴했지만 길었다. 아마 50센티미터는 길었던 것 같다. 아주 어이없는 범실로 보일 수 있지만 어떤 면에서는 그렇지 않았다. 왜냐하면 나는 계속해서 공격하기로 했었고, 어쨌든 나는 '올 오어 낫띵 All or Nothing'이라는 마음이었다. 만약 공이 네트에 걸리거나 짧은 리턴으로 포인트를 잃게 된다면 그것이 바로 내 정신력이 무너지고 있다는 신호인 것이다. 하지만 조금 전 미스샷은 확신에 찬 샷이었다. 실책도 경기의 일부이다. 하지만 가끔은 자신의 실책으로 포인트를 잃는 것이 상대방의 위닝샷보다 더 유리한 경우도 있다.

모든 포인트는 중요하다. 하지만 그 중 몇 개의 포인트가 다른 어떤 포인트보다 더 중요할 때가 있다. 지금은 모든 한 포인트, 한 포인트가 매치포인트인 순간이다. 가족석에는 라파엘 삼촌도 자리해 있었는데, 삼촌은 그 때를 회상하며, 자신은 그러한 압박감을 결코 감내하지 못할 거라고 말한다. 아마 비행기를 타고 아주 멀리 도망가서 돌아오지 않을 정도로 다리가 떨렸다고 했다. 그것이 바로 나와 삼촌 그리고 비슷한 생각을 가졌을 다른 관중들과의 차이점이다. 나는 평생을 이 순간을 위해 훈련해왔다. 공만 치는 연습을 한 것이 아니라 멘탈도 훈련해왔다. 어릴 때부터 절대 자기 만족이나 변명을 허락하지 않았던 토니 삼촌의 혹독한 훈련 과정이 이제 보상을 받고 있었다. 거기에 타고 난 건지 훈련받은 덕분인지는 잘 모르겠지만 챔피언이 반드시 가져야 할 자질인 압박감을 즐기는 성향을 가지고 있다. 맞다. 가끔 무너지기도 하지만 대개의 경우 나는 경기력을 더 끌어 올린다.

지금까지 내 경기의 이야기는 기회를 놓친 것에 대한 이야기였다. 3세트 러브-40 상황에서 브레이크 기회를 날려버린 것, 4세트 투 매치포인트, 그리고 지금 5세트 5-5에서 15-40, 6-6, 러브-30에서 마무리하지 못한 것. 그리고 지금 그는 7-6으로 앞서고 나는 다시 생존의 서브를 넣고 있다. 그러나 나는 두려움보다 스릴을 즐기고 있었다. 나는 기회를 놓치고 있었지만 그 또한 나의 기회들이었다. 그건 내가 즐겨야 할 것이지 애통해 할 필요가 없는 것이다. 곧 또 다시 기회를 잡을 것이라고 스스로 생각했다.

그러나 페더러는 첫 포인트를 가져갔다. 나의 서브를 내가 손도 대지 못할 훌륭한 리턴으로 만들었다. 할 말이 없었다. 상대가 너무 잘한 것이다. 다음 포인트부터 나는 즉시 회복했다. 내 첫 서브가 그의 몸 쪽으로 강하게 들어가자 그는 속수무책이었다. 그 다음 포인트에서는 긴 랠리 속에서 그의 강한 공격을 모두 받아 넘겼고 그의 공은 네트에 맥없이 걸렸다. 그는 분명 나보다 지쳐 있었기에 스텝이 리드미컬하게 움직이지 못하고 엉키고 있었다. 그것을 보면서 나는 더 힘을 얻었다. 하지만 자만은 금물이다. "이제 페더러를 잡았어."라고 생각했던 것 같다. 하지만 아니었다. 그의 행운의 샷이 네트를 맞고 넘어왔다. 그는 이제 윔블던 챔피언에 두 포인트만을 남겨 두고 있었다.

40-30. 오늘 매치에서 베스트 샷이 나왔다. 나는 페더러의 백핸드 쪽으로 와이드한 서브를 넣었다. 페더러는 나의 포핸드 깊은 쪽으로 좋은 리턴을 만들었다. 나도 강하게 응수했고 그 또한 강한 백핸드 크로스 샷을 쳤다. 나는 즉시 강한 다운-더-라인 리턴으로 맞받아 쳤다. 그에게는 크로스 샷 말고는 다른 선택이 없었고 팔을 뻗어 다소 약한 포핸드 슬라이스로 겨우 받았다. 공은 네트 위로 미끄러지듯 짧게 넘어왔고 나는 그 공을 그의 백핸드 와이드 쪽으로 탑스핀으로 걷어 올렸다. 페더러가 로브를 올렸고 나는 스매싱을 쉽게 끝냈어야 했는데 그는 그 스매싱을 로브로 다시 받아 올렸다. 그 공은 첫 번째 로브보다 훨씬 더 잘 들어 왔고 나는 몸을 추스려 위닝샷보다는 안전하게 세컨드 서브하듯이 그라운드 스매싱으로 공을 넘겼다. 그의 백핸드 슬라이스 리턴이 코트 중간에 짧게 떨어지자 나는 온 힘과 정신을 집중하여 강력한 탑스핀 포핸드로 페더러가 손도 댈 수 없는 반대편 포핸드 코너 깊숙이 꽂아 넣었다. 게임 스코어 7-7. 오늘 게임 중 최고로 짜릿한 순간이었다. 나는 왼쪽 무릎을 들어올리고 주먹을 불끈 쥐며 환호하는 나의 세레모니 자세를 취했다. 에너지가 끓어올랐고 자신감이 재충전되었다. "바모스!"

경기는 이제 가져오기만 하면 되었다. 하지만 여전히 승리는 보이지 않았다. 나는 계속해서 한 포인트에만 집중하고 있었다. "리듬이 좋아, 움직임도 좋아, 자신 있는 게임이야." 이 느낌만이 함께 하고 있었다. 게임 스코어 7-7. 이제 정말 경기를 결정지어야 할 때가 왔다고 느꼈다. 모멘텀은 나에게 넘어왔고 기회를 잡아야만 했다. 내가 이겨야만 하는 경기였다.

흐름대로 나는 그의 서브에서 랠리 끝에 두 포인트를 따냈다. 러브-30. 또 한 번의 빅 찬스. 하지만 나는 기계가 아니다. 다음 포인트에서 어이없는 실수를 했다. 드라이브를 쳐야 하는 상황에서 슬라이스로 공략했다. 아주 짧은 순간, 아주 실낱 같은 의심이 머리를 스쳤다. '피어 오브 위닝Fear of Winning'. 승리에 대한 공포였다. 하지만 작년만큼 심각한 정도는 아니었다. 나의 다리는 떨리지 않았고 자신감이 있었다. 다음 서브 리턴에서 나는 백핸드 크로스로 위너를 만들었다. 손목을 말아 오른손으로 공을 조종하고 왼손으로 파워를 싣는 내 평생 연습해온 샷이었다. 정말 완벽한 샷이었다. 투 브레이크 포인트. 지금 내가 두려운 건 내가 실패하는 것이 아니라 페더러의 계속되는 빅 서브였다. 그리고 그는 또 성공시켰다. 에이스! 그리고 또 한 번의 빅 서브. 나는 균형을 잃고 미끄러졌다. 다시 듀스.

오늘 이러한 상황이 계속 반복되고 있다. 이번 게임은 오늘 전체 경기의 축소판이었다. 내가 앞서가면 페더러는 무너지지 않고 계속해서 반격해 온다. 하지만 그는 여전히 나보다 범실이 많았다. 그의 포핸드 리턴이 길게 아웃되며 어드밴티지 리시버 상황이 되었다. 우리 둘 모두 체력적으로 그리고 정신적으로 극한의 한계를 이미 넘어섰고 나보다는 그가 더 탈진해 있었다. 그럼에도 페더러는 여전히 내가 터치하기도 힘든 서브를 계속해서 작렬하고 있었다. 하지만 내가 서브 리턴에 성공해서 랠리가 이어지면 우위에 있는 쪽은 나였다. 그의 두 번의 언포스드 에러로 나는 두 포인트를 가져왔다.

마침내 브레이크 포인트를 성공적으로 가져왔다. 게임 스코어 8-7. 서빙 포 더 매치. 시간은 밤 9시를 넘겼으며 날은 빠르게 어두워지고 있었다. 만약 이번 게임에서 승부가 나지 않는다면 체어 엄파이어는 경기를 내일로 연기할 가능성이 아주 높았다. 그렇게 되면 유리한 쪽은 페더러였다. 경기 초반 우천 중단 때는 잘 몰랐지만 지금은 아주 확실하게 페더러가 누구보다도 경기 중단을 원하고 있었을 것이다. 나는 생각했다. "무슨 수를 써서라도 이번 게임을 이겨서 경기를 끝내야 해."

나는 베이스라인으로 뛰어가서 자리를 잡았다. 페더러는 걸어갔다. 나는 부모님이 앉아있는 플레이어 박스 쪽에서 서브를 넣게 되었다. 그들은 자리에서 일어나 주먹을 불끈 쥐며 응원의 메시지를 보내줬다. 첫 포인트는 포핸드가 필요 이상으로 길어졌다. 그의 리턴을 치기 위해 준비하는 순간, 정신이 흐려지며 실수를 하겠다는 것을 알았다. 지금 이 긴장감을 극복해야만 했다. 그러기 위해선 압박의 수위를 높여야 했다. 페더러가 나를 제압하기 전에 내가 먼저 내 자신을 이겨내야 했다. 오늘 경기 전체에서 처음으로 서브 앤 대쉬를 시도했고 그것이 적중했다. 그의 리턴을 네트에서 마무리해버렸다. 서브를 넣기 전에 계획한 것은 아니었지만 순간적인 옳은 선택이었다. 만약 랠리로 이어갔다면 결과가 어떻게 되었을지는 모르겠다. 점수는 피프틴 올(15-15).

다음 포인트도 네트에서 만들었다. 페더러를 백핸드 와이드로 몰아 놓고, 머리 높이에서 발리로 깔끔하게 끝냈다. 또 한 번의 네트 대쉬라는 훌륭한 결정이었다. 그 결심은 게임이 나를 잡는 것이 아니라 내가 게임의 승기를 잡는 결실을 만들어 주었다. 이제 30-15. 하지만 여전히 나는 결승선이 보이지 않았다. 오직 다음 포인트만이 존재했다. 네트 대쉬는 계산된 위험이었지만 이번에는 나의 계산이 틀렸다. 페더러의 리턴이 아웃 될 지도 모를 만큼 길었는데 내가 네트 앞에서 손을 대 그만 아웃시켜 버렸다. 투 매치포인트가 되었을 실수였다. 나는 용감하게 포인트를 잃었지만 그것은 더블 폴트나 소심한 슬라이스로 포인트를 잃는 것보다는 훨씬 나았다. 써티 올(30-30). "나는 여전히 남아있어." 다시 나의 게임플랜으로 돌아가서 페더러의 백핸드를 공략했다. 공이 약했는지, 지쳐

서인지, 긴장해서인지 페더러는 크로스 코트 샷에서 너무 각을 내며 실책을 범했다.

40-30. 매치 포인트. 세번째 맞이하는 나의 매치포인트였다. 나는 안전하고 확실한 선택을 한다며 첫 서브를 그의 백핸드 와이드로 넣었다. 그는 어마어마한 백핸드 크로스로 리턴했고 나는 손을 뻗었지만 닿을 수가 없었다. 이것이 바로 'GOAT'(Greatest Of All Time) 로저 페더러였다. 이렇기 때문에 나는 아직까지 승리가 보이지 않고 안심할 수 있는 여지가 없는 것이다. 다시 듀스.

여기서 나는 좋은 생각이 떠올랐다. 지금 돌이켜보아도 정말 좋은 생각이었다. 첫 서브를 그의 포핸드 와이드 쪽으로 넣는 것이다. 경기 내내 그의 백핸드를 공략했기 때문에 페더러는 백핸드를 예상하고 있었을 것이다. 나는 계획대로 아주 훌륭한 첫 서브를 포핸드 쪽으로 넣었고 에이스는 아니었지만 그의 라켓 끝에 걸리며 득점에 성공시켰다. 네 번째 매치포인트를 맞이했다.

나는 다음 서브를 앞두고 망설여졌다. 백핸드로 넣었어야 했는데, 이 매치포인트에서 그의 현란한 백핸드가 아직 눈 앞에 아른거렸다. 그래서 그의 몸 쪽으로 서브를 넣었다. 결과는 둘 중 하나일 것이다. 그가 또 하나의 위닝샷을 넣거나, 아마도 이번에는 포핸드 일 것이며, 또는 최소한 나를 위협하는 샷이 될 것이다. 둘 다 아니었다. 그는 아주 약한 리턴을 만들었으며 나에게 아주 쉬운 백핸드로 안전하게 공을 넘겼다. 코트 중간에 쉽게 넘어간 나의 공을 페더러는 발이 포지션에서 벗어나며 포핸드로 쳤고, 공은 위너가 아니라 아주 어이없게 네트 중간에 걸리고 말았다.

나는 그대로 윔블던 잔디에 대자로 드러누웠다. 주먹을 굳게 쥐며 승리의 환호를 질렀다. 센터코트의 침묵은 그제서야 열광의 도가니 속으로 사라져 버렸다. 드디어 관중들의 환호를 온 몸으로 느끼며 받아들였다. 오늘 경기 중 아니, 지난 2주 내내 나 자신을 가두고 지냈던 멘탈의 감옥에서 나를 해방시키고 있었다.

지구상 최고의 토너먼트를 세 번의 시도 끝에 내 인생의 과제, 희생, 그리고 꿈을 바쳐 마침내 우승하게 되었다. 패배에 대한 두려움, 승리에 대한 두려움, 좌절, 실망, 실책, 소심함, 락커룸 샤워장 바닥에 앉아 또 다시 울게 될지 모르는 무서움 등이 이제 모두 사라졌다. 내가 느낀 감정은 안도감이 아니었다. 그 이상이었다. 그것은 마치 내 인생에서 최고로 긴장된 4시간 48분의 감정을 틀어 막은 샴페인 병의 코르크 마개가 터지며 파워와 기쁨이 넘쳐 흐르는 느낌이었다. 온전한 기쁨의 쇄도였다.

한편으로는 진정해야 했다. 네트로 가서 로저와 악수를 해야 한다. 4년간 기다렸던 순간이었다. 다음 주부터는 세계 랭킹 1위 자리도 그로부터 건네 받을 것이다. 격식 있는 시상식도 나를 기다리고 있었다. 눈물이 계속 흘렀고 나는 그 흐르는 눈물을 주체할 수가 없었다. 시상식이 시작되기 전 한가지 해야 할 일이 있었다. 윔블던 전통이 요구하는 절제된 행동을 하기 전에 해소해야 할 감정도 남아있었다. 나는 가족들이 있는 나의 플레이어 박스로 뛰어올라 갔다. 아버지, 어머니, 토니 삼촌, 티틴, 카를로스 코스타, 투츠, 닥터 코토로가 나를 기다리고 있었다. 나도 울고 있었고 아버지도 울고 있었다. 나는 그들을 안았고 그들도 나를 안았다. 끈끈한 가족의 순간이었다.

내 인생 최고의 순간이었냐고? 모든 경기가 다 중요하다. 나는 모든 게임을 마지막 게임인 것처럼 경기한다. 하지만 오늘 이 경기는 그 무게, 역사, 기대, 긴장감, 우천 지연, 어둠, 랭킹 1위와 2위의 싸움, 하이 레벨의 기량, 페더러의 대항과 나의 저항, 커리어 그 어느 때보다 나의 저돌성, 2007년 패배의 아픈 기억, 나 자신과의 싸움에서의 승리, 그 모든 것들을 보았을 때 그렇다. 그 어떤 다른 경기에서도 상상할 수조차 없는 드라마와 감정들을 자아내며 명실공히 최고의 경기이자 말로 형용할 수 없는 만족과 기쁨을 만들어 내었다.

RAFAEL NADAL

가장 길었던 하루
The Longest Day

라파엘 나달과 로저 페더러의 2008년 윔블던 결승전은 131년의 토너먼트 역사 중에서 가장 길었던 매치였으며 최고의 경기로 손꼽힌다. 그 날 센터코트에서 미국 TV 중계 해설을 맡았던 존 매켄로는 그가 본 최고의 테니스 경기라고 말했다. 한 때 존 매켄로와 최고의 듀오로 손 꼽혔던 비욘 보그도 관중석에서 경기를 지켜봤다. 그 역시 역사에 길이 남을 명경기라고 칭송했다. 많은 프레스 기자들도 최고의 경기라는 것에 이견이 없었다. 뉴욕 타임즈는 경기 그 자체가 한 편의 에픽 드라마라고 평했다.

"해가 저물며 모든 이들의 피로가 누적되고 있음에도 선수들은 계속 경기를 하고 있다. 모두가 어떻게 이들이 이렇게 할 수 있는지 의아해할 때에도, 둘은 지난 시간을 제쳐두고 상대의 서브를 계속해서 리턴해야만 했다." 타임지 편집자는 그렇게 통찰했다. 볼을 쳐낸다는 생각뿐 아니라 생각하지 않을 수 있는 능력, 이기고 지는 것에 그들의 생각을 빼앗기지 않는 능력에 놀랄 뿐이다. 경기 자체가 그들의 욕망이었다. 보는 이들은 숨쉬는 것도, 관전하는 것도 힘들었다."

타임지 논설 위원이 숨쉬기도 힘들었다면 어떻게 나달 가족들이 질식하지 않았는지 의아할 뿐이다. "경기가 끝났을 때 기쁨의 눈물을 감출 수가 없었다." 세바스찬 나달은 경기 후 그렇게 말했다. "신기하게도 경기가 끝나자 갑자기 내 등에서 무거운 힘이 빠져나가듯이 몸이 엄청 가벼워지는 경험을 했어요. 경기 내내 2007년에 패배한 후, 아들이 샤워장에 앉아 망연자실한 채 울고 있을 때 내가 아무런 위로도 해줄 수 없었던 그 아픈 기억 때문에 보는 내내 고통스러웠어요. 마치 타이슨 대 홀리필드 경기에서 내가 흠신 두들겨 맞은 것처럼 나는 고통스럽고 지쳐 있었어요. 사람들이 TV에서 나를 보면 경기 중 못 알아볼 정도로 내 표정이 바뀐다고 해요. 나에게는 처음부터 끝까지 고문이었어요."

토니 나달은 테니스 선수 라파에 대해 그 누구보다 잘 알고 있지만, 그 역시도 자신의 조카가 보여 준 복원력의 깊이에 혀를 내두를 정도였다고 한다. "윔블던은 항상 우리의 꿈이었지만 솔직히 내 마음 속 깊은 곳에서는 불가능한 꿈이라는 불안함이 항상 있었어요. 나는 항상 그의 잠재력을 더 높이 더 높이 그를 한계점까지 몰아붙였지만, 그가 이 정도로 높이 올라 갈 수 있으리라고는 내심 믿지 않았어요. 그가 승리했을 때 나 역시 처음으로 테니스 코트에서 눈물을 흘렸습니다."

나달의 어머니, 아나 마리아는 매치가 끝났을 때, 스페인 속담처럼, 산산조각이 나는 것 같았다고 한다. "경기 중에 나는 경기를 중단시키고 싶은 마음이 들었어요. '그만하자. 이기고 지는 것이 무엇이 그리 중요한가.' 그 큰 텐션을 어떻게 견디고 있는 지 나 역시도 의아했어요. 내가 낳은 아들이지만 어떻게 그렇게 무너지지 않고 견뎌낼 수 있는지 내 자신에게 묻고 있었죠.

카를로스 모야는 그 정도의 압박에는 자신도 무너질 수밖에 없었을 것이라고 말한다. "역사상 그 어떤 선수라도, 그 날 그런 엄청난 기량과 배짱을 가진 페더러에게는 이길 방도가 없을 거예요. 승리에 아주 아주 가까이 다가가 거의 손 안에 쥐었다가 다시 5세트까지 가게 된다면, 경기는 다시 원점으로 돌아가 처음부터 시작하는 것과 마찬가지가 되죠. 보통의 선수나 보통의 챔피언이라면 감정으로 인해 무너지게 됩니다. 실책들이 생각나게 되고 그 생각들이 당신을 사로잡아 경기를 집어삼켜버립니다. 하지만 라파의 경우는 아니었어요. 그렇기 때문에 그는 보통의 챔피언이 아닌 것입니다. 5세트 초반 모든 것이 페더러에게 유리하게 돌아갔지만 라파는 페더러를 압도했고 제압했어요."

모야의 눈에 그 날의 나달은 죽기를 거부하는 괴물이었다. "페더러는 그 결승전에서 나달을 이기기 위해서는 한 두 번이 아니라 계속해서 두들겨야 한다는 것을 알게 되었을 것입니다. 한 포인트, 한 게임, 한 세트에서 이제 끝났다고 생각했다가도 계속해서 살아 돌아오는 나달을 보았어요. 그렇기 때문에 나달이 체력만 유지한다면 앞으로도 더 많은 그랜드슬램에서 우승하는 대기록을 수립하게 될 것이라고 생각합니다."

경기에 패한 페더러는 아마 큰 좌절에 빠졌을 것이다. 이제 3주 후면 세계 1위 자리를 나달에게 넘겨주게 될 페더러는 "가장 뼈아픈 패배였다. 지금까지 그 어떤 패배보다 힘들다." "나는 아주 실망스럽고, 완전히 무너졌다."고 인터뷰에서 낙담하며 말했다. 나달은 미안해하며 페더러가 여전히 역사상 최고의 테니스 선수라고 칭송했다. "그는 윔블던을 다섯 번이나 우승했고, 나는 이제 한 번이에요."

나달의 자애로운 우승 인터뷰 코멘트를 보고 많은 이들은 그가 스피치 수업에서 배운 것이 아닌가 했다. 하지만 아니다. 포스트 매치에서 페더러에 대한 그의 배려 깊은 성품은 그의 습관에서 기인한다. 어렸을 때부터 축구팀이 패하였을 때 승자를 축하해 주어야 한다고 아버지에게 배웠으며 삼촌으로부터 그의 성과가 특별했음에도 겸손함을 유지해야 한다고 혹독하게 훈련받아온 결과이다.

세바스찬 나달은 이렇게 말했다. "우리가 나달이 트로피를 들어 올리는 것을 보았을 때는 분명 엄청난 순간이었다. 하지만 지금 그때를 회상하면 자녀가 대학교 졸업장을 받는 순간과 별 반 차이가 없는 것 같다. 모든 가족들에게는 그들만의 특별한 기쁨의 순간들이 있다. 라파가 윔블던을 우승한 뒤 모든 흥분과 미디어의 관심이 식어들 즈음에는 예를 들면 내 딸이 학위를 받았을 때 느낄 정도의 기쁨보다 더 큰 만족을 주거나 하지는 않았다. 왜냐하면 결국에 부모가 원하는 것은 자녀들의 행복뿐이기 때문이다."

나달의 어머니도 아들의 업적에 열중하지 않았다. "가끔 사람들이 말해요. '그런 훌륭한 아들이 있어서 얼마나 복이 많아요.' 그러면 나는 이렇게 말하죠. '나는 자식이 둘이나 있어 복이 많아요.' 나는 라파가 슈퍼 챔피언이라는 사실을 그렇게 중요하게 생각하지 않아요. 나를 행복하게 하는 사실은 나에게 두 명의 착한 자녀가 있다는 것이죠. 그들은 책임감이 강하고 둘의 사이가 친구처럼 좋고 서로 아끼며 가족애가 강해요. 그리고 가족들을 걱정시키지 않아요. 이것이 진정한 승리라고 생각해요. 이 모든 것이 끝났을 때, 라파는 여전히 같은 사람이며 변함없이 내 아들이죠. 그게 다 에요."

윔블던 결승전 다음 날, 나달 가족 모두는 마요르카로 돌아왔고 다시 일상으로 복귀했다. 그들은 축하파티를 가졌을까? "아뇨." 세바스찬 나달이 말했다. "매치가 끝난 후 공식 디너가 있었죠. 나달이 많은 미디어 인터뷰가 있어 식사 자리에 아주 늦게 도착했어요. 그게 다에요. 우리는 축하에 그렇게 익숙하지가 않아요. 나는 경기는 생생하게 기억합니다. 절대 잊지 않아요. 하지만 경기 후 무슨 일이 있었는지는 잘 기억하지 못해요."

토니 나달에게도 같은 질문을 했는데 큰 형과 똑 같은 대답이 돌아왔다. "아뇨. 나는 경기가 끝난 후 축하하지 않아요. 물론 가족과 충만한 기쁨을 함께 나누죠. 하지만 우리 마요르카 사람들은 축하하는 것에는 그다지 관심이 없어요."

윔블던 후 두가지의 변화가 있었다. 나달은 그가 원했던 스포츠카를

구매했다. 천박함에도 불구하고 그의 아버지는 반대할 명분이 없었다. 또 하나는 수많은 트로피 컬렉션 사이에 또 하나가 추가되었다는 것이다. 언젠가 그의 대부님이 집에 같이 앉아 담소를 나누던 중, 트로피들을 보며 가장 중요한 트로피가 무엇인지 물었다. 나달은 지체없이 그의 골든 윔블던 트로피를 가리키며, "이거요."라고 말했다.

제 7 장

정신력에 달린 문제
Mind over Matter

고요함이 윔블던 센터코트의 상징이라면, 뉴욕의 아서 애쉬 스타디움은 '소음'으로 정의된다. 2010년 US오픈 결승전. 경기 중에는 항상 정숙을 요구하는 모든 테니스 경기장과 달리 이곳은 쇼가 절대 끝나지 않는다. 요란한 음악이 귀를 두드리고 경품 추첨과 광고들이 끊임없이 스피커와 대형 전광판으로 넘쳐 흐른다. 전광판에는 경기 영상이 리플레이 되거나 재미있는 관중들을 포착하는 영상이 나온다. 커플들이 키스하는 장면, 귀여운 아이들이 웃고 있는 장면, 유명인들의 모습, 경품 당첨자들의 축하영상 등 예나 지금이나 뉴요커들의 활기 있는 모습들을 보여준다. 소음은 완전히 없어지지 않는다. 서브를 준비하면 소음의 강도가 줄어들기는 해도 중얼거리는 소리는 경기 중에도 멈추지 않는다. 원칙적으로는 전세계 모든 테니스 경기 중에는 한 게임이 끝나고 선수들이 자기 벤치에 앉을 때까지 관중들은 자리에서 움직이면 안 된다. 하지만 아서 애쉬 스타디움은 너무나 크기 때문에 (수용인원 23,000명인 세계 최대 규모의 경기장이다), 아래층 관중석만 주의를 기울일 뿐이다. 위층 관중석은 팬들이 항상 부산하게 돌아다닐 뿐 아니라 정숙해야 한다는 규칙이 적용되지 않는 듯 대화소리가 끊이지 않는다. 심지어 머리 위로 비행기가 날아가는 것을 막을 법도 없다. US오픈이 열리는 플러싱 메도우 테니스 경기장은 근처 라 과르디아 공항 항로에 위치해 있다. 그것은 선수가 아주 중요한 포인트 중간 혹은 긴장된 세컨드 서브를 넣으려는 순간 저공 비행하는 비행기 엔진 소음이 경기장 전체에 울려 퍼질 수 있다는 것이다.

윔블던은 절대 그렇지 않다. 에너지와 비정상적인 규칙, 끊이지 않는 소음은 US오픈을 다른 세 개의 그랜드슬램과 그 스펙터클함으로 구분한다. 진정한 미국이며 진정한 뉴욕임을 느끼게 한다. 나는 그것을 사랑한다. 소음과 광란의 도가니는 당연히 나의 집중력을 시험에 들게 하지만 나는 그것들을 극복할 자신이 있다. 대체로 나는 플러싱 매도우의 환경에서도 윔블던의 차분한 분위기와 같이 나를 효과적으로 잘 분리시킨다. 뉴욕은 마요르카에서 아주 먼 곳이지만 나의 팀이 함께 존재함이 내가 어디에 있든 마치 집에 있는 것처럼 느끼게 해주기 때문이다.

테니스 투어 중 나와 같이 동행하는 전문가들이 있어 가장 좋은 점은 그들이 나의 일을 덜 일같이 느끼게 해주는 것이다. 그들은 나에게 친구 같은 존재로서 만약 그들이 나와 가깝지 않거나 충성스럽지 않다면 아마도 투어는 아주 힘든 고독의 여정이 될 것이다. 노마드한 라이프 스타일로서, 공항과 공항을 오가고, 이름없는 호텔방에서 호텔방으로, 선수 라운지에서 레스토랑으로, 세계 어디를 가든 똑같은 패턴으로 지내고 있을 것이다.

나의 첫번째 스폰서인 나이키 직원이지만 무엇보다도 나에게는 친구인 조르디 로버츠(투츠)는 항상 뉴욕에 동행한다. 내가 그를 대하듯이 나이키가 그의 가치를 잘 평가해 주기를 바란다. 만약 나이키의 라이벌 회사에서 나에게 거액의 계약을 제시한다면 나는 아주 오랫동안 심각하게 고민하게 될 터인데, 그것은 순전히 투츠와의 관계 때문이다. 나이키는 그만큼 그의 가치를 황금처럼 높이 평가해야 한다. 그의 업무만을 놓고 본다면 투츠는 나와 그렇게 가깝게 지내야 할 필요는 없지만 그는 이제 나의 팀에서 없어서는 안 될 구성원이 되었다. 그는 나의 훈련 장소에도 동행하며, 경기 전 후 식사도 함께 하고, 호텔 방에서 같이 앉아 잡담을 나누기도 하며, 윔블던 렌트하우스에서도 같이 지낸다. 투츠는 나보다 열 살이나 많지만 그의 탁월한 패션 감각으로 상투적인 패션인 나보다 어리게 보일 수도 있다. 내가 투츠를 가장 높이 평가하는 부분은 나이키와의 관계에서 그의 역할 이외에도, 그는 항상 웃으며 밝은 분위기를 조성하는 능력이 있다는 것이다. 그는 상냥하고 충직하며 주위 사람들을 편안하게 해준다. 솔직히 가끔 훈련하기 싫을 때도 그는 나를 훈련하게 만든다. 그는 대단히 좋은 사람이며 그의 존재 자체가 내가 테니스 코트에서 최상의 컨디션을 발휘하기 위해 필요한 차분한 신뢰의 분위기를 조성하는 데 도움을 주는 것이 그가 나에게 있어 제일 중요한 점이다.

카를로스 코스타 역시 투츠처럼 내가 직접 고용한 인원은 아니다. 그는 세계 최대 스포츠 에이전시인 IMG 직원이다. 그는 내가 열네 살 때부터 같이 일해왔다. 카를로스는 나에게 들어오는 모든 계약을 조율하고 조건들에 대한 판단을 담당하고 있다. 그 역시 나에게는 최고의 친구이다. 나에게 어떤 문제가 닥쳤을 때 내가 전적으로 믿고 상담하는 사람이다. 그의 조언은 나에게 엄청나게 중요한데, 그의 비즈니스 추천들은 즉각적인 수익을 목적으로 하지 않더라도 나의 경기력에 필요한 것들에 최선의 중점을 두고 있기 때문이다. 그러한 에이전트를 찾는 것은 결코 쉽지 않다. 더군다나 그런 에이전트이면서 하이 레벨의 테니스 실력까지 겸비하는 것은 더 힘들 것이다. 카를로스는 세계 랭킹 10위까지 한 경력이 있는 테니스 선수이기도 하다. 스포츠 멘토로서도 그는 토니 삼촌의 역할까지 잘 보완해준다. 그는 기술적으로도 빈틈이 없으며 내 라이벌들까지 속속들이 알고 있다. 가끔 토니 삼촌과 나 사이의 텐션이 너무 크게 올라가기라도 하면 카를로스는 우리를 진정시키는 법을 잘 알고 있다. 가령 프랑스오픈 시즌에 호텔룸에서 토니 삼촌과 분위기가 너무 달아오르면 카를로스가 끼어든다. "라파, 잠시 산책하러 나가자." 우리가 파리 거리를 걸으며 다양한 시각으로 이런 저런 얘기를 나누고 나면 나는 더 나은 마음의 상태로 호텔로 돌아오게 된다. 카를로스는 우리 팀에게 질서와 안정을 가져다주는 존재이다. 가족이 아닌 이유로 마음이 아닌 머리로 정확한 결정을 내릴 수 있기 때문이다. 나는 나의 테니스 커리어 이후에도 그와의 프로페셔널한 관계를 계속 유지하면 좋을 것이라고 생각한다. 만약 내가 비즈니스를 시작한다면 그는 투츠와 함께 내가 같이 일하고 싶은 사람이다. 왜냐하면 우리는 함께 일을 잘해내 왔을 뿐 아니라 더불어 좋은 시간도 함께 했기 때문이다.

　　뉴욕에서 중요한 업무 중 하나는, 다른 곳에서도 그러하지만, 미디어를 잘 조율해야 한다는 것이다. 그렇기 때문에 훌륭한 커뮤니케이션 전문가와 일하는 것이 아주 중요하다. 나의 홍보 책임자인 베니토 페레즈 바르바디요는 우리 팀에서 가장 인터내셔널한 사람이다. 그는 4개국어를 완벽하게 구사하며 그 능력은 전세계 기자들을 상대하는 입장에서 엄청나게 유리한 장점이 된다. 그리고 그의 어려운 업무 중 하나는 (나도 그가 힘들어 한다는 것을 잘 알지만), 나를 위해 악역을 대신하는 것이다. 끊임없이 기자들을 거절하고 셀 수 없는 인터뷰 요청으로부터 나를 보호해 준다. 만약 내가 그 모두에 응한다면 나는 다른 것을 할 시간이 없을 것이다. 카를로스가 그러하듯, 베니토는 내가 훈련할 시간 이외에도 나에게 프라이빗한 시간이 필요하다는 것을 잘 이해하고 있다. 그 평온한 시간들을 통해 굳건한 정신력을 세공하는 것은 테니스 성공에 있어서는 필수 요건이기 때문이다. 베니토가 안 보이면 나는 그를 그리워한다. 그는 자유분방하고, 재치가 있으며, 항상 재미있는 농담을 잘 한다. 또한 정치, 국제, 사회 분야에 대한 정보에 능통하다. 아주 작은 울타리에 살고 있는 우리 팀에게 그는 더 큰 세계와의 연결책이 되기도 한다. 미디어와 마찬가지로 우리에게 뉴스를 전해줄 때에도 정확한 시각과 우리의 눈높이에 적절하게 맞추어 전달하는 법을 잘 알고 있다. 그 때에도 유머와 자극적인 견해를 잊지 않고 곁들인다. 하지만 그는 너무 진지한 척하지 않으며 일부러 엉뚱한 척하는 편이라 우리도 그가 하는 말의 양념들을 잘 걸러 들어야 한다. 그는 우리 코트의 분위기 메이커로서 목표를 잃고 분위기가 심각해지기 쉬운 코트 환경에서 분위기를 밝게 해주는 존재이다.

프란시스 로이그는 나의 세컨드 코치다. 그 역시 그런 분위기를 만드는 존재이다. 다만 로우 프로파일 스타일이라고 할 수 있다. 그도 카를로스 코스타와 같은 프로 선수 출신이다. 그는 나의 상대 선수에 대한 아주 예리한 분석력을 가지고 있고 수준 높은 테니스 이론에도 정통하다. 그는 나의 능력에 무한한 신뢰를 가지고 있으며 나에게 많은 자신감을 심어 주었다. 그리고 테니스라는 게임의 법칙을 나에게 일깨워 주었다. 카를로스처럼 그는 원만하고 유쾌한 사람이다. 2005년 남아메리카 투어 때부터 지금까지 팀을 이루고 있다. 그는 토니 삼촌이 없을 때 나와 같이 투어에 참가하는데 대략 투어의 40퍼센트는 그와 함께 다닌다고 할 수 있다.

앙헬 루이즈 코토로는 내가 열네 살 때부터 나의 주치의로 함께 하고 있다. 그는 내가 부상으로 힘든 시기에 함께 한다. 나에게 메디컬 어드바이스

뿐만 아니라 계속해서 극복할 수 있는 확신을 심어주기도 하며 나의 회복력을 믿을 수 있도록 곁에서 응원해 준다. 그는 내가 필요로 할 때 언제든지 달려와 준다. 내가 세계 어디에 있든 크고 작은 응급 상황에서도 즉각적으로 회신을 준다. 그는 테니스 선수로서의 나의 특정 요구 사항에 대해서 예리한 이해력을 가지고 있다. 내가 그를 만나기 이전부터 그는 스페인 테니스협회 의료 책임자였으며 스페인 탑 플레이어어들을 상대해 왔었다. 그는 우리 팀과 많은 큰 대회를 함께 했으며, 행여 그의 몸이 함께 없다고 하더라도 정신적으로 항상 나와 함께 하고 있다. 나의 피지컬 트레이너인 후안 포르카데스도 그러하다. 그는 멀리 떨어져 있어도 나에게 수시로 연락하여 내 컨디션을 체크하며 내 옆에 있는 티틴에게 지도 처방을 전달한다.

만약 우리 팀에 티틴이 없다면 나는 매우 쓸쓸할 것이다. 그의 부재가 나의 경기력에 얼마나 영향을 줄 지는 나도 모르겠다. 확실한 것은 나의 행복에는 큰 영향을 줄 것이 분명하다. 항상 나와 투어에 함께 하며 문제가 생기면 내가 제일 처음 얘기하는 사람이다. 그는 나의 피지컬 테라피스트이며 그 분야에서는 아주 실력자이다. 하지만 나는 그의 직업적 역할보다 인간적 역할에 더 큰 가치를 둔다. 세상에는 많은 테라피스트들이 있지만 그처럼 우정의 공백까지 채워주는 것은 불가능하리라고 생각한다. 그는 좋은 사람일 뿐 아니라 정직하다. 만약 그가 당신에게 말해 줘야 할 것 있다면 그는 주저없이 말해주는 사람이다.

만약 내가 다른 많은 선수들처럼 팀 구성원을 수시로 바꿔왔다면 나의 테니스는 지금 문제가 많았을 것이다. 나에게 그들의 주된 필요성은 인간적인 차원에서이다. 왜냐하면 테니스라는 게임은 감정 상태가 성공의 핵심이기 때문이다. 더 나은 자신이 내면에 있을 때 더 좋은 플레이가 나올 확률이 높다. 나는 "인내"라는 단어의 중요성에 대해 얘기를 많이 하는데 또 하나의 빅 워드는

"지속성"이다. 나는 결코 팀을 바꾸는 것을 고려하지 않는다. 지금까지 그래왔고 앞으로도 현재의 팀 그대로 유지하고 싶다. 나와 평생 함께 해 온 토니 삼촌이 정립한 패턴이 깨어지는 것을 절대 보고 싶지 않다.

US오픈 시즌에 뉴욕에 있을 때도 우리에게는 패턴이 있다. 맨하탄 센트럴 파크 근처에 있는 호텔에서만 지내며 호텔에서 걸어 갈 수 있는 거리에 있는 네 다섯 개 레스트랑에만 간다. 대부분 일식 레스토랑이다. 왜냐하면 스시 레스토랑 보다 좋은 생선을 구할 수 있는 곳은 없기 때문이다. 나머지 시간은 대부분 호텔 방에서 보낸다. 서로 얘기하거나 영화나 축구를 본다. 또한 토니 삼촌과 나의 예전 경기 영상을 많이 보면서 나의 실수에서 레슨을 배우기도 하고 나의 명장면 에서는 사기를 북돋기도 한다. 더 중요한 것은 그것들을 통해 더 정교한 관점을 시각화하고 머리에 새겨 두어 실제로 경기장에 나가서 나의 시합에 사용하기 때문이다. 설명하기 힘든 부분이지만 많은 도움이 된다.

맨하탄에 있을 때 나는 거리를 걸으며 뉴욕의 에너지를 느끼고 맨하탄 의 풍경을 보는 것을 사랑한다. 그러나 뉴요커들은 스포츠 스타들을 보았을 때 주저하지 않는 편이라, 눈에 띄지 않으면서 일반인처럼 행동하며 피프스 애비뉴를 걸어다니는 것은 거의 불가능에 가깝다. 그것에 불만을 가지는 것은 비로 인해 경기가 중단되는 것에 불만을 가지는 것과 다름이 없기에 불편해할 필요가 없다. 그것은 나의 직업에 당연히 따라오는 것이라고 받아들여야 한다. 그래서 내가 호텔 주변보다 멀리 가게 되는 경우는 스폰서들의 프로모션 이벤트나 나이키가 주최하는 파티 같은 곳을 갈 경우이다. 그 모든 곳에 모두가 함께 간다. 투츠, 티틴, 카를로스, 베니토 뿐 아니라 주위에 있는 모든 멤버들이 같이 간다. 우리는 무엇을 하든 항상 함께 한다.

2010년 US오픈은 아주 무더운 오프닝 위크를 맞이했다. 2주째에는 다소 온도가 내려가긴 했지만, 결승전 당일, 많은 비가 내려 다음 날로 연기해야만 했다. 상대에게는 유리하게 작용했다. 노박 조코비치는 나보다는 아주 힘든 준결승을 치렀기 때문이다. 로저 페더러를 상대로 5세트 접전 끝에 승리하였다. 내가 그의 입장이었어도 하루 더 휴식을 취할 수 있다면 환영할 일이었을 것이다.

강하고 컨디션이 좋은 조코비치는 아주 까다로운 상대이다. 그와의 매치는, 적어도 관중들의 관점에서는 페더러-나달 매치 보다는 아우라가 좀 다르기는 하겠지만 나에게는 아주 힘든 경기가 될 것임에는 분명하다. 그는 무결점의 선수이다. 토니 삼촌은 나보다 더 약점이 없다고 말한다. 특히 하드코트인 플러싱메도우에서는 상대전적이 나보다 앞선다. 그의 최고 강점은 코트에서 포지셔닝에 대한 탁월한 감각과 바운드 된 공을 일찍 치는 능력이다. 그는 포핸드 만큼이나 백핸드도 잘 치며, 공을 보는 눈이 날카로워 시간적으로 여유있는 플레이로 단지 공을 코트 안에 넣는 것 이상으로 각도 깊은 앵글 샷을 많이 만들어 낸다. 그것으로 상대 선수는 힘들어지고 본인은 게임을 더 쉽게 풀 수 있게 된다.

페더러와 경기할 때는 항상 꾸준히 끈질기게 물고 늘어져 결국 페더러의 실책을 유도하는 것이 작전이지만, 조코비치는 딱히 전략적인 작전을 세울 수가 없다. 오로지 내 능력의 최고치를 발휘해서 저돌적으로 공격하는 최상의 플레이를 해야 만 승리의 가능성이 있다. 포인트를 주도하지 못하고 조코비치에게 주도권을 넘기게 되면 그를 저지할 수 없게 된다.

준결승에서 조코비치가 페더러에게 투 매치 포인트를 지키며 승리하는 것을 TV로 지켜본 나는 조코비치가 정말 강하고 재능있는 선수라는 인상을 받았다. 동시에 힘든 결승전이 될 것이라는 생각이 들었다. 탑 플레이어들의 경기 영상을 보면 종종 그들이 나보다 더 뛰어난 선수들이라는 느낌이 든다. 그것은 현재 랭킹 1위이며 지난 2년 동안 그 위치에 있었던 내가 생각하기에도 비논리적이긴 하다. 그 두 선수와는 커리어 상대전적에서도 내가 더 많이 이겼다. 대부분의 챔피언들이 자신의 라이벌에 관해 이렇게 생각하는지는 나도 잘 모르겠지만 아마 그 반대이지 않을까 한다. 내 경우는 어릴 때부터 토니 삼촌이 모든 게임 하나 하나가 도전해야 할 큰 산이라는 생각을 주입시킨 영향인 것 같다. 이것이 시합에 들어가기 전 가져야 할 건강한 멘탈 자세인지는 잘 모르겠다. 왜냐하면 가끔 내 자신감에 의구심이 들고 할 수 있는 것보다 위축되는 면도 다소 있기 때문이다. 반면에 긍정적인 부분은 그런 마음 자세 덕분에 상대선수를 존중하고 자기 도취에 빠지지 않게 된다는 점이다. 그것이 내가 상위 랭커들과의 경기에서 비교적 패하지 않는 이유일지도 모르겠다.

  2010년 조코비치와 결승전을 앞두고 크게 긴장되지는 않았다. 2008년 윔블던 결승전 때 보다는 확실히 덜 지쳐 있었다. 나는 우천 연기로 인해 이틀 동안 하루 8시간 정도 숙면을 취했다. 호텔 룸에서 경기 전 부정적인 상상이나 생각을 하는 대신 영화를 보다가 잠을 자기도 하며 시간을 보냈다. 윔블던처럼 과거의 트라우마로 정신이 황폐하지도 않았고, 다수의 그랜드슬램 파이널을 통한 경험과 노련함도 있었고, 무엇보다도 나의 기대치가 그렇게 높지 않았다. 윔블던 우승은 어린 시절부터 마음속으로 상상해 왔지만 US오픈은 항상 아득한 꿈처럼 느껴왔다. 그렇다고 내가 조코비치와의 매치에 들어갈 때 이미 패배 의식을 가지고 경기에 임했다는 뜻은 아니다. 오히려 나는 이길 수 있다는 확신이 더 컸다. 그러나 나는 반드시 우승하지 못하면 남은 평생 패배감으로 살 것 같은 느낌보다는, 우승 하게 된다면 기쁘고 보너스를 받는 듯한 기분이 들 것 같았다.

  나에게 US오픈은 가장 어려운 토너먼트였다. 윔블던은 내가 이기지 못하더라도 경기 내용은 좋았다. 하지만 유독 US오픈에서는 나는 내 최상의 기량을 펼쳐 보이지 못했다. 이전에도 두 번이나 준결승에 진출했지만 두 번 모두 코트에서 온전히 편안하지 않았다. 코트 표면이 상상을 초월할 정도로 빠르기도 하지만 US오픈 공인구의 특성 때문이기도 하다. US오픈 공인구는 다른 토너먼트에서 사용하는 공보다 더 부드러운데 그것은 바운드 높은 헤비 탑스핀 샷을 구사하는 데 어려움이 있다. 나의 경기 해법은 내 강력한 무기인 헤비 탑스핀으로 높은 바운드를 만들어 상대 선수가 대처하기 까다롭게 만드는 것인데 말이다. 또 다른 이유가 있다. US오픈은 4대 메이저 대회 중 마지막 대회로, 길고 무더운 여름 시즌을 마치고 뉴욕에 도착할 즈음이면 이미 나는 정신적으로나 육체적으로나 아주 지친 상태가 되어 있다.

  2008년에는 평소보다 훨씬 더 지친 상태로 뉴욕에 도착했는데 준결승에서 앤디 머레이에게 패하였다. 윔블던에서 과도하게 에너지를 소비한 것도 있지만 그 사이 지구 반대편으로 날아가 베이징 올림픽에 참가했기 때문이다. 베이징 올림픽은 내가 처음으로 참가한 지구촌 최대 스포츠 행사 경험이었다. 너무나 좋은 시간이었고 많은 것을 배웠다. 특히 내가 얼마나 행운아인지를 알게 되었다. 나는 다른 선수들과 함께 올림픽 선수촌에 머무르면서, 예전 데이비스컵이나 유소년 축구팀에서처럼 팀이라는 소속감을 다시 맛볼 수 있었다. 스페인 국가대표 선수들과 같은 숙소를 쓰면서 농구팀과 육상팀을 만나고 친구들을 사귈 수 있었다. 가끔 복도나 세탁실에서 선수들이 사인을 요청하면 부끄럽기도 했다. 개막식엔 같은 유니폼을 입고 나갔다. 이러한 것은 결코 잊을 수 없는 경험이다. 그러나 이 같은 행운과 함께 강한 분노를 느꼈다.

  나는 우리 프로 테니스 선수들이 얼마나 많은 특권을 누리고 있는지, 반면에 많은 올림픽 선수들의 부당한 처우가 얼마나 불공평한지 더 잘 알게 되었다. 훈련은 우리들만큼 힘들지만 보상은 비교할 수 없이 적었다. 테니스 세계 랭킹 80위권 선수의 경제적 수익, 사회적 특권, 인지도 등은 육상, 수영, 체조

종목의 세계 1위보다 훨씬 더 높다. 테니스 서킷에서는 모든 것이 우리 선수들을 위해 일년 내내 펼쳐지며 상금으로는 미래를 보장할 만큼 큰 돈이 주어진다. 하지만 타 종목 선수들은 오직 한 대회, 올림픽을 위해 4년이라는 시간동안 수도승 같은 생활을 하며 훈련한다. 허나 대다수 선수들은 그들의 투자에 비해 턱없이 모자란 지원을 받고 있다. 경쟁에서의 극미한 만족감에도 자신의 스포츠에 대한 열정 때문에 스스로를 희생하며 철저하게 준비하는 그 선수들을 보며 존경심이 우러나왔다. 그것은 돈으로 환산할 수 없는 가치다. 하지만 그것만으로는 부족하다. 올림픽의 성공은 선수들의 희생에 전적으로 달려있기 때문에 IOC는 대회를 통해 벌어들이는 수익 일부를 선수들에게 조금 더 공평한 금전적 보상으로 돌려주어야 한다고 생각한다. 다행히도 나는 필요하지 않지만, 400미터 육상이나 마라톤 같은 종목의 선수들이 올림픽 레벨의 대회에서 성적을 내기 위해서는 더 많은 경제적 지원이 필요하다. 테니스는 폭넓은 대중에게 연중 내내 어필하는 스포츠이지만, 이토록 헌신하는 선수들에게 더 나은 삶의 질을 제공하고 훈련 환경을 조성하기 위해 조금 더 관심을 가지려 하지 않는다는 것은 부당하다고 생각한다.

　　물론 이러한 감회는 모든 것이 끝난 후에야 드는 것이다. 베이징에서의 시간이 불평과 불만으로만 정의되는 것은 아니었다. 내 마음에 남아있는 것은 선수들과의 동지애였고, 또한 다른 새로운 스포츠를 알게 되었고 우리가 서로 얼마나 공통점이 많은지도 깨닫게 된 기회였다. 올림픽은 내가 결코 알 수 없었을 새로운 세계를 알게 해주었고 참가하는 것만으로도 충분히 행복했다. 남자 단식 준결승에서 조코비치를 물리치고 결승에서 칠레의 페르난도 곤잘레스를 꺾으며 금메달을 획득하였다. 시상대에 올라가 금메달을 목에 걸고 스페인 애국가 연주와 함께 국기가 올라가는 것을 목도하는 것은 음, 내 인생 최고로 자랑스러운 순간이었다. 사람들은 올림픽에서의 테니스에는 그다지 친숙하지 않다. 나 역시 어릴 때 그랬다. 테니스가 올림픽 종목에 다시 채택된 것은 1988년 올림픽 이후였다. 64년 만에 부활한 것이다. 이제 테니스 선수들도 올림픽 금메달을 탐내게 되었다. 그랜드슬램 다음으로 큰 가치를 두는 상이다.

한 해의 그랜드슬램은 멜버른에서 열리는 호주오픈으로 시작된다. US오픈 보다는 덜 시끌벅적하고, 윔블던보다는 더 편안한 분위기이며, 프랑스오픈보다는 덜 화려하지만 좋은 토너먼트이다. 내가 머무는 호텔 스위트는 미니 축구를 할 수 있을 정도로 큰 방이다. 나는 멜버른 음식을 아주 좋아한다. 호텔 안에는 아주 훌륭한 일식당도 있다. 또한 경기가 열리는 멜버른 파크도 호텔에서 5분이면 도착하는 것도 아주 최적이다. 유럽의 겨울은 호주에서는 더운 여름이다. 나는 보통 스페인과 10시간의 시차 적응을 위해 일주일 전에 호주에 도착한다. 내 경우 시차 적응은 다소 까다로운데, 왜냐하면 1월은 스페인에서 축구가 매우 중요한 시즌이기 때문이다. 레알 마드리드 경기를 보기 위해 아주 어중간한 시간에 일어나야 한다. 만약 경기가 일찍 시작한다면, 알람을 맞춰 놓고 일어나서 경기 상황을 보고 계속 볼 지 다시 잠을 청할 지 결정한다. 예를들어, 레알 마드리드가 3-0으로 앞서며 후반 30분 정도 남았다면 다시 잠을 잔다. 만약 0-0 상황에서 서스펜스가 여전히 팽팽하다면 끝까지 시청한다. 하지만 내 시합이 있는 날에는 아무리 중요한 축구 경기가 있다하더라도 무리해서 일찍 일어나지는 않는다. 나의 일이 우선이다.

2009년 호주오픈에 참가할 때 나는 6개월 전 윔블던에서 그랬던 것처럼 우승의 가능성을 느꼈다. 다른 말로 감이 좋았다. 같은 하드코트이지만 플러싱 메도우처럼 그렇게 까다롭지는 않다. 공의 바운드가 US오픈보다 더 높고, 속도도 그렇게 빠르지 않으며, 탑스핀도 잘 걸리는 공이다. 하지만 내가 예상하지 못했던 것 중 하나는 준결승에서 나의 스페인 친구 페르난도 베르다스코를 만났다는 것이다. 결국 이기긴 했지만 나는 아주 힘들게 싸워야 했고 경기가 끝날 때 즈음엔 완전히 탈진 상태가 되어 버렸다. 불과 이틀도 안 되는 휴식 후 결승전에서 페더러와 붙어야 하는데 나는 이미 승산이 없다고 생각했다. 이러한 느낌을 이전에 딱 한 번 경험한 적이 있는데 그것은 2006년 윔블던 결승전이었다. 하지만 그때는 내 마음 속에서 나의 우승을 믿지 않고 있었기 때문에 우승은 옵션일 뿐이었다. 2009년 호주오픈 전에는 나의 몸이 거부하며 나에게 중단을 요구했다. 완전히 쓰러지지 않는 한 경기를 기권할 생각은 추호도 없었고 더군다나 그랜드슬램 결승에서는 그렇게 해서도 안 된다. 내가 기대했던 결과는 6-1, 6-2, 6-2로 이기는 것이었다. 이를 위해 필요한 마음의 준비를 위해 노력했다.

  베르다스코와의 준결승은 호주오픈 역사상 가장 길었던 경기였다. 매 순간 치열했고 그는 그날 최고의 플레이를 펼쳤다. 나는 주로 수비하는 입장이었지만 다행히도 실책이 적었다. 아주 무더웠던 날 장장 5시간 45분에 걸친 혈투였다. 우리는 게임 중간 브레이크 때마다 얼음 주머니를 즉시 목과 어깨에 둘러야 했다. 마지막 게임, 마지막 포인트에서는 급기야 눈물이 맺히고야 말았다. 그 눈물은 승패와 전혀 상관없이 극도의 긴장감과 고통에 의한 본능적인 반응이었다. 4세트 타이브레이크는 내주었다. 그렇게 팽팽한 분위기의 게임에서는 만약 내가 지난 15년간 끊임없는 치열한 경쟁 속에서 축적해 온 정신력이 없었더라면 거기서 처참하게 무너지고 말았을 것이다. 5세트에서 나는 4세트에서의 패배를 훌훌 털어내고 아직 이길 수 있다는 믿음을 가지고 세트를 시작할 수 있었.

  게임스코어 5-4. 마침내 나에게 기회가 찾아왔다. 베르다스코의 서브게임에서 0-40, 3 매치포인트였는데, 게임은 그다지 쉽게 풀리지 않았다. 나는 두 포인트 연속으로 실책을 범하고 말았다. 이제 모든 부담은 나에게 주어졌고 내가 그대로 무너지는 순간이었다. 워리어 라파 나달은 무장 해제되고 팬들도 느낄 수 있을 정도로 연약한 인간 나달의 모습이 보이는 순간이었다. 그것을 보지 못한 단 한 사람은 베르다스코였다. 그가 나보다 더 심한 상태였던 것 같다. 그 역시도 부담감에 사로 잡혀 있었을 것이다. 나에게는 엄청난 행운이, 그에게는 최악의 불행이 닥친 순간이었다. 하나 남은 매치포인트에서 베르다스코는 그만 더블폴트를 범해 버렸다. 그 실책은 나에게 아무런 노력없이 승리를 안겨주었다. 우리 둘 모두는 등을 코트 바닥에 대고 그 자리에 누워 버렸다. 육체적, 정신적 탈진은 끝이 났다. 먼저 일어난 쪽은 나였고 네트를 넘어가 베르다스코를 꼭 껴안아 주었다. 그리고 나 역시 그에게 진 게임이라고 그에게 말해주었다. 마지막 게임에서 다리가 떨리는 내 모습을 놓칠 리 없는 토니 삼촌은 후에 나에게 그 때 베르다스코가 더블 폴트를 하지 않았더라면 그 준결승은 베르다스코의 승리였다고 말했다. 나도 동의했다.

그 경기는 새벽 1시에 끝났지만 나는 5시까지 잠이 들 수 없었다. 첫째, 선수들의 의무인 기자회견이 있었고 뿐만 아니라 매체들과의 인터뷰도 있었기 때문이다. 내 다리는 거의 움직이지 않았고 내가 무슨 말을 했는지도 오직 신만이 알 것이다. 마침내 호텔 방에 돌아온 나는 일단 뭐라도 먹어야 했다. 잠은 그 다음 문제였다. 완전히 소진된 내 몸의 배터리를 음식으로 재충전해주어야 했다. 그리고는 티틴에게 내 몸을 온전히 맡겼다. 그는 이제 탈진한 내 몸상태를 페더러와의 경기를 준비할 수 있도록 되살려 놓아야 했다. 경기 후 투츠는 락커룸에서 사지에서 돌아온 나를 보자마자, "오 마이 갓, 지금 티틴에게 인생의 임무가 생겼군." 투츠가 제대로 보았다.

다행히도 티틴은 늘 그렇듯 침착하게 상황을 잘 진정시켰다. 힘든 상황에서도 늘 하던대로 수행했다. 그는 자신의 컴퓨터로 마요르카에 있는 나의 트레이너 후안 포르카데스에게 연락해 도움을 요청했다. 포르카데스와 티틴은 친구이자 동료이다. 그 둘의 공통된 미션은 내 몸이 필요로 하는 것을 충족하고, 부상을 방지하며, 나의 체력을 최고치로 만들며 경기로 지친 내 몸을 다음 경기 전까지 회복시키는 것이다. 지금 나의 몸상태는 내 커리어 중 그 어느 때보다도 최악이었다. 그 두 사람이 직면한 과제는, 아니 우리 셋 모두는 솔직히 기적만을 바랄 뿐이었다. 하지만 후안은 낙담하지 않았다.

후안은 나를 열 살 때부터 알고 있었고 그는 나보다 더 나를 믿고 있다. 그는 우리 팀에서 아주 아주 중요한 사람이며 그의 일은 정말이지 환상적이다. 그는 다른 멤버들 보다 더 보이지 않게 그림자처럼 일을 수행한다. 예전에는 같이 투어를 다녔지만 요즘은 같이 잘 움직이지 않는다. 그는 마요르카 집에서 머무르기를 더 원하며 유명세나 매스컴에서는 아주 멀리 떨어져 있기를 원한다. 그는 아주 특별한 사람이다. 공립학교에서 체육교사라는 직업을 갖고 있으면서 나를 도와주고 있다. 그는 돈 때문에 나와 일을 하는 것이 아니라 정말 가족 같은 마음으로 나를 아끼고 나와의 일을 즐기기 때문이다.

     나는 그들의 대화를 엿들었다. 일단 많은 양의 얼음과 고강도의 마사지가 필요했다. 피가 다시 바디 시스템 전체에 돌아야 한다는 것에 그들은 동의했다. 코토로 박사와 내 상황을 논의한 후안은 나에게 많은 양의 프로틴과 비타민을 복용할 것을 지시했다. 그리고 무엇보다도 가장 중요한 것은 나의 몸을 계속 움직여 줘야 하는 것이라고 단호하게 말했다. 그가 내린 다음날 운동 처방은 근육을 다시 살리기 위해 스트레칭 훈련을 하고 코트에서 연습 세션 후에 사이클링 머신에서 페달링을 하는 것이었다. 후안은 낙관적이었으며 티틴에게 우리가 프리 시즌 트레이닝 기간에 지금과 같은 상황에 대비한 훈련을 했던 것을 상기시켰다. 오전에 아주 강도 높은 훈련을 4시간 정도 하고 오후에 또 1시간 반 정도 했던 훈련을 말했다. 그는 "가장 중요한 것은 몸을 다시 움직여 주는 것이다." 라고 강조했다.

나는 그의 말을 들었고 그의 논리도 이해했지만, 지금은 호주 시간으로 새벽 3시로 소파에서 꼼짝하지 못할 상태로 오로지 티틴에게 내 몸을 맡기는 것 말고는 할 수 있는 것이 없는 상태였다. 후안과 통화를 끝내자 마자 티틴은 욕조에 얼음을 가득 채우고 나를 그 안에 들어가게 했다. 나의 아픈 허벅지에 혈류가 통하도록 하는 첫 과정이었다. 그리고는 얼음 주머니를 이용한 마사지와 딱딱한 비누로 문지르는 마사지를 시행했다. 평소에는 결승전 하루 전에는 아침에 훈련을 한다. 하지만 이번에는 오전 내내 잠만 잤다. 이른 오후에 잠에서 일어나 몸상태를 체크했는데, 전날 밤보다 더 뻣뻣한 느낌이 들어 모두 아연실색하게 되었다. 하지만 후안의 처방대로 나는 사이클 머신에 올라가 페달링을 부드럽게 했다. 티틴은 혈액순환이 되도록 코트 훈련을 해야 한다고 했다. 카를로스 코스타를 히팅 파트너로 하여 가볍게 랠리를 주고받았지만 20분도 채 견디지 못했다. 카를로스가 안되겠다고 판단했다. "안되겠어. 넌 지금 움직이지도 못해. 그만하자" 현기증이 나고, 얼굴은 완전히 핏기가 사라졌으며, 종아리는 납덩이처럼 느껴졌다. 나는 절뚝이며 코트를 빠져나와 호텔로 돌아왔다. 그리고 곧바로 얼음을 채운 욕조에 들어갔다. 티틴은 어제부터 쉬지도 않고 내일 결승을 위해 나를 정상으로 되돌려 놓으려고 안간힘을 쓰고 있었다. 하지만 그 순간 나는 (조금 전 코트에서부터 느꼈지만), 나를 정상으로 되돌리는 것은 불가능하다고 느끼고 있었다.

그날 밤 나는 침울한 기분으로 잠이 들었고 다음 날 아침에 일어났을 때에도 어제와 별 차이가 없을 정도로 아주 미미하게 조금 더 나은 정도였다. 오후 5시에 마지막 트레이닝 세션을 위해 코트에 나갔을 때에도 상태는 좋아지지 않았다. 그때가 결승전 시작 2시간 30분 전이었다. 또 다시 나는 현기증이 나기 시작했고 다리 근육은 무겁게 느껴졌다. 설상가상으로 갑자기 한쪽 허벅지에 쥐가 났다. 30분 정도 리듬을 찾기 위해 고군분투하고 있었다. 그 자리에 토니 삼촌이 있었고 나는 그에게 못할 것 같다고 말했다. 아마 내 상태가 정말 안 좋았던 것이 분명한 것 같다. 왜냐하면 그가 "오케이, 그만하고 락커룸으로 돌아가자." 라고 말했기 때문이다. 그리고 거기서 토니 삼촌은 상황에 대처했다.

　　　　삼촌의 파워는 항상 그의 말에서 나왔다. 나에게 동기 부여를 주는 것은 그의 말이다. 요즘 그가 말하기를, 우리가 어릴 적부터 해 온 훈련 중에서 가장 가치있는 훈련은 코트에서 한 것이 아니라 팔마에서 시합을 오가며 50킬로미터를 운전했던 차 안에서 나눈 대화가 가장 중요했다고 했다. 차 안에서 시합을 준비하고 경기가 끝나고 돌아오는 길에 무엇을 잘 못했는지 분석하곤 했던 그 소중한 시간을 자주 언급했다. 나는 그가 나의 주의를 환기시키기 위해 레알 마드리드의 축구를 자주 예를 들고는 했던 것이 기억난다. 그리고 토니 삼촌이 옳았다. 그의 말들이 테니스 코트에서 나를 가르쳤고 나를 파이터로 만들었다. 그는 주로 한 스페인 작가를 인용하기를 좋아했다. 그 작가는 전쟁을 일으키는 사람들은 모두 시인이라고 말했다. 지금 희망이 전혀 없어 보이는 상황에서, 전투가 시작도 되기 전에 이미 졌다고 생각하는 나에게 삼촌은 시 따위를 들먹이고 있었다.

　　　　"자, 지금 5시 30분이야. 네가 7시 30분에 코트에 나간다 하더라도 네 상태가 더 좋아지지는 않을 거야. 오히려 더 안 좋아질 지 몰라. 그러니 통증과 탈진을 딛고 일어서서 이기겠다는 의욕을 불러 모으는 것은 전적으로 너에게 달렸어. 나는 대답했다. "삼촌, 안되겠어요. 도저히 안되겠어요." 삼촌은 말했다. "안된다는 말 하지마. 충분히 깊이 파고드는 사람은 언제나 그들이 원하는 어떤 것에든 동기를 부여할 수 있어. 전쟁에서도 사람들은 불가능해 보이는 것들을 다 해냈어. 이렇게 상상해봐. 코트에서 네 뒤에 관중석에 앉아 있는 한 사람이 너에게 총을 겨누고 계속 뛰지 않으면 총을 쏘겠다면 한다면, 내가 장담컨대 너는 계속 뛸거야. 그러니, 어서! 승리를 위한 동기부여는 너에게 달렸어. 이건 너에게 아주 큰 기회야. 네 컨디션이 안 좋은 만큼이나, 두 번 다시 오질 않을 호주 오픈 우승의 좋은 기회란 말이야. 오늘 단 1퍼센트의 우승 확률만 있다하더라도, 넌 그 1퍼센트의 확률을 쥐어 짜기라도 해야 해." 토니 삼촌은 내가 그의 말을 듣고 망설이는 것을 눈치채고 더 압박하였다. "버락 오바마의 말을 기억해. '예스 위 캔!'. 지금껏 항상 위기가 너에게 끝없이 되풀이되어 왔지. 왜 그런 지 알아? 그건 네가 할 수 있기 때문이야. 네가 결코 용납하지 않는 것은 의지력 상실로 패배하는 것이야. 상대가 너보다 잘해서 질 수는 있지만 네가 최선을 다하는 것을 포기해서져서는 안 돼. 그것은 범죄야. 하지만 넌 그렇게 하지 않을 거야. 내가 알아. 너는 항상 최선을 다해왔고 오늘도 예외가 아닐거야. 넌 할 수 있어, 라파엘! 정말 할 수 있어!"

나는 듣고 있었다. 그것은 토니 삼촌이 나에게 했던 연설 중에 가장 감동적인 것이었다. 비록 내 몸은 다른 것에 집중하고 있었지만 말이다. 그 때 후안 포르카데스가 개입했다. 티틴이 계속해서 스카이프를 통해 후안과 교신하고 있었다. 후안은 자신의 대화에 복잡한 과학 전문 용어로 양념을 더하는 성향이 있는데, 이번 경기를 '인체 공학적'으로 플레이해야한다고 주장했다. 그 말뜻은 나의 현재 신체 컨디션의 현실에 맞게 게임을 조절해야 한다는 것이었다. 더 쉽게 설명하면, 평소 나의 게임 스타일 보다 더 내 상황에 맞게 플레이 하라는 뜻이다. 모든 공이 마지막 공인 듯이 다 받아 넘기려 뛰어다니지 말고 결정적인 포인트를 위해 에너지를 아껴두라는 것이다. 그리고, 리스크가 크더라도 포인트를 짧게 가져가라고 했다.

작전으로 무장하고 나는 찬물로 샤워를 하며 나의 시합 전 루틴을 시작했다. 샤워 후, 나는 조금씩 기분이 좋아지기 시작했고 확신이 싹트는 기운을 감지했다. 코트로 나갔을 때 나는 더 이상 절뚝대지 않았다. 통증은 여전히 남아 있었고 페더러와 웜업 랠리를 하는 동안에도 약간의 둔한 느낌이 있었다. 확실한 것은 나의 왼발 (족부 주상골)이 나를 다시 거슬리게 하고 있다는 것이었다. 하지만 이 정도는 처음도 아니었고 아드레날린과 나의 집중력이 다시 한번 이 통증을 극복하고 우뚝 일어서 주기를 바랄 뿐이었다. 여전히 내 상태가 내 몸을 바쳐 줄 수 있을 지는 의문이 있었지만 다행히 굿뉴스는 2시간 전 보다는 컨디션이 더 좋아 지는 것이 느껴졌고 어제 일어났을 때보다는 훨씬 더 좋아진 것이었다. 무엇보다도 중요한 것은 조금 전까지 가졌던 패배의식이 사라졌다는 것이다. 이기려는 의지와 이길수 있다는 믿음이 다시 회복되었다. 갑자기 고난 극복에 대한 도전이 두려움 아니라 즐거움으로 변해 버렸다. 토니 삼촌의 조언, 티틴의 작업, 후안의 처방이 마법이 되어 버린 것이다.

경기가 시작될 무렵에는 통증도 사라졌다. 게다가 페더러의 서브 게임을 브레이크 하며 첫 게임에서 내가 이겼다. 그 다음 그가 나의 게임을 바로 브레이크 하기는 했지만, 게임이 시작되고 나서 숨이 차서 헐떡이거나 다리가 무겁게 느껴져도 걱정했던 쥐가 나는 느낌은 없었기에 큰 위안이 되었다. 예상대로 5세트까지 가게 되었다. 티틴이 말했듯이 결국 통증은 마음에 있었다. 내가 마음을 컨트롤 할 수 있다면 몸도 컨트롤 할 수 있다. 2-1로 앞서가다 베르다스코와의 경기처럼 4세트를 내줬지만 나는 다시 돌아왔다. 무너지지 않고 여기까지 왔다는 놀라움과 기쁨에 나의 투지는 불타올랐고 사기는 하늘을 찌르고 있었다. 5세트를 2-0으로 앞서 가며 나는 플레이어 박스 쪽으로 몸을 돌려 토니 삼촌, 티틴, 카를로스, 투츠에게 마요르카 사투리로 소리 질러 외쳤다. "나는 이길거야!" 그리고 나는 이겼다. 토니 삼촌은 항상 옳았다. '예스' 나는 할 수 있었다. 7-5, 3-6, 7-6, 3-6, 6-2로 승리하며 나는 호주오픈 챔피언이 되었다. 나의 세번째 그랜드슬램 타이틀을 거머 쥔 것이다.

　　　　로저 페더러는 경기가 끝난 후 내가 체력이 무너졌듯이, 멘탈이 무너졌다. 내가 그의 입장이라도 똑같은 느낌이었을 것이다. 마지막 세트에서 그는 제대로 플레이를 펼치지 못했다. 그를 이김으로써 나는 세계 랭킹 1위로 우뚝 서게 되었다. 그 패배 이후 페더러에 대해 많은 추측 기사들이 나왔지만 대부분 사실이 아니라는 것이 증명되었다. 그는 아직 큰 야망을 가지고 있었다. 이번 대회는 그가 피터 샘프라스의 그랜드슬램 열네 번 우승이라는 대기록에 타이를 이룰 수 있는 기회였다. 비록 이번에는 실패하기 했지만 나에게 그는 여전히 이 시대 최고의 선수 'G.O.A.T'이다. 나는 인터뷰 기회가 있을 때마다 사람들에게 항상 그렇게 말해왔다. 그리고 그는 그 다음해부터 계속해서 더 많은 메이저 트로피를 캐비닛에 모으며 피트 샘프라스의 기록을 넘어섰다.

　　　　나는 그 경기를 통해 아주 큰 교훈을 얻었다. 그 교훈이란 토니 삼촌이 수 년 동안 나를 두들겨 대었던 그 말들이 얼마나 사실이었는지 지금까지 몰랐다는 것이다. 이길 확률이 없다 하더라도 끝까지 버텨야만 하고, 자신의 능력의 한계치까지 자신을 몰아붙이고 나머지는 운에 맡겨야 한다는 것을 뼈저리게 배우게 되었다. 그날 멜버른에서 나는 테니스라는 이 게임의 열쇠는 마음 속에 있다는 것을 그 어느 때보다 명확하게 보게 되었다. 마음이 명확하고 강하다면 그 어떤 장애물도 극복할 수 있다는 것을. 통증 또한 극복할 수 있다는 것을. 마음 먹기에 달린 문제라는 것을.

　　　　1년 반 후 2010년 US오픈 결승전이 열리기 전에, 이번에는 내가 아니라 나의 라이벌인 조코비치가 통증을 극복해야 하는 입장이었다. 그는 내가 호주오픈 결승전에서 겪었던 똑같은 상황에 있었다. 플러싱 매도우에서 나는 무실 세트로 결승전까지 올라오며 비교적 산뜻한 컨디션이었고, 반면에 조코비치는 준결승에서 페더러와 풀세트 혈투 끝에 올라왔다. 하지만 그는 멜버른의 나보다는 운이 좋았다. 뉴욕에 내린 비는 경기를 하루 연기시키며 그에게는 단비가 되어 주었다. 9월 13일 월요일, 우리가 코트에 나왔을 때에는 우리 모두 똑 같은 컨디션에 있었다.

우리 팀의 분위기는 2008년 윔블던 결승전 때 보다는 덜 긴장하고 있었다. 부모님도 거기 계셨고, 내 여동생 마리벨, 그리고 여자친구 마리아 프란체스카도 이번에는 함께 자리하였다. 우리는 훈련과 경기 사이 시간을 내어 군중을 무릅쓰고 피프스 애비뉴에서 한두 차례 쇼핑도 하고, 유명한 레스토랑에서 식사도 하고, 심지어 브로드웨이 뮤지컬을 보러 가기도 했다. 보통 우리는 교통 체증 때문에 센터코트와 가까운 플러싱 메도우 근처에 있는 호텔에 머무르지만, US오픈 시합 때문에 뉴욕까지 와서 맨하탄에서 시간을 보내지 않는 것은 인생에서 너무 많은 재미를 놓치는 것이기도 했기 때문이다. 역시 윔블던과는 다르게 조코비치와의 결승전 전날 잠도 잘 수 있었고, 2주간의 토너먼트 내내 그러했듯이 경기에 대해 좀 더 편하게 얘기할 수 있었다. 윔블던에서는 확실히 존재했던 터부 같은 것은 없었다. 샤워장에서 주저앉아 우는 기억으로 시달리지도 않았다. 하지만 한가지 우리가 얘기하지 않는 것이 있었다. 내가 따로 금지하지 않아도 모두가 본능적으로 알고 있는 한가지가 있었다. 그 한가지는 나를 포함한 모두의 마음 속에 있는 생각이었다. 그것은 만약 조코비치를 이긴다면 커리어 그랜드슬램 (4개의 그랜드슬램 타이틀을 모두 우승 하는 것)을 달성하게 된다는 것이다. 1968년 프로선수들이 처음으로 그랜드슬램에 참가하는 것이 허용되기 시작한 '오픈 시대Open Era' 이래로 일곱 번째 선수로 그것도 24세라는 나이에 최연소로 달성하게 된다. 지금 시대에는 오직 로드 레이버, 안드레 아가시, 로저 페더러 만이 네 개의 타이틀을 모두 가지고 있다. 나에게는 가장 힘든 토너먼트인 US오픈에서 우승하는 것 자체만으로도 나에게는 특별하지만, 런던과 파리, 호주를 재패하고 난 뒤 우승하게 된다면 그것은 나의 커리어에서 더없이 최고의 업적임이 분명하다.

아직 그 주제를 우리 팀에서는 나에게 아무도 언급하지 않았고 그들 사이에서도 그 누구도 언급조차 하지 않았다고 나중에 나에게 털어놓았다. 이것이 바로 우리 가족과 우리 팀 모두가 얼마나 일심동체로 뭉쳐 있는지를 잘 보여주는 대목이다. 말하지 않아도 나를 포함해 모두가 자신들의 생각을 자신 안에 두어야 한다는 것을 잘 알고 있었다. 그렇지 않으면 우리 계획 전체가 위험해진다는 것을 암묵적으로 느끼고 있었다. 그 침묵이 정말 이유가 있었는지, 필요했는지는 알 수 없겠지만, 우리 팀 모두가 잘 이해하고 있는 한 가지는 이처럼 큰 시합 전에 나의 멘탈 상태는 유리같이 깨지기 쉽게 긴장하고 있기 때문에 극도로 섬세하고 조심스럽게 나를 대해야 한다는 것이다. 그렇기 때문에 토니 삼촌, 티틴, 카를로스, 베니토, 그리고 투츠가 프로페셔널이자 나의 친구여야만 하는 것이다. 또한 내 방식에 세심하고 내 요구를 성실히 충족해 주는 팀이 나에게 필요한 것이며 내 가족이 항상 곁에 있어야 하는 이유인 것이다. 그것이 또한 내가 락커룸에서부터 경기 내내 항상 똑 같은 순서로 루틴을 유지하고, 게임과 게임 사이 엔드 체인지 브레이크 때 물병 두 개에서 한 모금씩 마시고 똑같은 위치에 물병을 내려 두는 이유이다. 이것은 마치 거대한 성냥 쌓기 같은 것이다. 모든 조각들을 대칭적으로 균형속에서 제자리에 정확하게 두지 않으면, 그대로 무너지는 것이다.

오리엔트 특급 살인 사건
Murder on The Orient Express

　　얼음 목욕, 근육 마사지, 비타민, 사이클 페달링 등은 내가 멜버른에서의 기적을 이루는 데 제각기의 역할을 다 해 주었다. 하지만, 후안 포르카데스는 그 위기의 순간에 그가 내린 처방으로 공을 차지 하기 보다는 복잡한 그림의 호주 오픈에서 이룬 라파 나달의 회복과 업적이라는 물리적 차원에서 단 하나의 요소에 집중하고 있었다. 그는 "라파엘 나달의 성공을 이해하기 위해서는 오리엔트 특급을 떠올려야 한다."라고 말한다.

　　포르카데스는 가식적이거나 의도적으로 비밀스러운 사람이 아니다. 사실, 그가 아가사 크리스티의 미스터리 작품은 인용하는 것은 그에게는 다소 이례적으로 친절한 대화의 출발이다. 그는 "전체적인Holistic", "인지적Cognitive" "체감표지Somatic Maker", "비대칭Asymmetric", "정서가 풍부한Emotive-Volitive" 와 같은 전문용어를 대화에 많이 첨가하는 어휘력이 풍부한 사람이다. 그는 머릿속에서 엘리트 스포츠 세계와 셰익스피어의 비극 또는 독일 철학, 토마스 아퀴나스 신경 생물학 연구의 최근 동향들 사이에서 연결고리를 끊임없이 연구하고 있다.

　　"오리엔트 특급 살인 사건에서의 포인트는 한 남자가 살해당했고, 에르퀼 푸아로라는 탐정이 열차에 타고 있는 12명의 사람들이 모두 범행에 가담했고, 모든 용의자들이 범인이라는 것을 밝혀낸다는 것이다. 그것이 바로 나달의 호주 우승과 그의 커리어에서 이룬 다른 모든 승리들의 본질이라는 생각으로 접근해야 한다."라고 포르카데스는 설명했다. "만약 그가 어떻게 체력적으로 회복하는 지에 대해 한가지 요소에만 집중한다면 더 큰 그림을 놓치게 되는 것이다."

포르카데스는 나달이 마요르카로 돌아오면 아주 오랜 시간을 같이 보낸다. 그렇지 않았다면 나달은 벌써 테니스 투어의 부산함과 드라마로 인해 사라졌을 것이다. 그의 적절한 거리와 내면의 분석력으로 나달의 베스트 서클 안의 멤버로 뽑혔으며, 10년 이상 훈련시킨 한 젊은이에게 성공의 비밀을 알려주는 에르퀼 푸아로 같은 역할을 하는 아주 중요한 인물이다. 증거를 훑어보고 퍼즐 조각들을 맞춰보면 그는 한가지 핵심을 따르게 된다. 나달 현상은 부분들의 합보다 더 크다는 것이다. 이것이 포르카데스가 놀라워하는 부분이다. 나달의 훈련 체제의 디테일이 아니다. 왜 나달은 웨이트 트레이닝을 안하는가, 왜 러닝을 하지 않는가, 왜 발목과 근건 강화를 위해 X, Y를 훈련하는지, 또는 특정 머신을 쓰는 이유는 무엇인지, 그의 왼팔의 회전 스피드를 최고치로 올리고, 5시간동안 최대치로 계속 뛰어다니는 훈련을 하기위해 왜 고무줄이나 진동판을 이용하는가에 대해 의아해하는 질문들에 답하는 것을 화나도록 지루해한다. 포르카데스가 좋아하는 것은 나달이 체육관으로 가져오는 그 미친 듯한 강렬함이다. 냉철한 목적의식으로 컨디션이 좋은 날이든 나쁜 날이든 어떻게 그 강렬함을 그토록 유지하고 그것을 테니스 코트에서 우승으로 변모시켜 내는 가이다. 그에게 가장 신기하고 궁금한 점은 그 힘이 도대체 어디서 나오는 것인지이다. 물론 그는 위대한 테니스 선수이며 위대한 테니스 유전자를 타고 났기 때문이다. 하지만 그것만으로는 왜 그가 연속해서 그랜드슬램 챔피언이 되는지가 설명되지 않는다. 우수한 재능을 가진 상위 랭커 테니스 선수들은 무수히 많고 나달이 겪은 라이벌들 중에는 나달보다 재능이 더 뛰어난 선수들도 있다. "그럼 똑같이 재능이 있는데, 재능을 꽃 피운 선수들도 있고 그렇지 못한 선수들도 있는데 그것은 왜 그런 것인가에 대한 질문이 있다. 그것은 팝콘을 만드는 것과 비슷하다. 어떤 옥수수 알갱이는 터지고, 어떤 알갱이는 터지지 않는 것과 같다. 그렇다면, 왜 나달의 알갱이가 그렇게 스펙타클하게 터졌는가?" 라고 그는 반문한다.

포르카데스의 말에 의하면, 그 질문의 대답을 위해 가장 먼저 주목해야 할 곳은 그의 다리나 팔이 아니라 "신체에서 가장 연약한 부분"인 그의 머리다. 그 머리는 엘리트 스포츠 중에서도 특히 테니스 같은 개인적인 운동에서는 승패를 좌우하는 가장 결정적인 요소이다.

"테니스 라는 운동은 위기상황을 해결하는 능력이 전부다. 장시간 위기 상황의 연속이다. 매 순간 똑 같은 포인트가 없으며, 초 단위로 결정을 내려야만 한다. 선수가 실수를 했더라도 그 실수에 얽매이지 않는 능력이 있어야 하고, 좋은 샷을 구사해서 세트를 리드하고 있더라도 낙관하지 않고 계속해서 평정심을 유지하며 플레이 하는 능력과, 또한 찰라의 순간에 각각의 샷을 판단하고 결정 하는 능력이 있어야 한다. 그런 선수가 바로 다른 선수들보다 특출나게 되고 챔피언이 되는 것이며 한두 번이 아니라 계속해서 챔피언이 되는 것이다. 쉴 새 없는 결정의 도가니 속에서 냉철한 머리를 갖고 있는 것은 필수 요소이다. 냉철한 머리에 차분한 감정이 존재한다. 이것이 나달이 가진 자질 중에서 가장 중요한 하나이다. 그의 기민함과 그것을 장시간 유지할 수 있는 능력은 거의 슈퍼맨 수준이다. 그것이 모든 것의 열쇠이다."

나달의 성공이 그의 머리 때문인지, 몸, 감정 때문인지에 대한 질문에 포르카데스는 그 모든 것의 상호작용과 조율에 의한 "완벽한 시너지"라고 말한다. 그 이유는 나달이 가족과 팀과 함께 했던 행복한 유년 시절, 질서있는 청소년 시절, 끝없는 관계 유지에서 항상 좋은 영향을 받았기 때문이다. 이것을 포르카데스는

"사회적 정서Socio-Affective 요소라고 부르는데, 엘리트 스포츠 선수들은 드물게 가지는 성향이라고 한다. 라파의 경우는 모든 가족 구성원들이 한 지붕 아래 매우 안정적이고 갈등 없이 살아온 환경이 큰 영향을 주었다고 한다. "나달의 아버지와 삼촌이 어릴 적부터 가르쳐 온 메시지는 아무리 재능이 있더라도 겸손과 노력 없이는 결코 꽃을 피울 수 없다는 것이다. 겸손은 자신의 한계를 인지하는 것이며, 그 하나의 이해가 노력하게 되는 동기가 되어 마침내 한계를 극복하게 되는 것이다. 그것이 모든 어린이들의 롤 모델인 라파엘이 내가 만난 그 어떤 테니스 선수들보다 체육관에서 열정적으로 운동하는 이유이다. 그가 이루어 낸 모든 성공들은 그가 그의 게임을 조금이라도 발전시키기 위해 모든 훈련 시간에 극도의 진지함으로 임했기 때문이다." 라고 포르카데스는 말한다.

나달이 그의 인생에서 그 꾸준함을 가장 가치 있게 생각하고 있다는 것은 다른 엘리트 선수들에게는 잘 알려져 있지 않다고 포르카데스는 또 말한다. 코치는 20년간 함께 했고, 피지컬 트레이너와 에이전트는 10년, 피지컬 테라피스트와 홍보책임자는 5년. 가족들은 나달이 태어난 날 부터 지금까지 다투거나 시기 질투 없이 한데 뭉쳐 나달의 일부가 되어 뒤에서 버티고 있다. 나달 같은 성공은 역사책에 실릴 법한 성공이다. 하지만 아주 위험한 면도 있다. 에고Ego를 키워 당신을 괴물로 만들어 버릴 수 있기 때문이다. 그래서 항상 땅에 발을 디디고 있을 수 있게 하는 안정적인 가족이 필요하다. 그런 면에서 나달은 이미 돈과 명성을 경험한 축구 선수 출신 삼촌이 곁에 있었기 때문에 아주 축복을 받았다고 할 수 있다. 사람들은 가끔 챔피언은 태어나는 것인지 만들어지는 것인지에 대해 궁금해한다. 라파는 어릴 때 미구엘 앙헬의 케이스에서 이미 그 둘을 구별해서 규정하지 못한다는 것을 배웠다. 둘 다 맞는 말이기 때문이다. 재능을 가지고 태어나더라도 노력하지 않고 그 일에 열정이 없다면 아무 필요가 없는 것이다. 나달의 위대한 점은 끊임없이 배우고 그의 피 안에 흐르는 무언가를 발전시키려는 욕망이다. 그는 그 누구도 신이 아니며 자신은 부족한 사람이라는 사실을 알고 있지만, 그의 자신에 대한 희생 정신은 오랜 시간 그를 지켜본 나로서는 올림푸스에 견줄 만한 스케일을 가진 슈퍼맨 수준이다.

또한 포르카데스는 언급했다. 미구엘 앙헬, 토니, 겸손한 부모님, 친척들, 오랜 여자친구, 모두가 친구인 고정된 팀 멤버들, 그리고 새침하고 자기를 내세우지 않는 마요르칸 특유의 천성과 나달의 천부적인 재능, 지성, 포부가 뒤섞여 눈에 보이는 부분들 보다 더 위대한 결과가 만들어진 것이라고. "나달이 가진 복잡한 감정에 안전한 보호막을 느낌으로써 그의 몸과 마음을 자유롭게 하여 자신 안에서 최상을 이끌어 낼 수 있게 하였다. 그것이 없었다면 나와의 피지컬 트레이닝의 효과는 지금의 절반도 안 되었을 것이고, 지금처럼 찾아보기 힘들 만큼 완벽한 신체를 가진 강한 테니스 선수가 되지 못했을 것이며, 그랜드슬램 결승전 같은 큰 기대와 극도의 부담감을 안고 있는 상황에서 결과를 좌우하는 결정을 내릴 수 있는 강인한 정신력도 가지지 못했을 것이다. 중요한 것은 선수와 사람을 분리할 수 없다는 사실이다. 그리고 사람이 무조건 먼저다. 라파는 그가 좋은 사람이기 때문에, 그리고 좋은 가족이 그의 뒤에 있기 때문에 성공해 온 것이다.

RAFAEL NADAL

제 8 장

실 락 원
Paradise Lost

　음악이 멈췄다. 그것은 이제 아더 애쉬 스타디움에서 매치가 시작된다는 뜻이다. 워밍업을 하는 동안 나의 귀청은 찢어질 듯했다. 샷의 에코가 들리지 않을 정도였으니 말이다. 하지만 이제 조용하다. 2010년 US오픈 결승전이 시작되었다. 조코비치의 서브다. 어제는 비가 내렸지만, 오늘은 햇살이 내리 비치는 아주 화창한 월요일 오후.

　첫 포인트는 스물한 번의 랠리를 주고받았다. 팬들에게는 좋았지만 나에게는 좋지 않았다. 조코비치가 그 포인트를 이겼기 때문이다. 하지만 나는 항상 긍정적인 면을 보려 하기에 이제 시작일 뿐이라고 생각했다. 나는 그 랠리에서 사실상 나의 샷의 모든 레퍼토리를 시도했다. 나는 서브 리턴으로 아주 깊고 낮게 깔리는 백핸드 슬라이스를 구사했고 깔끔한 포핸드 샷과 강력한 백핸드 펀치샷도 날렸다. 모든 샷들이 잘 컨트롤되었고 조코비치를 계속해서 수비하게 만들었다.

내가 드롭샷을 넣기 전까지는 그랬다. 소극적이거나 소심한 드롭샷이 아니라 계산된 공격적인 드롭샷이었다. 하지만 그는 빨랐다. 조코비치는 정말 빠르다는 것을 이렇게 초반에 상기해 두는 것도 나쁠 건 없었다. 그는 달려 들어와 로브샷을 내 머리 뒤로 띄웠고 나는 간신히 공을 낚아챘지만 그는 코트 중간으로 가볍게 위너를 만들었다.

15-0로 뒤지고 있었지만 기죽을 필요는 전혀 없었다. 나는 느낌이 아주 좋았으며 공이 잘 보이고 잘 들리고 있었다. 공을 듣는다는 것은 후앙 포르카데스가 좋아하는 말인데, 공이 라켓 스윗 스팟에 정확히 맞았을 때 울리는 경쾌한 소리는 내 머리와 몸이 박자에 맞게 조화를 이루고 있다는 것을 의미한다고 했다.

나는 위축되지 않았다. 다음 포인트에서 조코비치는 너무 의욕적으로 샷을 날린 탓에 공이 코트 바깥으로 아웃 되었다. 그 다음에 그는 드롭샷을 시도 했지만 다소 엉성했고 나는 이를 놓치지 않고 백핸드 크로스 코트로 낚아채 버렸다. 공은 그가 손도 대지 못하게 지나가 버렸다. 그리고 그는 두 번 연속으로 백핸드 실수를 범했다. 첫 게임부터 브레이크에 성공하며 이보다 좋은 출발은 없었다. 1-0, 기뻐할 일이 또 있었다. 내 커리어 중 이번 US오픈보다 서브가 좋았던 적이 없었다. 무실 세트로 결승전까지 올라오면서 91개의 게임들 중에서 단 두 번의 서브 게임만을 내어 주었다. 거기에는 이유가 있었다.

토너먼트를 시작하면서 그립에 약간의 변화를 주었다. 그 약간의 변화는 더 큰 파워를 실어 주었고 라켓면에 공이 더 두툼하게 맞게 해 주었다. 위험하기는 했지만 잘 맞아 들었다. 서브는 항상 나의 약점이었다. 그라운드 스트로크만큼 과감하게 힘을 싣지 못했다. 나의 동작은 페더러처럼 기계적이지 못했고 특히 궁지에 몰렸을 때는 리듬을 잃기도 했다. 토스도 충분히 높게 올리지 못하고 몸은 뻣뻣했다. 이것은 아마 다른 모든 것은 오른손을 사용하는데 테니스만 왼손으로 하는 것으로부터 기인한 나의 신경 회로의 혼돈일지도 모르겠다. 어떤 면에서 머리와 몸이 안정적으로 서로 리드미컬하게 맞아 떨어지지 않는 무언가가 있는 것 같다.

그러나 이번 US오픈에서 나는 거의 꿈같은 서브를 넣고 있었으며 평소보다 훨씬 많은 서브 에이스로 '무료 포인트'를 얻고 있었다. 빅 서버들의 경제성을 항상 부러워했는데 이번에는 부럽지 않았다. 그 결과, 결승까지 오면서 평소보다 덜 뛰게 되었고 조코비치와의 결승전을 앞두고 체력을 많이 아낄 수 있었다. 작년의 호주오픈과는 다른 양상이었다.

이번처럼 US오픈 시즌을 산뜻하게 출발해 본 적이 없었다. 토너먼트가 시작되기 일주일 전 월요일에 뉴욕에 도착한 나는 몸과 마음이 여유로웠다. 첫날과 이튿날 모두 골프를 하러 갈 정도였다. 수요일에 토니 삼촌이 뉴욕에 도착했고 삼촌은 맥시멈으로 훈련에 다시 돌입하라고 지시했다.

결승전 두 번째 게임에서 나의 서브에 대한 변화는 진가를 발휘했다. 생각지도 않게 조코비치는 초반에 기회를 내주어 내가 2-0으로 앞서고 있었다. 하지만 그는 다시 돌아왔고 자신의 서브 게임은 지키고 나의 서브 게임은 브레이크 했다. 게임 스코어는 2-2. 나는 다시 한번 그의 서브를 멋지게 브레이크 하였다. 오늘처럼 중요한 경기에서 서버에게 전적으로 유리한 US오픈 코트임에도 불구하고 5게임 중에 3게임이 브레이크였다. 치열한 랠리와 듀스에 듀스를 거듭하여 나는 그의 포핸드 쪽 깊숙한 곳에 위너를 만들어 내며 게임을 가져왔다. 그 뒤에는 서버가 게임을 가져가는 순리대로 돌아와 1세트를 6-4로 내가 이겼다.

잠시 나의 기록을 살펴보면, 그랜드슬램에서 첫 세트를 이겼을 경우 107경기 중 106승이었다. 하지만 기록은 기록일 뿐 방심은 금물이다. 항상 예외도 있는 법이니까. 조코비치는 언제든 최상의 기량을 발휘할 천재적인 테니스 선수일 뿐 아니라 최근 나를 상대로 3번의 하드코트 경기에서 모두 승리하였다. 이렇게 결승에서 조코비치를 다시 만나 그와의 균형을 바로잡을 기회를 가진 것은 참으로 감사할 일이었다. 곧 닥칠 재난을 감안하면 결승전에 있다는 것만으로 감사한 것이었다. 커리어 그랜드슬램 달성을 목표로 이 결승전 진출을 상상하는 것은 1년 전 호주오픈을 우승하며 화려하게 시작했던 2009년 중간쯤으로 거슬러 올라가야 할 것이다. 나쁜 상황이 최악으로 변했던...

호주오픈을 끝내고 집으로 돌아가는 첫 여정인 멜버른 발 두바이 행 비행기 안에서 아버지는 어머니와의 관계에 문제가 있다고 나에게 말했다. 나는 그가 이혼을 염두에 두고 있다는 것을 즉각 감지했다. 그가 이 이야기를 결승전이 끝나고 나서 하는 것은 나로서는 정말 다행이었다. 그렇지 않았다면 나는 준결승 베르다스코와의 경기 후 결코 회복하지 못했을 것이다. 하지만 그것이 위로가 되지는 못했다. 나는 그 소식에 큰 충격을 받았다. 집에 도착할 때까지 한마디도 하지 않았다.

우리 부모님은 내 인생의 기둥이었으며 이제 그 기둥이 산산이 부서졌다. 내가 그렇게 소중히 했던 내 인생의 지속성이 반으로 쪼개졌고 내가 의지했던 정서적 질서가 큰 타격을 받게 되었다. 다 큰 아이들 (당시 나는 스물두 살, 여동생은 열여덟 살)을 둔 다른 가족들은 부모님의 이혼을 받아들이고 잘 버틸 수 있는지는 모르겠다. 하지만 우리처럼 가족의 애착과 융합이 잘 되고 눈에 보이는 갈등없이 화목하던 가정에서는 이혼을 받아들이는 것은 불가능했다. 30년 결혼 생활에 종지부를 찍는다는 부모님의 이혼 소식은 가슴이 무너지는 청천벽력 같은 이야기였다. 우리 가족은 항상 신성하고 건드릴 수 없는 내 삶의 핵심이자 안식의 중심이며 내 유년 시절의 살아있는 추억 앨범 그 자체였다. 갑자기 아무런 예고도 없이 행복한 가족의 초상화에 금이 간 것이다. 나는 힘든 시간을 보내고 있을 아버지, 어머니, 여동생과 함께 아주 고통스러웠다. 또한 모든 친척들도 같이 영향을 받았다. 나에게는 갑자기 온 세상이 불안정해져 버렸고 난생 처음으로 느끼는 불안함이었다. 아무도 어떻게 행동해야 할 지 몰랐다. 집으로 돌아오는 길은 항상 즐거웠지만 지금은 불편하고 낯설기만 했다.

수년간 계속되는 투어의 시간을 거쳐오면서 나의 전성기를 맞이하며 유명세가 커지게 되어도 마나코르와 우리 동네인 포르토 크리스토는 스타덤으로부터 나를 보호해주고 온전히 나 자신으로 지낼 수 있는 평온한 안식처였다. 낚시, 골프, 친구, 가족들과의 오래된 전통인 외식 코스 등 모든 것들이 이제 변해버렸다. 아버지는 집에서 나가게 되었고 이제 집에서 TV를 보거나 식사를 할 때도 거기에 아버지는 없었다. 낙원은 잃어버린 낙원이 되어 버렸다.

이상하게도 그 영향이 나의 경기에 즉각 나타나지는 않았다. 나는 계속해서 연승 가도를 달렸고 몇 달 동안 좋은 모멘텀을 유지했다. 몬테카를로, 바르셀로나, 로마, 더 놀랍게도 하드코트인 인디언웰스에서도 우승했다. 그 우승의 순간들에 나는 기쁘지 않았다. 몸은 계속 움직이고 있었지만 나의 에티튜드는 좋지 않았다. 나는 우울했고 열정은 떨어졌다. 겉으로는 기계처럼 테니스를 하고 있었지만 나의 내면은 삶의 모든 것에 대한 사랑을 잃어버리고 말았다.

우리 팀은 침울해진 나를 어떻게 대해야 할지 몰랐다. 토니 삼촌 대신 인디언웰스에 같이 참가한 카를로스, 티틴, 후안, 로이그에게 나는 다른 사람이 되어있었다. 차갑고 거리감이 느껴지며 대화는 짧고 신경질적이었다. 그들은 나를 걱정했고 또 한편으로는 부모님의 이혼이 내 경기에 미칠 영향을 염려했다. 그들은 내가 계속 승리할 수 없다는 것을 알고 있었고 무언가를 잃어야 한다는 것도 알고 있었다. 그리고 그렇게 되었다. 그 처음은 나의 무릎이었다. 마이애미에서 처음 찌릿한 통증이 왔다. 그 때가 3월 말이었다. 통증은 한 주, 한 주 지나면서 더 심해졌다. 그래도 나는 투어를 계속 진행했다. 5월 초 마드리드까지. 더 이상 시합을 뛸 수 없게 되었다. 더 이상 정신력에 달린 문제가 아니었다. 휴식을 가져야 했다.

프랑스오픈이 끝나고 몇 주 후 나는 집으로 돌아왔다. 롤랑가로스는 뛰지 않았어야 했던 것 같다. 그러나 그 대회 4연속 우승자인 나는 디펜딩 챔피언으로서 참가해야 한다는 의무감을 느끼고 있었다. 하지만 우승의 기대감 같은 것은 전혀 없었다. 당연히 나는 4라운드에서 스웨덴의 로빈 소더링에게 패하였다. 난생 처음 프랑스오픈에서의 패배였다. 이 경기가 끝내 나를 한계로 내몰았다. 나는 롤랑가로스에서 좋은 모습을 보이기 위해 부단히 노력했고 부모님의 이혼과 무릎 통증을 이겨내기 위해 치열하게 싸웠다. 하지만 지금 생각해 보면 당시의 나는 심신이 모두 쇠약해져 있었고 더 이상 나아갈 수 없었던 것이다. 너무 슬펐고 정말 어렵게 따냈던 윔블던 타이틀을 방어할 기회도 포기했다. 나의 무릎이 가장 문제였지만 본질은 내 정신 상태였다. 투지는 사그라들었고 아드레날린은 메말라 버렸다. 후안 포르카데스는 정신적 고통과 육체적 붕괴 사이에는 '전체론적' 인과관계가 있다고 말한다. 머릿속에 지속적인 스트레스가 있으면 수면에 문제가 생기고 집중이 되지 않으며 (당시 정확하게 내가 가지고 있던 증상들이다), 그 영향으로 몸이 망가지게 된다. 그 메시지들은 경쟁 속에 혹사되고 있는 근육에 전달되고 그것은 부상으로 이어지게 된다. 나는 그가 옳다고 확신한다.

집이 아니라 윔블던에 있으면서 나는 내 삶이 얼마나 드라마틱하게 변했는지 실감하게 되었고 그것이 나의 내면과 슬픔을 더 깊게 하였다. 후안과 체육관에서 무릎 재활을 위해 훈련을 하면서도 강렬함은 없었다. 의지가 없었기 때문이었다. 페더러가 윔블던 우승을 차지했다. 몇 주 전에는 프랑스오픈도 그가 우승하였다. 그에게는 생애 첫 우승이었다. 1년 전에 내가 그에게서 낚아채 온 랭킹 1위 자리도 그가 도로 가져가 버렸다. 충격이었다. 평소였다면 그 강도가 더 컸겠지만 당시 나의 상실감의 중심은 여전히 집안일이었다.

    나는 꾀병을 부리는 사람이 아니다. 내가 건강했다면 결코 투어를 중단하는 일은 없다. 8월 초, 윔블던 브레이크 (대회가 끝난 후 잠시 갖는 휴식기간)가 끝나고 나는 북미 투어에 다시 합류했다. 토론토를 시작으로 신시내티로 이어지는 토너먼트였다. 나의 무릎은 겨우 버티고 있었지만 두 대회 모두 패하고 말았다. 문제는 신시내티에서 또 다른 차질이 생겼다는 것이다. 복근이 파열되었다. 이는 테니스 선수들에게 흔히 발생하는 부상이다. 복근은 몸을 뻗어 트위스트 해야 하는 서브에 특히 큰 영향을 주는데 그것은 컨디션이 좋아야만 가능하다. 다음 대회는 US오픈인데 이번에는 포기하지 않았다. 주어진 환경을 감안하더라도 내가 기대했던 것보다는 더 높이 올라갔다. 준결승에서 아르헨티나의 후안 델 포트로에게 패했다. 그는 나를 손 쉽게 6-2, 6-2, 6-2로 이겼고 우승까지 차지했다. 나로서는 충분했다. 멈추어야 할 타이밍이었다. 집안의 새로운 현실을 직면할 시간이 필요했고 받아들이는 법을 배워야 했다. 잠시 마음에서 테니스를 접고 내 몸도 회복할 시간을 가져야 했다.

    나는 단 한 번도 테니스가 싫었던 적이 없었다. 다른 선수들은 그런 적이 있다고 말한다. 나를 먹여주고, 인생에서 내가 가지고 있는 모든 것을 가능케 해 준 것을 어떻게 싫어할 수 있겠는가? 하지만 피로감이 커지고 최상위 레벨로 경쟁하기 위해 필요한 광적인 열정이 썰물처럼 빠져나가는 때가 올 수도 있다. 토니가 말했듯이, 끊임없이 경쟁하기 위해서는 쌓아 온 패턴을 결코 무너뜨려서는 안 된다는 것을 항상 믿어 왔다. 컨디션이 좋든 좋지 않든 맹훈련을 해야 하고 강도의 어떠한 느슨함도 코트에서는 곧바로 결과로 나타나게 되어 있다.

물론 몸과 마음이 매일 100 퍼센트로 움직여지지는 않는다. 그럴 때 최고의 방도는 쉬면서 다시 하고 싶은 욕망이 돌아올 때까지 기다리는 것이다.

   부모님의 이혼 소식을 처음 들은 지 11개월이 지난 후 2009년의 크리스마스가 다가왔다. 우리는 새로운 집안 분위기를 받아들이기로 했다. 2009년이 누구보다 힘들었을 어머니는 예전의 열정을 되찾고 있었고 나 역시도 새롭게 태어나야 할 순간이 왔다고 결심하였다. 언론들은 앞다투어 나의 재기에 부정적인 기사들을 보도했고 전문가들도 나의 재활이 어려울 것이며 그로 인해 과거의 역동적인 게임은 더 이상 보기 힘들 것이라고 말하고 있었다. 이러한 것들은 오히려 나에게 코트로 복귀하여 그들의 회의론이 틀렸다는 것을 증명하고 싶은 욕망을 더욱 자극하였다. 토니 삼촌은 나를 동정해 주었다. 이제 끔찍했던 한 해가 끝나가고 삼촌은 이제 그만하면 충분하다고 말했다. 재정비해서 복귀할 때가 되었다. "세상에는 많은 사람들이 각자 인생에서 문제를 가지고 있지만, 계속 살아가는 거야. 네가 예외가 되어야 할 특별한 이유가 있겠니?" 평소처럼 무뚝뚝했지만 정곡을 찔렀다. 무릎의 통증은 완전히 사라지지 않았지만 나는 풀 트레이닝에 돌입했다. 2010년이 얼마 남지 않은 시점이었다. 나는 호주 오픈을 위해 열심히 몸을 만들기 시작했다.

   우승을 기대하지는 않았지만 준결승에서 앤디 머레이에게 패한 뒤 패한 방식에 대해 내자신에게 쓰디 쓴 실망감을 느꼈다. 나는 3세트 중간에 무릎 문제로 중도포기해야 했다. 머레이는 첫 두 세트를 이겼고 그의 승리가 확실해 보였지만 나는 정정당당한 승부정신으로 끝까지 게임을 마무리하고 싶었다. 하지만 통증은 극심했고 무릎 보호를 위해 어쩔 수 없었다. 호주오픈을 위해 그동안 열심히 준비했기에 그만큼 충격도 컸다. 게다가 의사는 나에게 2주 간의 휴식과 또다른 2주 간의 재활을 처방하였다. 역시 프로 스포츠 선수의 삶은 건강에는 좋지 않다는 것이 확실하다. 그 분야의 세계적 권위자인 후안 포르카데스도 이 말에 전적으로 동의한다.

의혹을 품은 사람들에게는 더 큰 힘을 실어 주게 되었다. 하지만 나는 기량이 떨어졌다는 그들의 말에 개의치 않았다. 5년 전 족부 주상골 문제가 생겼을 때처럼 그렇게 낙담하지도 않았다. 뛸 수는 없지만 걸을 수는 있을 정도였다. 목발을 짚지도 않았고 벤치에 앉아 공을 쳐야 하지도 않았다.

한달 뒤 나는 적당한 체력 훈련을 다시 시작했고 3월에 열리는 인디언 웰스와 마이애미 오픈에 뛸 수 있을 정도로 컨디션이 올라왔다. 두 대회에서 나는 준결승까지 진출하였다. 그리고 다시 몬테카를로 오픈에서 전환점을 맞이했다. 클레이 코트로 돌아온 나는 예전의 나를 되찾았다. 5번의 매치에서 단 14게임만을 내주고 결승에서 베르다스코와 (호주오픈에서 5시간 5세트 풀세트 접전으로 나로 하여금 눈물을 흘리게 만들었던) 다시 격돌해 6-0, 6-1로 물리치고 우승을 차지했다. 몬테카를로 6연속 우승이었다. 나에게는 자축해야 할 또 다른 이유가 있었다. 아버지와 닥터 코토로는 내 무릎의 해결책을 찾고 있었는데 운이 좋았다. 나는 몬테카를로에서 곧장 의료 센터로 날아 갔다. 스페인 바스크 지방의 수도인 비토리아에 위치한 병원이었는데 의사들이 나를 완치할 치료책을 가지고 있다고 했다. 그들은 마취도 없이 나의 무릎에 바로 주사를 놓았는데 무척 아팠지만 몸이 완전히 회복되기만 한다면 무엇이든 받아들일 수 있었다. 지난 1년 동안 시달렸던 나는 어서 벗어나고 싶었다.

일요일, 몬테카를로 결승전 다음 날인 월요일에 진료 예약이 있었는데 비토리아로 가는 여정은 같이 길을 떠나는 아버지와 티틴 그리고 내가 상상했던 것 이상으로 도전적이었다. 보통은 니스에서 비행기를 타고 바르셀로나를 경유해 비토리아로 가는데 문제는 아이슬랜드 화산 폭발로 인해 하늘길이 막혀

버린 것이다. 항공 안전국에서 유럽 전역에 비행 금지 조치를 내렸다. 바람은 거대한 화산재를 스페인 쪽으로 가져가고 있었다. 미세한 화산재 먼지로 엔진 고장의 우려가 있기에 모든 항공사들이 운항을 중지한 상태였다. 우리는 몬테카를로에서 비토리아까지 운전을 해서 가기로 했다. 자그마치 1,300km의 거리였다. 예약은 월요일 낮 12시였고 우리는 밤을 새워 운전해야 했다. 거기에 또 다른 문제가 있었다. 레알 마드리드의 빅 매치가 일요일에 예정되어 있었고 결코 놓칠 수 없는 경기였다. 그래서 우리는 몬테카를로에 살고 있는 베니토의 집에서 피자를 먹으면서 경기를 지켜봤다. 레알 마드리드가 이기는 것을 보고 나서야 우리는 길을 떠났다. 핸들은 아버지가 잡았다.

우리는 너무 피곤했기 때문에 쉬지 않고 비토리아까지 운전해서 가는 것은 무리라고 판단했다. 그래서 베니토에게 전화해서 우리가 잠시 쉬면서 몇 시간이라도 잠을 잘 수 있는 장소를 물색해 달라고 부탁했다. 그는 프랑스 남부 도시인 나르본에 있는 적당한 호텔을 잡아 주었다. 비토리아까지의 총 거리 중 3분의 1 정도의 위치였다. 베니토는 아주 설득력이 있는 사람이지만 호텔 예약 직원에게 새벽 3시 반에 나달과 그의 일행이 방이 필요하다는 사실이 장난 전화가 아니라는 것을 확인시키는 것에 꽤 애를 먹었다고 한다. 우리는 몇 시간 뒤에 일어났는데 잠은 턱없이 부족했고 앞으로 7시간을 더 운전할 수 있는 상황이 아니었다. 다행히 우리는 의사와의 예약을 오후 시간대로 연기할 수 있었고 그 덕에 조금 더 쉴 수가 있었다.

마취 없이 주사를 맞는 것은 예상대로 아주 아팠다. 의사가 주사를 놓을 때 나는 수건을 입으로 꽉 물었다. 이 치료가 분명히 효과가 있을거라 믿어야 했다. 그리고 이 아픈 주사가 나의 무릎 연골을 재건하여 문제를 잠시 없애는 것이 아니라 다시는 재발하지 않을 정도로 강화시켜 주기를 간절히 바라면서 통증을 참아냈다.

또 한 번의 어쩔 수 없는 휴식을 마치고 2주 후 나는 로마 오픈에 복귀하였다. 7월에 또 한 번의 주사를 맞기 위해 비토리아로 다시 가야 한다는 사실을 제외하고는 확연히 나아진 느낌이었다. 로마를 시작으로 마드리드까지 우승하면서 나의 테니스 생명의 끝이 임박했다는 소리들을 잠재우고 나의 부활을 완성시키는 길인 프랑스오픈으로 향했다. 멜버른 이후 1년 6개월 동안 아직 그랜드슬램 타이틀을 따지는 못했지만 나는 롤랑가로스의 강력한 우승 후보로 기대를 모으며 파리에 입성하였다.

토니는 이것을 걱정하였다. 내 머릿속에 성공이라는 개념이 들어갈까 봐 항상 노심초사해왔다. 이것은 그에게 반사적인 반응이 되었고 때로는 터무니없이 극단적이기까지 했다. 프랑스오픈 전 어느 하루, 삼촌과 나, 카를로스 코스타 셋이서 파리 거리를 거닐고 있었다. 내가 중간에서 걷고 있었고 삼촌과 카를로스가 사이드에서 걸었다. 갑자기 삼촌은 걸음을 멈추며, "잠깐, 이건 옳지 않아." 카를로스와 나는 의아했고 약간은 짜증도 났다. 마치 "이번에는 뭐가 또 문제야?"라는 느낌이었다. "이래선 안 돼!" 그가 다시 말했다. "뭐가 말이에요?" "라파엘 네가 중간에서 걷는 것 말이야!" 토니 삼촌의 마음에는 내가 중간에서 걷는 것은 지나가는 사람들에게 내가 스페셜한 사람이라는 메시지를 줄 수 있다는 것이었다. 그리고 삼촌과 카를로스는 나의 보디가드쯤으로 보인다는 것이었다. 카를로스는 삼촌에 대하여 나보다 인내심이 약하다. 그는 "토니! 도대체 그게 무슨 말이에요?!"라며 항변했다. 그 순간 나는 '평화를 위해서라면 무엇이든지'라는 마인드였다. 그래서 나는 삼촌이 원하는 대로 삼촌을 중간으로 하고 사이드로 자리를 옮겼다.

파리에서 내가 달성해야 할 더 중요한 일은 그동안 부정적이었던 비평가들을 일축시키는 것이었다. 나는 기대에 부응하며 무실 세트로 결승까지 진출했고 작년 프랑스오픈에서 나를 격파했던 로빈 소더링과 결승전에서 만나게 되었다. 소더링은 4강전에서 페더러를 꺾고 올라왔다. 그것은 내가 소더링을 이긴다면 랭킹 1위 자리로 올라 갈 충분한 포인트를 얻게 된다는 의미였다. 그리고 나는 이겼다. 6-4, 6-2, 6-4. 나의 일곱 번째 그랜드슬램 우승이었다.

그 다음 큰 대회는 한 달 뒤 윔블던이었다. 작년에 불참한 나는 그 때의 아픈 기분을 기억하고 이번 대회에 두 번째 우승에 대한 강한 야망을 가지고 출전하였다. 자신감도 충만했다. 카를로스 코스타는 나를 디젤 엔진 같다고 표현한다. 보통 나는 급하게 시작하지 않는 편이지만 한 번 폭발하기 시작하면 그 누구도 멈출 수 없다. 약간 과장되긴 했지만 사실이기도 하며 지금은 더욱이나 그랬다. 2010년 6월, 모멘텀은 다시 나에게 왔다.

이제 부모님 문제가 안정되었다는 사실에 나는 머리를 비우고 다시 테니스에만 온전히 집중할 수 있었고 그것은 모든 것을 바꿔 놓았다. 부모님의 이혼으로 큰 충격을 받았던 나의 모습에서 가정의 안정이 나의 테니스 경기의 안정성과 밀접한 관계가 있다는 것이 결론적으로 증명되었다. 관계들이 너무 긴밀하기에 서로 영향을 받지 않을 수가 없었다. 그러나 시간이 흐르면서(멜버른에서 돌아오는 길에 아버지가 그 소식을 말해 준 후로 거의 1년 반이 흘렀다), 새로운 환경에 내 스스로 자연스레 적응해 왔다. 부모님 덕분에 내가 애초에 걱정했던 것보다는 다소 피해를 줄일 수 있었다. 그들은 떨어져 지내지만 나와 여동생은 여전히 좋은 삶을 유지하며 지낼 수 있도록 아주 잘 챙겨 주셨다. 어떤 사람들은 이혼 후에 자녀들을 서로에게 복수할 도구로 이용하기도 하는데 우리 부모님의 경우는 반대였다. 그들은 우리가 받을 충격을 최소화하기 위해 할 수 있는 모든 노력을 하셨다. 불가피한 초기 갈등이 끝난 후에는 관계가 지저분함 없이 잘 정리

되었고 지금은 내 경기를 같이 보러 올 정도로 두 분은 친구로 지내고 계신다. 고상한 이혼과 그렇지 못한 이혼이 있는데 우리 부모님의 경우는 전자이며 나는 그런 부분 때문에 부모님을 존경하고 사랑한다.

  프랑스오픈 우승 날 밤, 롤랑가로스에서 주관하여 비욘세를 비롯한 다수의 스타들이 참석한 축하 파티가 있었다. 나는 다음 날 아침 기분 좋게 일어나 아버지, 티틴, 베니토, 투츠와 함께 파리 디즈니랜드로 향했다. 거기에서 예정된 사진 촬영을 가졌다. 잠은 부족했지만 당연히 해야 하는 프로의 의무였고 파리 디즈니랜드는 전에도 가 보았지만 나는 그곳에서 항상 좋은 시간을 보낸다. 나는 아이들과 함께 하는 것을 좋아하며 아이들과는 자연스럽게 아주 잘 통한다.

  나쁜 소식이라면 거기까지 헬기를 타고 이동한다는 것이었다. 가끔 헬기를 타야 하는 상황이 있는데 나는 헬기를 타는 것이 너무 무섭다. 우리는 무사히 착륙했고 거기에서 놀이기구를 타면서 스릴까지 더해져 프랑스오픈 트로피를 들고 구피와 인크레더블 커플과의 포토 타임 때에는 자연스럽게 웃으며 사진을 찍을 수 있었다. 끝난 후 다시 파리로 돌아와 런던행 기차에 바로 몸을 실었다.

  윔블던의 전초전이라 할 수 있는 퀸즈오픈은 잔디 코트에서 열린다. 일주일의 시간이 있었으며 나는 가능한 한 빨리 코트에 적응하고 싶었다. 영국해협을 빠져나와 한 시간쯤 뒤 우리는 런던 역에 도착하였다. 우리는 호텔로 가는 대신 곧장 퀸즈 테니스 클럽으로 향했다. 영국에서는 종종 그렇듯 그날은 비가 내렸다. 앤디 로딕과 비가 그치기를 바라는 몇몇의 동료 선수들과 함께 락커룸에서 기다려야만 했다. 대개 그럴 때에는 TV를 보는 것 이외에는 거기서 딱히 할 일이 없다. TV에서는 나와 페더러의 2008년 윔블던 결승전이 재방송되고 있었다. 다른 선수들도 나처럼 몰두하여 보고 있었다. 경기는 아직 무르익지 않았는데 비가 멈추었다. 나는 바로 일어났다. "컴온, 렛츠 고! 훈련하자!" 티틴에게 말했다.

동료들은 여전히 TV에 심취해 있었고 그런 나를 신기하게 쳐다보았다. 마치 내가 의욕을 보이며 코트에 나가기 보다 그 명승부를 다시 보며 나의 유명한 승리를 음미하여야 한다고 생각하는 듯했다. 하지만 나에게는 허비할 시간이 없었다. 거의 2년만의 잔디코트로의 컴백이며 어서 빨리 그 느낌을 회복하고 싶었다.

나는 2008년 퀸즈오픈에서 우승했지만 이번에는 8강에서 떨어졌다. 이것은 윔블던에 대비한 페이스 조절일 뿐 큰 참사는 아니었다. 나는 런던의 호텔에서 체크 아웃을 한 뒤 올 잉글랜드 클럽 근처에 있는 나의 영국 집이라 불리는 렌탈 하우스로 짐을 옮겼다. 다시 오니 참 좋았다. 2009년 대회의 불참은 내가 가정 불화로 얼마나 흔들렸었는지를 보여줬다면 2010년 복귀는 내가 얼마나 건재한지를 보여주는 것이었다.

카를로스 코스타가 나를 묘사한 디젤 엔진 이미지는 특히 윔블던에서 적절한 표현이다. 나는 초반 라운드에서는 서서히 시작하지만 한 번 탄력이 붙으면 무엇도 나를 멈추게 할 수가 없다. 2라운드에서는 5세트까지 가는 약간의 삐걱거림이 있었지만 라운드를 거듭할수록 그리고 랭킹이 높은 어려운 상대를 만날수록 나의 경기력은 더 향상되었다. 8강전에서 소더링을 4세트로 이겼고 준결승에서는 앤디 머레이를 스트레이트 세트로 이기며 결승에 진출하였다. 센터코트에서 열린 머레이와의 준결승 경기에서 보여준 관중들의 매너는 흠잡을 데 없이 완벽했다. 영국은 영국인 윔블던 챔피언을 오래도록 간절히 기다려왔다. 1963년 프레드 페리 이후 영국 선수 가운데 윔블던 트로피를 들어 올린 선수가 아직 나오지 않고 있기 때문이다. 그날 관중들은 경기 시작 전부터 그들의 애국심을 당당하게 표현했다. 그해 4번 시드로 대회에 참가한 머레이는 오래도록 그들의 '베스트 호프' 기대주였다. 그러면서도 그들은 경기 내내 나에게도 공정했다. 내가 더블 폴트를 해도 환호하지 않았으며 나의 파인 플레이에는 박수를 쳐주었다. 그리고 아주 큰 실망감에도 불구하고 내가 스트레이트 세트로 영국의 희망을 이겼을 때 아쉬워하지 않고 나에게도 따뜻한 박수를 보내주었다.

　　　　내가 만약 결승전에 올라간다면 나는 페더러를 만나게 되리라고 예상했다. 하지만 예상은 빗나갔다. 내가 결승전에서 만난 상대는 체코 선수인 12번 시드 토마스 베르디흐였다. 그는 이번 윔블던에서 상승세를 타며 8강에서 페더러를, 준결승에서는 조코비치를 물리치고 결승에 올라온 것이다. 물론 방심은 전혀 하지 않았지만 2년 전 결승전 때만큼 긴장되지는 않았다. 윔블던 결승전에 대한 경험이 전무하다면 다소 불리한 요소가 될 수 있었겠지만 내 경우 네 번의 결승 진출 경험이 그 익숙함에서 오는 편안함을 주었다. 거의 완벽에 가까운 경기였다. 나는 3세트로 이겼다. 6-3, 7-5, 6-4. 그렇게 나의 두번째 윔블던 트로피와 여덟 번째 그랜드슬램 타이틀을 수집했다.

　　　　경기는 일찍 끝이 났지만 나는 그날 밤 잠을 이루지 못했다. 윔블던 공식 만찬에서 전통대로 턱시도를 입고 레이디 우승자인 세레나 윌리암스와 같이 춤을 추기도 했다. 자정이 넘어서야 행사가 끝이 나 잠을 잘 시간이 없었다. 두 시간 뒤에 아버지와 티틴과 함께 공항으로 떠나야 했다. 우리는 빌바오로 향하는 새벽 비행기를 탔고 거기서 비토리아로 한 시간 가량 운전해서 가야 했다. 무릎에 두 번째 주사를 맞아야 했기 때문이다. 두 번째 주사가 결정적으로 중요하다고 했다. 사실 시술은 연기할 수 있었지만 나는 최대한 빨리 마요르카에 돌아가서 윔블던 후 내가 항상 갖는 여름 휴가를 만끽하고 싶었다. 사람들이 말하기를 섬사람들은 귀소 본능이 특히 강하다고 하는데 내 경우를 보면 맞는 말이라고 생각한다. 집으로 돌아가야 할 때에는 잠은 전혀 고려 대상이 아니다.

　　　　그런데 서두를 필요가 없었다. 의사는 지금은 주사를 맞기에 좋은 타이밍이 아니라고 진단했다. 무릎에 감염의 우려가 있어 보였기 때문이다. 그래서 우리는 다시 빌바오로 돌아가 비행기를 타고 팔마로 돌아갔다. 후에 다시 비토리아에 가서 두 번째 주사를 맞았고 결과는 아주 성공적이었다. 이제 나의 무릎 문제는 사라졌다. 나는 휴식을 취했다. 평소보다 더 긴 여름 휴가를 가졌다. 이 긴 휴가는 또 하나의 큰 도전을 앞 둔 나에게 아주 필요하다고 판단했다. 그 도전은 바로 '커리어 그랜드슬램'! US오픈만 우승하면 완성되는 것이었다.

나는 3주동안 테니스를 멀리했다. 이번에는 부상이나 정서적인 고갈이 아니라 리셋 버튼을 눌러야 할 시간이라는 긍정적인 이유였다. 나는 1년 반 전에 있었던 코트 안팎의 갈등들 사이에 선을 긋고 깨끗한 상태로 다시 시작하고 싶었다. 낚시, 수영, 골프를 하였고 친구들과 밤 늦게까지 클럽에서 즐기며 여자 친구 마리아 프란체스카와도 많은 시간을 함께 보냈다. 기자들에게 지속적으로 에워싸이지도 않았고 언론에 매일 오르내리지도 않았으며 이 기간은 비록 잠시 동안이었지만 나에게 안정을 주었다. 매일 락커룸과 식당에서 선수들과 마주치고 라이벌의 경기를 TV로 봐야 하고 시합이나 훈련을 위해 호텔과 코트를 오가거나 가끔 어떤 도시에서 시차 적응에 실패하는 것들로부터의 해방이었다. 원래 나는 이런 것들을 잘 해내고 의무라고 받아들이지만 때로는 나 역시 다른 사람들처럼 휴가가 필요한 것이다. 나의 직종에서는 번아웃 증후군의 리스크가 매우 높다. 만약 나에게 US오픈에서 우승할 확률이 있다고 한다면 지금 시기에 가장 중요한 것은 정신을 깨끗하게 함으로써 테니스 라켓을 다시 잡았을 때 충분한 절박함과 열정으로 경기에 임할 수 있게 하는 것이라고 판단했다.

8월 초, 미국 썸머 투어가 시작되기 10일 전부터 나는 풀 트레이닝에 돌입했다. 그것은 가장 짧은 준비 기간이었다. 보통은 그랜드슬램 시작 전 최소 15일의 기간을 가지지만 이번에는 10일이면 적당하다고 느꼈다. 비록 토론토와 신시내티에서 좋은 성적을 내기에는 충분하지 못했고 아직 최상의 컨디션도 아니었지만 자신은 있었다. 가끔은 엔진을 풀가동하면서 그랜드슬램에 도착하는 것이 좋지 않을 때도 있다. 왜냐하면 토너먼트 오프닝 경기부터 베스트 컨디션을 유지하지 못하면 남은 2주 동안에 실망과 사기 저하를 불러 일으킬 수 있기 때문이다.

계산은 적중했다. 처음에는 확신하지 못했지만 결과는 옳았다. 그러나 이번 US오픈은 조금 불편하게 시작했다. 부분적으로는 토니 삼촌과의 오랫동안 쌓인 감정으로 인한 약간의 말다툼이 원인이기도 했다. 지난 20년간 나에게 해 온 그의 다그침에 나는 무언가를 해야 했다. 스페인 말에 경기에 필요한 것 중 "Una Buena Cara (우나 부에나 카라)"라고 부르는 것이 있는데, 그 뜻은 '굿 페이스', '좋은 표정'이다.

좋은 표정을 가진다는 것은 경기 중에 진지하고 집중된 표정을 가지고 가능한 한 모든 부정적인 감정을 지우고 집요함과 프로 정신의 자세를 반영하는 것을 의미한다. 좋은 표정의 반대는 분노, 긴장, 두려움이나 또는 심지어 기쁨의 감정이 얼굴에 드러나는 것이다. 토니 삼촌이 보았을 때 이것은 미학이나 매너의 문제가 아니었다. 후안 포르카데스도 이 이슈에 관해서는 토니 삼촌의 의견과 같은데, 그 이론에 따르면 얼굴의 표정이 감정의 상태를 그대로 표현해 준다는 것이다. 테니스 선수의 경우에는 몸의 기능까지 포함한다고 한다. 달리 말하자면 경기 중에 좋은 표정을 유지한다면 공을 잘 치든 실수를 하든 이기든 지든 마음에 동요가 일지 않고 모든 정신이 오직 현재와 이 순간에 주어진 일에만 집중하게 될 확률이 높아진다는 것이다. 그것은 토니의 훈련 철학인 인내의 또 다른 방식이며 후안이 말하는 엘리트 스포츠에서 성공의 필수 조건인 '홀리스틱'의 접근 방식이라고 할 수 있다.

대체로 나도 인정한다. 그렇기 때문에 내가 세상을 향해 좋은 표정으로 서기 위해 항상 최선을 다하고 있는 것이다. 그리고 2008년 윔블던 결승전에서도 끊임없이 그렇게 했다. 적어도 내 생각에는 그랬다. 그 경기에서 나의 가장 자랑스러운 점은 경기 초반부터 끝날 때까지 내가 보여준 나의 자세라는 것도 우연이 아니다. 물론 토니 삼촌의 말이 옳다. 좋은 얼굴을 유지하는 것은 테니스 경쟁에서 엣지를 준다. 그러나 나 역시 완벽할 수 없고 나의 감정들을 매번 숨길 수는 없다. 토니 삼촌은 2010년 US오픈 1라운드에서 우즈베키스탄의 데니스 이스토만과 경기할 때 나는 좋은 표정 유지에 실패했다고 했고 그것 때문에 우리는 실랑이를 했는데, 사실은 불필요한 실랑이였지만 그런 것은 남은 뉴욕 캠페인에 아주 좋지 않은 영향을 줄 수가 있었다.

시작은 이랬다. 1라운드를 앞두고 토니는 안전하게 플레이하고 공을 높이 치고 점수차를 벌리면서 앞으로 있을 어려운 경기들을 대비해 리듬을 되찾는 데 집중하라고 했다. 나는 정확하게 그가 시키는대로 했고 이겼다. 그러나 오늘 나의 최상의 기량을 선보인 것은 아니었으며 어떤 불만감이 얼굴에 표출되었으리라 생각된다. 경기 후 락커룸에서 토니는 내가 좋은 표정으로 경기하지 않았고 경기에 임하는 자세 또한 형편없었다고 다그쳤다. 나는 동의하지 않았고, "내가 정확하게 시키는 대로 했는데 이렇게 얘기하는 것은 이해하지 못하겠어요. 그리고 대다수의 사람들이 코트에서의 내 태도를 칭찬하는데 삼촌은 도대체 왜 나를 이렇게 나무라는지 이해가 안 돼요." 라고 말했다. "만약 내 얼굴이 삼촌이 말하는 것처럼 그렇게 보였다면 내가 긴장을 했고 질까 봐 걱정했기 때문이겠죠. 그건 인간으로서 당연한 반응인 거죠. 하지만 집중력은 경기 내내 좋았고, 어쨌거나 이겼잖아요. 그런데 도대체 뭐가 문제인거죠?" 그는 "오케이, 단지 나는 내가 느낀 것을 말했을 뿐이고 내 말이 마음에 안 든다면 나는 집으로 돌아갈 테니 다른 코치 찾아봐."

나는 그의 반응에 그리 놀라지도 않았다. 토니는 내가 투어 선수 중 가장 같이 지내기 편한 선수라는 것을 알아야 한다. 나만큼 코치를 존경하는 선수도 별로 없다. 나는 그의 지도대로 행동하고 우리 사이에 갈등의 기류가 흐를 때도 말대꾸를 잘 하지 않는다. 나는 코트에서 매너있게 행동하고 백 퍼센트의 집중과 노력으로 훈련하며 일상 생활에서도 토니 삼촌 같은 주변 사람들에게 어떠한 부담도 주지 않는다. 그렇기에 그날 락커룸에서 토니 삼촌이 나에게 그런 반응을 보였을 때 나는 불공평한 대접을 받는 느낌이 들었다. 그럼에도 나는 자제하려고 노력했다. "보세요 삼촌. 삼촌은 항상 같은 말을 하죠. 그리고 나는 대부분 동의합니다. 그러나 이번 만은, 정말 이번만은 삼촌이 틀렸다고 생각해요." 그는 듣지 않으려고 했다. "좋아, 이런 식이라면 나는 더 이상 너의 코치로서 의미가 없다." 그리고 그 말을 남기고 그는 락커룸을 박차고 나가 버렸다.

그것은 나를 생각하게 만들었다. 내 인생에서 삼촌이라는 존재가 만들었던 긴장감에는 미세한 균형이 있었다. 경기 결과에서 보이듯이 대개 긍정적이고 크리에이티브한 긴장이었다. 가끔 이번 경우처럼 그가 말을 신중히 하지 않으면 그 영향은 내 기분을 강화시키지 않고 오히려 상하게 만들었고 그것은 바로 내 경기에 충격을 주었다. 그와 비슷한 사소한 예를 들자면, 우리는 지구상의 어느 호텔에서 훈련을 위해 몇 시에 아래 주차장에서 만나기로 했는데 그는 15분 늦게 내려왔다. 그럴 경우 나는 아무 말도 하지 않는다. 그러나 다음 번에 내가 약속에 15분을 늦게 도착하면 그는 이런 식으로 하면 안 된다고 나에게 불평한다.

또 다른 예로, 경기 중에 그의 목소리가 들린다. 서브 리턴 하기 전에, "공격적으로 플레이 해!" 그것은 공을 더 세게 받아 치라는 뜻이다. 그러면 나는 아주 강하게 리턴을 한다. 그러면 공은 길게 아웃 되고 그는 말한다. "지금은 아니야." 지금이 맞았다. 단지 공을 잘못 쳤을 뿐이었다. 만약 공이 잘 들어갔으면 그는 "퍼펙트!" 라고 말했을 것이다.

또 있다. US오픈 기간에 그는 기자에게 상하이에서 있었던 일화를 얘기했다. 우리는 호텔에서 디너를 먹으러 내려가는 길이었는데 엘리베이터 안에서 베니토가 레스토랑 드레스 코드를 얘기해 주었다. 반드시 긴 바지를 착용해야 한다고 했는데 나는 반바지를 입고 있었다. 베니토는 "음, 걱정하지마, 너라고 하면 그들도 그렇게 까다롭게 하지 않을 거야." 라고 말했다. 토니 삼촌은 베니토에게, "너 지금 내 조카에게 아주 좋은 것 가르쳐 준다."라며 무안을 주었다. 그리고 나에게 "올라가서 다시 옷 갈아입고 와."라고 말했다고 기자에게 그 스토리를 전했다. 나는 그 스토리를 부정하지 않는다. 그는 그렇게 말했다. 하지만 그 이야기의 진실은 그가 그렇게 말하지 않았어도 베니토가 드레스 코드를 지적하자마자 나는 올라가서 바지를 갈아 입을 생각이었다.

이런 일들로 인해 우리 팀의 분위기는 토니 삼촌이 있을 때가 없을 때보다 훨씬 더 긴장감이 돈다. 그 긴장이 균형의 관점에서 나의 경기에 도움을 준다는 것은 결코 잊지 않는다. 좋은 것이든 나쁜 것이든 내가 그에 대한 무한한 존경이 없다면 그로 인해 이런 반응이 생기지도 않을 것이라는 것도 잘 알고 있다. 내가 그에게 심하게 대할 때는 그럴 만하기 때문이라고 나는 생각한다. 하지만 한 가지는 확실하게 해야 한다. 우리가 싸울 때는 상호 신뢰와 오랜 시간 같이 지내며 쌓인 깊은 애정을 근간으로 한다는 것이다. 나는 그가 가진 대중의 인지도를 시기하지 않는다. 그것이 나로 인해 형성된 것이겠지만 내가 테니스라는 게임에서 이룬 것들과 내가 가졌던 모든 기회들은 모두 그의 덕분이다. 어릴 때부터 나에게 겸손을 그토록 강조하고 결코 자만하지 않도록 다그쳤던 부분들은 특히 감사하다.

나의 머리는 단 한 번도 성공에 사로 잡혀 본 적이 없고, 아직까지 그렇지 않다면 앞으로도 그런 일이 일어나리라고 생각하지 않는다. 나는 더 이상 겸손에 대한 수업은 필요하지 않다. 더 이상 "좋은 표정을 가져라."는 말도 들을 필요가 없다. 가끔 내가 코트에서 경기를 망친다면 그것 또한 게임의 일부이다. 나 역시 누구 못지않게 자신에게 비판적이다. 내가 느슨해지는 것을 방지한 토니 삼촌의 노력도 가치가 있으며 그것이 나를 푸쉬하여 더 좋은 방향으로 발전하게 하였지만, 한편으로는 불안감도 동시에 만들었기에 부정적인 면도 있다. 나는 종종 이렇게 생각한다. 나의 커리어에서 아주 많은 좋은 것들이 그의 공인 것도 사실이지만 특히 토너먼트 초반에 내가 종종 느끼는 불안감 역시 그의 탓으로 돌려도 마땅하다.

최근에 농담처럼 그는 내가 스스로를 과소평가하는 경향이 있다고 자주 말한다. 그는 내가 이룬 모든 것들을 고려해 보면 그건 미친 짓이라고 말한다. 랭킹이 아주 낮은 상대와 경기하기 전에 그는 이렇게 말할 것이다, "네가 이제껏 쌓아 온 경력이 있으니 크게 걱정할 건 없겠지, 안 그래?" 또는 "지금 너는 세계 랭킹 1, 2위 자리를 몇 년 동안 지켜왔는데 아직도 네가 좋은 선수인지 확신이 서지 않아? 120위 선수와 경기할 때도 여전히 두렵단 말이야? 게임을 지배하는 것처럼 거만하게 군다면 그것은 멍청한 짓이지만, 컴 온 라파! 너도 이제 네가 누구인지 제대로 좀 알아야 해!" 그는 상대 선수를 필요 이상으로 과장되게 존중하는 것도 나의 몸을 경직시키고 제 기량을 발휘하지 못하게 하는 문제를 초래한다고 말한다. 그의 말이 맞다. 당연히 그가 옳다. 하지만 그 소프트웨어를 애초에 심은 사람은 삼촌이다. 그가 나에게 지난 수 년 동안 해 온 방식은 지금 요구하는 것과는 정반대의 자세를 가지는 쪽으로 영향을 미쳐 왔다.

지금 중요한 포인트는 토니 삼촌으로부터 받은 교육을 유지하되 내 자신의 판단을 첨가하여 겸손과 과신 사이에서 적절한 균형을 찾는 것에 심혈을 기울이는 것이다. 당연히 라이벌 선수를 항상 존중해야 하고 그들이 나를 이길 수 있다는 가능성을 염두에 두어야 한다. 500위 선수와도 1위 선수라고 생각하고 항상 경기에 임해야 한다. 토니는 이런 생각을 아주 확실하게 갖도록 도움을 준 사람이다. 아마도 너무 확실하게 가르친 것 같다. 내가 지금 나 자신에게 일깨워 주려고 노력하는 것은 그 균형을 다른 방향으로 기울이는 것이다. 나의 자율성을 더 실행하고 토니 삼촌에게 공공연히 동의하지 않는 것이다. US오픈 초반에 내가 했던 것처럼 말이다. 그 결과 중 하나로, 어떤 면에서는 토니 삼촌도 가지고 있는 본인 스스로의 의구심과 불안감을 내게도 보이기 시작한 것인지도 모른다. 그도 종종 모순되며 그가 더 이상 나에게 어릴 적의 모든 것을 아는 마법사로 보이지 않는다.

  락커룸에서의 실갱이는 수습되었다. 늘 그렇듯 우리는 화해했다. 우리는 서로가 서로에게 필요하다는 것을 잘 알고 있었고, 특히 커리어 그랜드슬램 달성이 목전에 있었기에 지금은 결코 또 한 번의 가족의 이별이 있어서는 안 될 시기였다. 내 인생의 패턴을 보면 크고 작은 위기를 극복하고 나면 더 강한 모습으로 변모해 왔다. 나는 그 일이 있은 후 US오픈 다음 라운드부터 더 나은 플레이를 펼치며 결승까지 올라갔다. 결승 상대는 조코비치였다. 나의 컨디션은 최고조에 있었다. 그 해 내내 좋았던 포핸드는 첫 세트에서 바위처럼 단단했고 백핸드도 완벽에 가깝게 묵직했으며 서브는 역대 최고였다.

  그럼에도 2세트에서는 1-4로 뒤지고 있었다. 내가 못해서라기보다 갑자기 그가 친 모든 샷들이 잘 들어왔기 때문이다. 나는 그가 계속해서 그런 플레이를 유지하지는 못하리라는 것을 알았고 내가 더 잘하고 있다고 느끼고 있었다. 그러한 자신감 속에서 나는 그의 서브를 브레이크 했다. 그 포인트를 조코비치가 가져 갔다면 5-2로 벌어질 게임이 이제 4-4가 되었다.

  상승세는 나에게로 왔다. 그는 세트를 움켜쥘 수 있는 빅 찬스를 놓치면서 위축되어 보였다. 30-30에서 그의 서브 도중에 비가 내렸다. 이전의 햇살은 어두운 먹구름에 가려져 버렸다. 멀리서 번개가 치는 것이 보였다. 체어 엄파이어는 경기를 중단시켰고 대회 감독관이 코트에 올라와서 우리에게 말했다. "이 비가 심술궂은 상황이 될 것 같아." 그의 말이 맞았다. 락커룸 아래에서도 천둥 소리가 들렸다. 경기가 재개되기까지 2시간이 소요되어 저녁 8시가 되어서야 코트로 다시 올라갔다.

우천 중단은 나보다는 조코비치에게 더 유리했다. 마치 2년 전 윔블던에서 첫 번째 우천 중단 때 페더러에게 유리했던 것과 비슷한 상황이었다. 모멘텀은 나에게 있었고 조코비치는 추스를 시간이 필요했다. 그는 재정비되었고 중단되었던 게임에서부터 조코비치는 다시 5-4로 앞서갔다. 나는 나의 서브를 지켰고 그도 자신의 서브를 지켰다. 나는 5-6에서 세트를 지키는 서브를 해야 했다.

첫번째 포인트는 그가 손도 못 댈 예리한 포핸드 드라이브 앵글샷으로 얻었다. 다음 포인트는 네트에 걸렸는데 조코비치에게 다소 행운으로 네트를 넘어가지 못하고 내 쪽으로 떨어지고 말았다. 그것이 그 세트를 결정짓게 되었다. 나는 조코비치만큼 플레이를 잘했다고 생각한다. 어쩌면 내가 더 잘했을지도 모른다. 포인트 관리도 내가 더 나았고 그가 계속해서 뒷걸음 치며 공격하기 위해 더 많은 허슬 플레이를 하게 만들었다. 그것이 내가 경기하기 편안한 플랜이었지만 그는 경기운영을 잘했고 몇몇의 샷에서는 도저히 따라갈 수 없는 공까지 잘 막아 내었다. 조코비치는 2세트를 7-5로 이겼고 나에게는 이번 토너먼트에서 첫 번째로 내어 준 세트가 되었다.

비는 그에게 축복을 내린 것이었다. 경기는 '원 세트 올'로 다시 원점이 되었다. 2008년 윔블던에서의 결말은 나에게 축복이었다. 우리는 이번에도 테니스의 신이 나에게 다시 미소를 보내 줄지는 기다려 보아야 했다.

라파의 여인들
Rafa's Women

라파엘 나달의 인생에는 세 명의 여인들이 있다: 어머니, 여동생, 그리고 여자친구. 그들은 모두 어머니인 아나 마리아 파레라의 '교리'라고 불리는, 세상에서 어떻게 행동해야 하는지에 대한, 지침을 따른다. 라파의 글로벌 셀럽의 위치를 고려하면 이상하리 만치 간단한데, 컨셉은 사전에서 찾을 수 있는 가장 지루하고 매력 없는 단어로 잘 요약할 수 있겠다. 그 단어는 "평범함"이다.

대중들은 라파 나달에게서 화려함과 즐거움을 본다. 그러나 아나 마리아가 그의 아들에게서 보는 것은 아들이 집을 떠나 혼돈의 세상에서 살고 있다는 것이다. 엄마의 의무는 그에게 안정된 닻이 되어 어린 나이에 세상에서 가장 유명하고 존경받는 운동선수가 된 후로부터 받아온 모든 방면에서의 폭격 속에서 지켜 줄 안전한 안식처를 만들어 주는 것이다.

이것은 그의 아들이 이루어 낸 모든 업적들이 마치 아무것도 아닌 것처럼 미디어의 스포트라이트를 피하게 하는 것을 의미한다. 여동생과 여자 친구의 예를 들자면, 이론적으로는 그들은 각자 다른 선택을 할 수 있었다. 아나 마리아는 아들 내면의 약점과 기벽을 세상에 알려 커리어를 쌓을 수도 있었다. 큰 키에 금발의 매력적인 마리벨은 가십 매거진에 주요 기사거리로 오르내릴 수도 있었다. 마리아 프란체스카도 라파 만큼이나 글로벌 유명 인사가 될 수 있었다.

그러나 그들은 그 길을 선택하지 않았다. 그것은 나달이 가장 원하지 않고 필요하지도 않다는 것을 알고, 부자와 셀럽을 갈망하는 무리들에게 희생되고 싶지도 않으며, 그리고 무엇보다 그들의 성향과 거리가 멀기 때문이다. 그들은 모두 마나코르 출신이며 마나코르 사람은 천성적으로도 문화적으로도 낯선 이들을 경계한다.

"나는 항상 프라이버시를 신중히 보호해 왔어요." 아나 마리아는 말한다. "라파의 명성은 나를 더 조심하게 했고 가정에서의 우리 삶을 더 보호하게 만들었죠. 나는 모르는 사람들에게 속내를 털어 놓는 것을 좋아하지 않아요. 인기를 좋아하는 사람들이 내 입장이 된다면, 자신들과 영예로운 아들에 대한 얘기를 하는 것을 좋아하겠지만, 나는 그렇지 않아요. 물론 속으로는 내 아들이 엄청나게 자랑스럽고 그가 이룬 모든 성공들이 행복하지만 그렇다고 내 감정들을 광고할 필요는 없는 것이죠. 심지어 나는 친한 친구들에게도 라파에 관한 이야기는 하지 않아요."

그녀는 자신의 인생에서 유명해지는 것에는 관심이 없다는 것을 넌지시 암시해왔다. 가끔 바르셀로나, 런던, 뉴욕 등지에서 길을 걸을 때면, 나달의 경기 중계에서 그녀를 잠깐 본 사람들이 그녀를 알아보곤 한다. 그 사람들이 다가올 때면, 그녀는 불편할 뿐만 아니라, 자신의 아들이 마나코르를 떠나 넓은 세상으로 나갔을 때 '얼마나 사람들에게 가차없이 포위되었을까' 하며 폐쇄 공포증 같은 느낌을 받으며 신경이 쭈뼛해진다고 한다.

"투어 중에 아들이 편안함을 느낄 유일한 장소는 호텔 방이며 그곳이 숨을 수 있는 유일한 장소예요. 소동을 피우지 않고는 거리를 자유롭게 걸을 수도 없죠. 미디어와 스폰서들은 라파에게 끊임없이 요구해요. 더욱이 엄청난 경쟁의 긴장감 속에서 정상의 자리를 지키고, 1주 또는 2주 동안의 토너먼트에서 계속 이기기 위해 컨트롤 해야 하는 불안감과 공포들이 존재하리라는 것도 나는 잘 알아요. 내 아들이지만 그가 얼마나 강해야만 하는지 그리고 얼마나 강한지

보고 있노라면 두렵기도 하고 놀랍기도 합니다."

그에게 집이 제공하는 안식이 없었다면 그렇게 강하지 못했을 지도 모른다. 집은 라파엘 나달이 한 숨을 돌리는 곳이다. 그리고 그 집의 중심이자 상징은 바로 어머니다. 특히 부모님의 이혼으로 아버지가 나간 후에는 더 그렇게 되었다. 세바스찬 나달은 인터내셔날 캠페인에 어머니보다 더 자주 동행한다. 나달이 어디를 가든 버팀목이 되어 주기 위해서이다. 그는 라파의 프로 팀원으로서 그의 테니스 인생에 밀접하게 연관되어 있다. 어머니는 세계 1위 나달에게 주어지는 중요한 경기나 광고, 방송 등에는 별 관심이 없다. 그녀는 나달과 선수 생활에 대해서는 별로 이야기하지 않는다. 관심이 없어서가 아니라, 나달에게 해 줄 수 있는 최선은 여느 엄마들처럼 아들에게 해주는 것이라는 것을 알기 때문이다. 그녀는 테니스 코트에서 세계적으로 알려진 "라파엘 나달"로 그가 이룬 업적을 경외하기보다 그를 낳고 기른 엄마로서 부드러운 안락함과 애정으로 그를 대한다. 엄마는 나달이 세상의 칭송으로부터 땅에 발을 디디고 있게 하고 진정한 자신을 되새기게 해주는 해독제 같은 존재이다.

"가장 중요한 점은, 명성이 아직 그의 머릿속을 집어 삼키지 않았고 앞으로도 결코 그런 일을 없을 것이기 때문에, 라파가 집에 있을 때는 최대한 평온하게 있게 해 주는 것이에요." 아나 마리아는 말한다. "그가 투어 중에 가장 원하는 것은 바로 평온함입니다. 인생 주변에 존재하는 광기에도 불구하고 그의 본성 때문이에요. 그는 화가 나 있거나 나쁜 성격의 사람들과 있으면 그 역시 즉시 화를 내고 나쁜 성격이 나와요. 감정적으로 주변 모든 것이 완벽하게 정리되어 있어야 합니다." "그렇기 때문에 우리가 같이 있을 때는 내가 할 수 있는 것을 모두 해주는 것이 나의 의무라고 생각합니다. 다른 엄마들도 하는 것처럼 말이에요. 그가 행복하게 잘 지내는 모습을 보아주고, 그렇지 않을 때에는 곁에서 서포트 해

주는 것이죠. 가령 그가 부상을 입었을 때 그를 위하는 것은 아무 말없이 어떤 상황에서도 엄마는 네 곁에 있다는 확신을 주는 거예요. 집에서는 오로지 편안함만 느끼게 해줘요. 친구들을 초대하고 싶으면 아무 요구 없이 언제든지 초대하게 하죠. 어디 데려다 달라고 하거나, 먹고 싶은 것을 사달라고 하거나, 여행을 위해 가방을 꾸려달라고 하면 나는 기꺼이 행복한 마음으로 해 주죠."

아나 마리아의 거실은 라파가 집에 돌아오면 그의 친구들과의 사교장으로 변한다. 친구들 중 리더는 밤 늦게 놀거나, 낚시 여행을 갈때에도 항시 참석하는 바로 여동생 마리벨이다. 나달보다 5살 어린 마리벨은 나달이 엄청 애정하고 투어 중일 때도 가장 그리워하는 인물이다. 그들은 항상 전화나 인터넷으로 서로 연락하며 지낸다. 마리벨도 오빠와의 관계가 유별나다는 사실을 알고 있다. 대부분의 그녀 친구들을 보며 나이차가 있는 형제들 사이에는 마찰이 있거나 무시하는 경향이 있기 때문이다. "대개 남자 아이들은 자라면서 특히 십대 때에는 여동생을 귀찮아 하는데 오빠는 절대 나를 그렇게 대한 적이 한 번도 없었어요. 친구들과 나갈 때면 꼭 나를 데리고 나가려고 했죠. 친구들은 그런 관계가 이상하다고 해도 우리에겐 그냥 자연스러운 것이었죠. 우리들만의 특별한 유대가 있었어요."

아나 마리아는 그 둘이 그렇게 가까운 이유는 라파가 아주 이른 나이부터 테니스 세계에 입문하여 투어를 다니면서 집을 떠나 있는 시간이 많았던 것도 하나의 이유라고 생각한다. 그들은 서로를 당연하게 생각하지 않고 떨어져 있었던 시간은 서로를 그리워하게 만들었다는 것이다. 나달의 명성이 그녀에게 영향을 주었다면 그렇게 되지 않았을 것이다. 마리벨도 어머니의 지시에 따랐던 것이다. 아나 마리아는 말한다. "마리벨은 나보다 더 신중해요." 일례로, 마리벨은 바르셀로나에 있는 대학에서 스포츠 교육을 전공했는데 2년이 지나도록 친한 친구들 이외에는 오빠가 라파엘 나달이라 사실을 아무도 모르게 했다. "그녀의 교수님이 파리오픈 TV 중계에서 마리벨을 보고 나서야 소문이 돌았어요."

마리아 프란체스카는 익명을 유지하기 위해 많은 노력을 해야 했다. 그래서 그녀는 경기장에도 잘 나타나지도 않았다. 그녀가 나달의 경기를 보기 위해 코트에 참석한 첫 번째 경기는 2010년 윔블던이었다. 그런 노력에도 불구하고 그녀의 모습이 드러난 이유는 둘이 함께 있는 사진들을 찍으려는 파파라치들의 집요한 노력 때문이었다. 파파라치들은 주로 해변에서 휴가를 보내는 이 커플의 사진을 좋아했다. 그녀의 사진은 셀 수도 없이 가십 매거진의 셀럽 섹션을 장식해 왔다. 그러나 그녀에 대한 인터뷰 기사는 아직 하나도 없다. 스페인 TV의 한 해설자는 지난 5년간 그들의 교제를 취재했는데 아직 아무도 그녀의 육성을 들어 본 적이 없다는 것을 알고 당황했다고 한다.

TV 프로그램이나 매거진에서도 그녀의 이름조차 정확하게 알 수 없을 정도로 그녀는 베일에 쌓인 존재였다. 그녀는 세계 언론에 '시스카Xisca'로 소개되어 왔는데 왜 그렇게 불리는 지도 아무도 몰랐다. 라파와 그의 가족들은 그녀의 애칭인 '마리'로 불렀고 다른 사람들은 마리아 프란체스카로 불렀다.

모든 언론들은 그녀가 엘레강스한 요조숙녀로 소개하는데 실은 정보 부족이다. 그 결과 미디어에서는 그녀를 단순히 진지하고, 겸손하고, 미스터리하다는 정도로만 설명한다. 흔히 영국에서 부유하거나 유명한 스포츠 선수들의 아내와 여자친구를 일컫는 말 중에 'WAG Wife and Girlfriend'라는 은어가 있는데, 그런 유명인을 쫓는 이들 속에서 고정관념을 깨는 사람을 좀처럼 찾아보기란 쉽지 않은 일이다. 그녀는 라파에게 진실되고 그의 승리와 패배를 마치 자신의 일처럼 느끼면서도 자신의 독립성을 소중히 하며 나달과의 관계로 자신이 규정되기를 원하지 않는다는 사실이다. 그녀는 경영학 학위를 가지고 있고 팔마의 한 보험회사에서 풀타임으로 근무하고 있다. 그렇기 때문에 라파를 따라 투어를 같이 다닐 시간도 없을뿐더러 설령 있다하더라도 그녀는 그것을 원치 않을 것이다. "모든 곳을 같이 여행을 다니는 것은, 설령 내가 그렇게 할 수 있다 하더라도, 그것은 우리 모두에게 좋지 않을 거예요. 시합 중에는 그도 자신 만의 공간이 필요하고 나 역시 하루 종일 그에게 매달리거나 기다린다면 지쳐 버리겠죠. 아마 질식하게 될 걸요. 그러면 그도 나를 걱정하게 되고, 안되요. 내가 만약 어디든 따라다녔다면 아마 우리가 그만 만나야 했을 지도 모르죠."

그녀가 토너먼트에 그와 같이 있을 때는 대개 어머니와 마리벨도 동행하는 경우가 많다. 대중 앞에 그녀가 나달과 함께하는 장면은 최소한 적게 하려 한다. 한번은 그녀가 파리에 있을 때였다. 스폰서가 주최하는 디너 파티가 있었는데, "라파가 나에게 같이 가자고 했어요. 나는 안 가겠다고 말하고 호텔에 남았어요. 나달이 돌아와서는 안 가길 정말 잘했다고 했어요. 그곳에는 이미 파파라치 떼들이 장사진을 치고 기다리고 있었다고 했어요. 내가 그런 곳에 간다는 것은 셀럽의 세계로 진출한다는 의미에요. 내 인생을 그렇게 만들고 싶지 않고 라파 역시 그런 여자를 좋아하지 않을 거에요." 어머니도 마리아 프란체스카가 자신의 커리어를 원하는 것을 흔쾌히 지지하며 라파가 미디어의 관심을 원하는 여자와는 관계를 유지하지 못한다는 것에 동의한다. 평온함과 좋은 유머감각 있는 여자가 나달 성향에 더 어울린다고 말한다. 마리벨과 마찬가지로 어머니와도 금방 친구가 되었다. 그 셋의 유대는 라파에 대한 사랑이라는 공통분모뿐만 아니라 아나 마리아의 교리인 '평범함'을 신념으로 하고 있기 때문이다. "심지어 우리 가족들이 나달에 대해 물어보아도 저는 별로 얘기하지 않는 편이에요. 원래 시시콜콜하게 얘기하는 것을 좋아하지 않기도 하고 특히 사생활은 더 그렇죠" 프란체스카는 아나 마리아의 교리와 마리벨의 정서에 화답하듯 말했다. "그게 내가 편하고 라파와 커플로서도 그게 맞다고 생각해요. 우리에게 다른 방식은 없어요."

제 9 장

세계의 정상에서
On Top of The World

비밀은 당신이 할 수 있는 것을 가장 필요할 때 해낼 수 있는 가에 달렸다. 조코비치는 환상적인 선수이지만, 그랜드슬램 결승전에서는 긴장감과 체력이 재능만큼이나 중요하며 박빙의 5세트에서는 특히 결정적인 것이다. 첫 두 세트에서 보여 준 나의 퍼포먼스는 경기 시작 전에 내가 가졌을 지 모를 의구심을 완전히 불식시켰다. US오픈 결승전이라는 스트레스에 관해 말하자면, 나는 8번의 그랜드슬램 우승 경험이, 그는 한 번의 경험이 있었다. 그것은 나에게 조코비치만큼 나도 할 수 있다는 자신감을 안겨주었다. 또 한 가지는 그의 기록에서도 나타나듯이 그는 장기전에서 체력이 약하다는 것이다. 조코비치는 그때까지 5세트 풀접전에서 나를 이긴 적이 없었다.

그의 눈부신 플레이들이 있긴 했지만 나는 안정적으로 플레이 하고 있었고 나의 디젤 엔진은 부릉부릉 굉음을 내고 있었다. 만약 3세트를 내가 이긴다면 그는 눈 앞에 아직도 넘어야 할 큰 산이 서 있는 느낌을 받게 될 것이라고 나는 예감했다.

하지만 그는 3세트가 시작되자 움직임이 좋아지며 금세 회복했다. 다시 균형을 맞추며 흐름은 그에게로 돌아가는 듯했다. 나는 나의 팀과 가족들이 앉아 있는 플레이어 박스 쪽을 슬쩍 쳐다보았다. 모두가, 특히 마리아 프란체스카가, 긴장한 표정이었다. 그녀가 경기장에서 그랜드슬램 결승전을 관전하는 것은 이번이 두번째이다. 대개 그녀는 집에서 혼자 또는 그녀의 부모님과 경기를 시청한다. 2008년 윔블던 결승은 방에서 혼자 보았다. 그녀는 경기가 너무 달아오르면 TV 채널을 잠시 돌리거나 방에서 나간다고 고백하기도 했다. 이번 뉴욕에서도 자리를 박차고 떠나고 싶은 충동을 여러 번 참았다고 했다. 이 시합 중 지금이 그녀의 결의를 가장 크게 시험하는 순간이었다.

프란체스카도 테니스를 하고 있기에 우천 중단이 조코비치에게 활기를 불어주었다는 것을 나만큼 잘 알고 있었다. 세트 첫 포인트에서 조코비치는 그것을 뚜렷하게 증명해 보였다. 나를 왼쪽으로 와이드 하게 몰아내고 다시 오른쪽으로 백핸드 다운-더-라인 위너를 만드는 환상적인 플레이를 선보였다. 그는 그 다음 포인트에서도 그 트릭을 반복했고 이번에는 더 많은 랠리와 더 깊은 샷으로 끝을 냈다. 너무 좋은 샷이었다.

나는 순순히 받아들였다. 어떤 선수들은 상대 선수가 압도적인 플레이를 할 때 폭발하는 화를 주체하지 못하기도 한다. 하지만 그것은 무의미하다. 오히려 자신을 해칠 뿐이다. 이렇게 생각해야 한다. "이건 나도 어쩔 수 없는 일이야. 그러니 걱정할 것 없어." 그는 많은 리스크를 감수했고 그에 대한 보상을 받았을 뿐이다. 하지만 나는 공격의 수위를 적절히 조절하고 있었고 에러를 줄이기 위해

리스크가 없는 선에서 공을 세게 그리고 깊게 치고 있었다. 나는 스스로에게 말했다. "이 위기를 극복하자. 다음 포인트를 못 따면 그 다음 포인트를 따면 돼." 하지만 이번 게임은 아니었다. 그가 이겼다. 다소 어이없는 더블폴트로 나에게 단 한 포인트만 던져 준 채 말이다. 포티-러브(40-0) 상황에서 아마 세컨드서브에서도 에이스를 노렸던 것 같다. 오케이. 그렇게 되었다. 베드 럭. 운이 나빴을 뿐이다. 그는 앞서갔고 나는 내 서브 게임을 따야 했다. 아주 긴 게임이 될 것 같았다.

다음 게임은 우승을 위해서 나에게 결정적으로 중요한 순간이었다. 그는 2세트 후반부터 연속 3게임을 가져왔다. 나는 그의 흐름을 막아야 했고 그를 더 뛰게 만들어야만 했다. 나는 첫 포인트에서 공을 높게 치며 지능적으로 플레이했다. 만약 조코비치에게 공이 낮거나 중간 높이로 치게 되면, 지금처럼 그가 날카로울 때에는, 완벽한 리턴을 만들어낸다. 하지만 공을 어깨 높이 보다 위로 보내면 자세는 불편해지고 그의 속도를 늦출 수 있게 된다. 그렇게 해서 나는 15-0로 앞섰다. 위너가 아니라 그의 실책을 유도해내면서 말이다. 그것이 나에게 리스크를 감수할 자신감을 주었고 다음 포인트에서 포핸드로 코트 코너를 찌르는 깊은 샷을 칠 수 있게 하였다. 그는 고개를 끄덕였다. 마치 자신에게 "상대가 너무 잘 쳤기 때문에 나도 어쩔 수 없어."라고 말하는 듯하였다. 나는 절대 그렇게 하지 않는다. 나는 상대의 잘 친 공에 대해 인정하는 모습을 보이지 않는다. 그것은 내가 예의가 없기 때문이 아니라 나의 경기 시나리오에 매우 위험한 영향을 미치기 때문이다. 하지만 그의 자세는 옳은 것이었다. 불가피한 상황을 인정하고 넘어가는 것은 현명한 태도였다.

나는 러브 게임으로 이겼다. 그리고 기대하지 않았던 보너스까지 생겼다. 그의 서브 게임에서 내가 '오늘의 샷' 하나를 성공시킨 것이다. 조코비치는 내 백핸드 코너로 깊은 어프로치 샷을 치고 매우 센스있게 네트로 들어왔다. 나는 베이스라인에서 2미터나 떨어진 공을 러닝 백핸드 크로스 패싱샷으로 멋지게 성공시켰다. 그가 발리 자세를 잡기도 전에 공은 그의 옆을 지나가버렸다. 그렇게 그의 서브 게임을 브레이크 했다. 나는 "바모스Vamos!"를 외치고 주먹을 불끈 치켜들며 세레모니를 힘차게 했다. "컴온!" 나는 조코비치의 모멘텀을 깨고, 주도권을 다시 잡으며, 거리상으로도 믿기 어려운 위너를 쳐낼 수 있다는 것을 나 자신에게 그리고 그에게도 보여 주었다.

경기 중 정신적으로 가장 강함을 느끼면서 나는 멘탈 싸움에서 앞서 나가기 시작함을 감지했다. 과거의 조코비치와의 대결에서 그는 궁지에 몰리게 되면 서서히 좌절하는 경향을 보여왔다. 또한 나보다 더 빨리 지치는 면도 있었다. 나의 마음 뒤 켠에서는 그것을 노리고 있었지만 일단은 오직 다음 포인트에만 집중하고 있었다.

세번째 게임에서 질풍이 끝나고 그의 서브를 브레이크 함으로써 이제 경기를 굳히는 것에 집중할 때였다. 경기를 하는 내내 나는 순간 순간 최선의 전략을 궁리하고, 상대의 전투력을 체크하며, 스코어 진행 상황 등 이 모든 것을 계산하며 플레이 하고 있었다. 지금 내가 해야 하는 것은 평정을 유지하고, 랠리를 길게 가져가고, 서두르지 않고, 그러다가 기회가 왔을 때 무리하게 기회를 만들려고 하지 않고, 놓치지 않고 확실하게 잡아야 하는 것이라고 판단했다. 조코비치를 지치게 만들어 정신력을 무너지게 하여 실수를 유발하게 해야 했다. 정확하게 그것이 네번째 게임의 긴 랠리 끝에 첫 포인트에서 얻은 나의 패턴이었다. 여기서 나의 몇몇 실책성 드롭샷들을 위너로 결정짓지 못하고 주저하는 조코비치를 보며 그의 멘탈 상태에 대해 또 따른 힌트를 얻었다. 그 순간 그의 약세에 나의 자신감은 더욱 커졌다. 나의 서브를 러브 게임으로 잡으며 3-1로 앞서게 되었고 다음 그의 서브를 한 번 더 브레이크 할 기회가 보였다. 기회는 왔고 그의 서브에서 15-40로 브레이크 포인트를 가졌다. 나는 특별한 그 무엇도 시도하지 않았고, 단지 공을 길게 보내는 것에 집중하며, 다양한 샷과 포핸드 탑스핀과 백핸드 백스핀을 적절히 섞어서 그를 힘들게 하여 인내심을 잃기 만을 기다렸다. 그는 인내심을 잃고 있었다. 그런데 갑자기 조코비치는 작전을 바꿨다. 긴 랠리에서는 나에게 지게 되자, 서브 앤 발리로 네트플레이를 시작했다. 처음에는 먹혀 들었다. 그는 발리로 포인트를 가져갔다. 나는 그의 새로운 대담성을 절박함의 사인이라고 읽었지만 이어지는 그의 빅 서브는 다시 듀스를 만들었다. 나는 다시 브레이크 포인드를 가져왔지만 다시 잃었고 내 자신에게 화가 났다. 공을 잘못 쳐서가 아니라 굳이 리스크를 가질 필요가 없는 상황에서 너무 예리한 앵글을 노렸던 것이다. 지금 너무나도 명확하게 필요했던 작전은 무리하게 압박하는 것이 아니라 계속 해서 공을 살려 인-플레이를 하는 것이었는 데 말이다. 나는 순간적으로 집중력을 잃고 그 부분에 대해 자책했다. 지금의 그는 약간의 주저함을 보이고는 있지만, 조코비치라는 선수는 언제라도 다시 최상의 레벨로 돌아올 수 있기에, 나는 세트에서 난공불락의 리드를 굳힐 수 있는 기회를 날려 버리고 있었다. 그리고 나는 날려 버렸다. 나는 쓰리 브레이크 포인트를 결정짓지 못하고 다섯 번째 게임을 맞이해야만 했다. 그리고 게임은 조코비치가 첫 포인트를 가져가며 시작되었다.

하지만 흐름은 여전히 나에게 유리한 분위기였다. 그는 서브를 지키기 위해 고군분투하였고 나는 서브 게임을 편안하게 이기고 있었다. 그렇게 해서 4-2로 나는 앞서고 있었다. 또 한 번의 브레이크 찬스를 맞았고 마치 수 천 번은 브레이크 기회를 가진 것 같았는데 이번에도 결정적인 기회를 또 놓치고 말았다. 말할 것도 없이 내가 더 나은 기량을 보이고 있었고 그는 거의 로프에 매달려 있는 상황이었는데 끈질기게 잘 매달려 있었다. 다음 두 게임에서 우리는 각자의 게임을 지키며 5-4의 게임 스코어로 나는 서빙 포 더 세트를 맞이하였다.

그 때 나는 긴장하기 시작했다. 승리가 눈 앞에 보일 때 나는 그렇게 현기증의 급습에 종종 힘들어 한다. 내가 게임을 이기면 세트 스코어 2-1로 한 세트를 앞서게 되고, 4번째 그랜드슬램 우승의 7부 능선을 넘게 되는 것이었다. 조코비치는 다음 두 세트 모두를 이겨야 하는데 내가 한 치의 양보도 없을 것이라는 것을 그도 알고 있었을 것이다. 생각을 내 머릿속에서 완전히 없애려고 하면 할 수록 더욱 뿌리를 내리게 된다. 그렇기 때문에 안전한 플레이를 유지하고 그 어느 때보다 나의 수비 본능을 믿고 따르며 자연스럽게 움직이는 것이 중요한 것이다. 그런 속에서 그의 멘탈이 무너지게 되기를 어느 정도 기대해 보면서 말이다.

우리는 스무 번이 넘는 두 차례의 긴 랠리를 주고받으며 게임의 포문을 열었다. 첫 번째 랠리는 그의 샷이 길게 떨어지면서 내가 이겼고, 두 번째에서는 엄청난 포핸드로 조코비치가 포인트를 가져갔다. 피프틴 올. 나의 텐션이 오르는 것이 느껴졌다. 하지만 아직까지는 컨트롤 할 수 있는 수준이었으며 그의 파인 플레이였기 때문에 실점이 그렇게 실망스럽지는 않았다. 오히려 그는 리드하고 있었지만 그 역시도 가쁜 숨을 몰아 쉬어야 했다. 그는 아마도 이렇게 생각했을 것이다. "이 녀석에게 한 포인트를 따려면 엄청 많이 달리고 치고 해야만 하는군." 그 와중에 나는 그가 지쳐가고 헐떡이는 것을 보고 있었다. "조금 더 있으면 그렇게 치지도 못하게 될 거야." 라고 생각했다. 어쨌든 최소한 그것이 내가 원하는 것이었다. 다음 포인트는 그의 강력 포핸드에 실점을 했지만 높은 와이드 서브로 재빨리 따라잡아 서티 올이 되었다. 나는 대개 서브 게임은 비교적 안전하게 플레이하는 편이다. 첫 서브를 성공시키기 위해 아주 집중한다. 세컨드서브는 상대에게 주는 선물이기 때문이다. 하지만 이번 토너먼트처럼 서브에 자신 있었던 적이 없었다. 전력으로 몰아붙여야 하는 순간이라는 것을 직감했다. 옳은 결정이었다. 에이스였다. 그것은 세트 포인트를 만들어 주었고 다음 서브도 백핸드를 찌르며 그가 손도 대지 못한 좋은 서브였다. 6-4로 세트를 이겼다.

지난 20년 동안 테니스 인생에서 나를 지도해 온 하드 워크에 대한 철학을 분명히 입증해 보였다. 그것은 승리에 대한 의지와 준비에 대한 의지는 하나이며 그 둘은 같은 것이라는 명확한 상관관계가 있다. 나는 US오픈 전 서브에 대해 많이 준비하고 훈련해왔다. 그리고 그것은 내가 가장 필요로 하는 순간에 그 노력에 대한 보상을 해주고 있었다. 긴장감이 남은 경기에 악영향을 미칠 무렵 나를 구해 주었던 것이다. 나는 진정으로 엄청난 무언가를 느꼈다. 이 수준에 오기까지 긴 시간 동안 나의 희생과 헌신이 있어야 했고, 성공에 지름길이 없다는 불변의 원칙을 지켰다는 사실이다. 엘리트 스포츠에서는 속임수라는 것은 없다. 재능 하나만으로는 버틸 수가 없다. 재능은 단지 초석일 뿐이며 그 위에 끊임없는 노력과 반복적인 훈련을 쌓아 올려야만 한다. 짐Gym에서의 체력훈련, 코트에서의 테니스 훈련, 비디오를 통한 나와 상대의 움직임 분석, 그렇게 그것들을 끊임없이 반복하여 항상 몸을 만들고 더 나은 기량과 정신을 위해 정진하여야 한다.

나는 프로 테니스 선수의 길을 선택했고 그 선택의 결과는 오직 지칠 줄 모르는 훈련과 발전에 대한 끊임없는 욕망이라 할 수 있다. 프랑스오픈, 윔블던을 차례로 우승하고 난 뒤, 더 큰 성공을 가질 충분한 준비가 되었다는 확신에 차 거기서 안주하였다면 아마 지금 US오픈 타이틀을 눈 앞에 두고 있는 뉴욕까지 오지는 못했을 것이다. 내가 지금 여기까지 올 수 있었던 이유는 단 한 번도 목표에서 눈을 돌리지 않았기 때문이다. 친구들과 밤 늦게까지 나가 논 후, 오늘은 정말이지 일어나고 싶지 않은, 오늘만큼은 훈련하고 싶지 않은 그런 아침들은 진정한 시험에 들게 한다. 고된 훈련과 한 바가지의 땀이 나를 기다리고 있다는 것을 알기에 마음 속에 이런 생각이 드는 순간이 있다. "오늘 딱 하루만 쉴까?" 그 달콤한 말에 절대 귀를 기울여서는 안 된다. 그것이 얼마나 위험하고 가파른

하향곡선을 그리게 할 지 알기 때문이다. 한번 타협하면 두 번은 쉽다.

　　간혹 더 큰 의심이 나에게 찾아올 때가 있다. 한 번은 마요르카에서 가족들과 크리스마스를 같이 보내며 투어로부터 한 달간 휴식을 취한 적이 있다. 그 때 나는 새로운 정신 프레임을 갖게 되었다는 것을 알게 되었다. 그것은 우울함이었고 그 감정으로 나의 열정이 식어감을 느꼈다. 나는 새로운 산을 오르고 싶었지만 여전히 산들이 남아있었다. 무자비하게 뼈를 깎는 고통을 요구하는 한 해가 펼쳐질 지 너무나도 잘 알고 있었기 때문이었다. 훈련, 여행, 경쟁, 미디어, 스폰서, 팬들의 요청이 눈 앞에 선했다. 그리고 내가 가장 머물고 싶은 집에서 멀리 떠나 지내야 했다. 새해 첫 날부터 호주 오픈에 참가하기 위해 지구 동쪽으로 투어를 떠날 때에는 항상 마음이 무겁다. 일단 여정을 시작하면 집중력을 백 퍼센트 끌어 올려 우울함에서부터 나를 들어 올린다. 다시 아드레날린이 솟구치며 손에 주어진 목표를 수행한다. 나 역시 테니스 이외에도 라이프라는 것이 있다. 프라이버시의 필요성과 직업적 요구들 사이에서의 배틀에서 승리하는 것은 나의 커리어에서 또 다른 성공 요소이다. 그러나 가끔은 정말이지 싸우고 싶지 않은 배틀이기도 하다.

　　3-4년 전 나의 여동생 마리벨은 집에 돌아왔을 때 계단에서 슬피 울고 있는 나를 본 것을 기억한다. 부상 회복의 막바지 단계에서 투어 복귀를 준비하고 있는 시기였다. 마리벨은 무슨 일인지 물었고 나는 불현듯 어린 시절에 보통의 아이들처럼 친구들과 즐겁게 놀 수 있는 기회를 모두 거부한 것에 대한 극심한 후회감이 밀려온다고 말해 주었다. 여동생은 나의 대답에 놀랐다. 부모님의 이혼 후, 우리가 집에서 같이 있는 시간에는 대부분 늘 같이 웃으며 화기애애하게 지내려 했기에 그러한 감정을 여동생에게 표현한 적이 없었다. 순간적이긴 했지만 그 허탈감이 밀려왔을 때 오늘날까지 내가 이룬 것들은 희생이라는 대가가 필요

했다는 것으로 이해하고 있었다.

그렇다고 나에게 다른 선택의 여지가 있었던 것도 아니었다. 아주 어린 시절부터 나의 천성 중에 가장 큰 부분을 차지하는 것은 이미 확인되었다고 할 수 있다. 마리벨과 나는 내가 열 살 때 아버지 차의 뒷자석에서 아주 안타깝게 울었던 날을 결코 잊지 않는다. 나는 아버지에게 8월의 여름방학때 아무리 친구들과 즐거운 시간을 보냈다 하더라도 지금처럼 내가 이길 수 있는 선수에게 진 것은 아무런 위로가 되지 않는다고 말했었다. 그 고통은 친구들과 노느라 최선을 다하지 않았다는 것을 내가 알고 있었기 때문이었다. 그 때는 몰랐지만 바로 그 날이 내 인생에서 최우선을 무엇으로 할지에 대해 가장 큰 결정을 내린 때였다. 한 번 결정을 내리면 결코 후퇴는 있을 수 없다. 그 때도 그리고 지금도. 길은 정해져 있었고 중간에 의구심과 나약함의 순간이 있어도 나는 결코 괘도를 이탈하지 않았다. 어떠한 강한 유혹에도 나는 꿋꿋이 버텨왔다. 그런 순간이 내가 고향 친구들과 태국으로 휴가를 떠났을 때 나에게 한 번 찾아왔었다. 잊고 지냈던 시간들을 보상받을 기회였는데 나의 경쟁 본능이 고개를 들었다.

방콕에서 토너먼트를 앞두고 그 전에 1주일간의 휴가를 가지기로 결정했다. 우리 일행은 10명이었고, 어린 시절 토니 삼촌 밑에서 같이 테니스 훈련을 했던 나의 가장 오랜 친구인 미구엘 앙헬 무나르도 동행했다. 집에서 여행을 떠날 채비를 하던 중 나는 그 먼 방콕까지 가서 나에게 그다지 중요하지 않은 토너먼트를 위해 시차 적응과 싸워야 할 필요가 있을까 하는 의구심이 들었다. 하지만 이미 8개월 전에 참가를 약속했고 이렇게 막바지에 불참을 통보하며 조직위를 실망시킬 수는 없었다.

우리는 아주 멋진 휴가를 보냈다. 제트 스키를 타고 골프도 즐겼다. 미구엘 앙헬은 토너먼트를 일주일 앞두고 나와 밤낮을 함께 지낸 것이 이번이 처음이라고 했다. 이번에 처음으로 나와 그렇게 같이 지내면서 그는 많이 놀라 했다. 긴 비행과 3시간의 환승을 거쳐 공항에 내리자마자 호텔 내에 있는 테니스 코트로 곧장 향해 한 시간의 훈련을 마치는 나를 보고 그는 충격을 받았다고 했다. 심지어 우리가 새벽 5시까지 놀다가 잠자리에 들었지만 매일 아침 9시에 어김없이 일어나 훈련을 하고 오후에 또 한 시간씩 훈련하는 것을 알고는 뒤로 나자빠졌다.

미구엘이 몰랐던 것은 우리 모두가 아주 좋은 시간을 보내고 있는 동안 무언가가 내 마음에 걸려 있었다는 사실이다. 몇 시간씩 훈련하고 있었지만 토너먼트를 목전에 두고 반드시 해야만 하는 훈련 전부를 하고 있지는 않았다. 여기는 열대 지방의 중심이었고 기후는 아주 덥고 습해서 내가 더 힘을 써야만 했다. 그래서 나는 친구들을 즐겁게 해주지 않기로, 그리고 내 자신도 즐겁지 않기로 결심해 버렸다. 그래야만 했다. 우리는 화요일 저녁에 방콕으로 돌아가는 일정이었는데 나는 월요일 아침에 먼저 떠나버렸다. 이 대회는 내 커리어에서 가장 중요한 토너먼트는 아니었지만 참가하기로 결정한 이상 최선을 다하지 않을 수 없었다. 만약 내가 원래 일정대로 움직였다면 대회 이틀 전에는 마쳐야 하는 나의 준비들을 못했을 것이다. 그것은 내가 감당할 수 없다고 생각하는 것이다. 나는 그 대회 준결승에서 패하면서 한 가지 교훈을 얻었다. 해변에서 덜 즐긴다면 코트에서 더 큰 기쁨을 맛볼 수 있다는 것을 깨달았다.

만약 나의 일이 쉬운 쪽이었다면 그렇게 큰 성취감을 이끌어내지는 못했을 것이라는 사실을 알게 되었다. 승리의 전율은 내가 얼마나 준비하고 노력했는가에 비례한다. 또한 훈련을 정말 하기 싫은 날에도 노력한다면 그 보상은 최상의 컨디션이 아닌 날에도 시합에서의 승리로 이어질 수 있다는 것을 나의 오랜 경험이 보여준다. 그것이 챔피언이 되는 길이며 또한 위대한 선수와 그냥 좋은 선수가 구분되는 점이다. 차이점은 얼마나 잘 준비하는가에 달려있다.

노박 조코비치는 현대 최고의 선수 중 한 명이며 그 점에 대해서는 의심의 여지가 없지만, 뉴욕에 어둠이 깔리기 시작할 때 나는 그를 2-1로 앞서고 있었다. 그의 서브로 4세트를 시작할 때가 밤 9시 15분이었다. 그는 좋은 플레이를 하고 있었지만 나는 더 훌륭한 플레이를 하고 있었다. 나는 그가 경기 시작부터 지금까지 단 한차례도 게임을 주도하지 못했기 때문에 어쩔 수 없이 많은 부담감 속에서 경기를 하고 있다는 것을 알고 있었다. 그리고 지금 그는 더 깊은 나락으로 빠져들고 있다. 만약 이번 세트도 내가 앞서간다면 그의 멘탈은 아주 힘들게 될 것이다. 부담감은 나에게도 있었지만 그랜드 슬램 결승전에 대한 충분한 경험이 있었기 때문에 경기력을 유지하는 것에 대한 자신감이 충분했다.

첫 포인트는 럭키샷이었다. 그의 첫 서브는 아주 좋았으며 나는 반사적으로 수비를 해야 했다. 이어 몇 번의 랠리를 교환했고 그가 네트로 대쉬했다. 나는 크로스 코트 쪽으로 커트하려 했지만 공은 잘못 맞아 의도치 않게 로브가 되어 버렸다. 그는 스매싱을 준비하다 공이 길게 벗어날 것이라 판단하고는 손대지 않고 보내 버렸는데 백스핀이 걸린 공은 베이스라인 안 쪽에 살짝 떨어졌다. 포인트를 가져온 것도 좋았지만 그것보다 조코비치의 심리 상태를 알게 된 것이 더욱 좋았다. 그의 자신감이 떨어지고 멘탈이 흔들리고 있다는 나의 판단을 재확인한 것이다. 그렇지 않았다면 그는 분명 좀 전의 그 공을 스매싱했거나 랠리를 끝내려고 그렇게 서둘러 네트로 들어오지는 않았을 것이다. 그 역시 나처럼 네트 플레이를 많이 하는 선수는 아니기 때문이다. 그는 리스크를 더 많이 선택했고 내가 계속해서 지금처럼 유지한다면 그를 몰아붙여 무너지게 만들 수 있다는 것을 직감했다.

다음 포인트에서 그는 다시 한번 네트로 들어왔고 이번에는 아주 좋은 각도의 발리를 했다. 나는 미친듯이 공을 향해 질주했고 코트 전체를 대각선으로 뛰어가 거의 공을 잡을 뻔하였다. 내가 그렇게 하는 것을 그가 보는 것은 좋은 것이었다. 왜냐하면 다음 번 그가 발리를 할 때 그로 하여금 두 번 생각하게 만들 수 있기 때문이다. 그로 인해 무리하게 각도를 주게 만들어 그의 실수를 유발할 수도 있다. 피프틴 올(15-15)에서 우리는 아주 긴 랠리를 이어 갔지만, 조코비치는 자세가 무너진 상태로 포핸드 위너를 무리하게 시도했고 그 공은 길게 나가버렸다. 그 다음 포인트는 내 공이 길게 나갔고 그 다음 포인트에서 조코비치가 또 한차례 실책을 범하면서 30-40로 나는 브레이크 기회를 맞이했다. 경기 중 처음으로 조코비치는 크게 소리를 내질렀다. 아마도 그런 제스처가 그에게 필요했을 것이다. 그리고 그것이 실제로 도움이 되었을지도 모른다. 하지만 나에게도 그것은 아주 큰 힘이 되는 신호였다.

문제는 그의 강력한 무기 중 하나인 서브가 꾸준히 잘 작동하고 있다는 것이었다. 경기 시작 후 단 한 번의 실수도 없었다. 그리고 다음 세 번의 서브들도 놓치지 않으면서 나의 브레이크 포인트는 날아가 버렸다. 1-0으로 조코비치가 앞서갔다. 하지만 그에게 총알이 몇 발 남지 않았음을 나는 여전히 느끼고 있었다.

나는 좋은 서브와 스트로크로 다음 게임에서 동점을 만들었다. 그는 한 포인트를 땄는데 그 다운-더-라인 샷은 인간이 칠 수 있는 가장 강력한 샷이었다. 하지만 나머지 세 포인트를 잃었다. 하나는 백핸드가 빗나가며 또 한 번의 고함을 내지르는 미스 샷이었으며 나머지 두 포인트는 내가 빅 서브로 마무리했다.

1-1. 그의 서브에서 나는 피 냄새를 맡았다. 3세트 초반부터 모멘텀은 나에게 있었고 나는 그것을 놓치지 않고 있었다. 나의 다리는 아주 가벼웠고 자신감은 넘쳐 흘렀다. 반면에 조코비치는 몸과 마음이 모두 지쳐 있었고 다음 두 번의 샷에서 이를 극명하게 증명해 보였다. 그는 어이없는 샷들로 아주 허망하게 포인트를 나에게 주었다. 그의 첫 서브는 여전히 강력하게 들어오면서 생명선을 연장시켜 주었지만 나의 포핸드 위너가 그의 방어막을 무너트리면서 항복하게 만들

었다. 브레이크에 성공한 나는 3-1로 앞설 기회의 서브게임을 시작하였다.

　　　　나는 내가 앞서 가고 있을 경우에는 수비적인 플레이를 하는 경향이 있는데, 세트가 진행되면서 느낌이 좋다면 공격적으로 전환하여 한 포인트 한 포인트를 따내며 주도권을 잡는다. 나는 네 번째 게임 첫 포인트를 그렇게 가져왔다. 조코비치를 오른쪽 왼쪽으로 뛰게 만들었고 끝내 체력이 떨어진 그의 공은 네트에 맥없이 걸리고 말았다. 두 개의 에이스를 포함하여 러브 게임으로 나는 이겼다. 조코비치의 서브 게임을 브레이크 한 것에 더해 나의 서브 게임을 지키고 3-1로 앞서 나가면서 나는 경기를 지배하고 있음을 느꼈다.

　　　　테니스에서의 불문율 중 하나는 아무리 지쳤다 할 지라도 그것을 내보여선 안 된다는 것이다. 그는 시도조차 포기한 듯했다. 그의 바디 랭귀지는 나의 공격들에 해법을 찾지 못해 체념한 듯한 모습을 보였다. 이제 한 번 더 브레이크를 할 수 있는 찬스이며 승부를 결정지어야 할 순간이다. 내 본능은 다시 안전하게 경기하는 것이었지만 나의 판단은 공격적으로 플레이 할 절호의 기회라고 말하고 있었다. 나는 조코비치에게 단 1초도 긴장을 풀어주고 싶지 않았다. 그가 얼마나 변화무쌍한지 잘 알고 있었기에 그가 자신감을 회복하고 기량을 되찾을 여지조차도 모든 것을 총동원하여 차단해야 했다. 나는 내 팀 박스를 슬쩍 쳐다보는데 투츠가 아주 환하게 웃고 있었고 토니 삼촌은 늘 그렇듯 심각한 표정으로 집중하고 있었다. 나는 그와 눈을 마주쳤고 그가 나에게 '밀어부칠 때야'라고 중얼거리는 말을 소음 속에서도 들을 수 있었다. 나는 그 말을 듣고 싶었다. 나의 단호한 판단은 경기의 방향에 대하여 결단을 내리라고 말하고 있었다.

　　　　나는 조코비치의 서브를 한 번 더 브레이크 하기 위해 그다지 큰 노력을 할 필요가 없었다. 그는 첫 포인트에서 포핸드를 길게 날려 버렸다. 두 번째 포인트는 포핸드 드라이브로 그의 자세가 무너졌고 그 덕에 나는 유리한 공간을 만들어 낸 후 강력한 포핸드 드라이브 다운-더-라인으로 망치질하듯 때려 박았다. 이어서 그가 더블 폴트를 하며 러브 포티(0-40)가 되었다. 첫 번째 브레이크 포인트 기회는 공이 길게 나가며 실패했지만 그 다음 포인트에서 조코비치는 아주 쉬운 포핸드 샷이 네트에 걸리자 고함을 내질렀고 나는 그렇게 게임 스코어 4-1, 두 세트를 앞서며 나의 서브 게임을 맞이했다.

만약 당신이 그때 나처럼 서브를 잘 넣는다면 게임에서 어떠한 근심도 없애버릴 수 있다. 경기가 시작되고 첫 서브 동작을 갖출 때, "제발, 제발 나를 실망시키지 말아 주세요." 같은 생각은 할 필요가 없다. 서브의 리듬이 자동적으로 이루어지기만 하면 나머지 필요한 동작들은 당신의 몸이 알아서 해주게 되어 있다. 정신적으로 이것은 엄청난 가치가 있다. 당신은 더 침착하게 되고 게임에서 다른 측면들에 더 집중할 수 있는 여유가 생기게 되는 것이다.

이것이 이론이었고 내가 그렇게 실행했어야 했다. 하지만 그러지 못했다. 왜냐하면 그때 나의 마음은 이상한 트릭을 쓰기 시작했기 때문이다. 내가 5-1로 앞서갈 수 있는 서브를 하려는 순간, 상대는 이미 충분히 지쳐 있었는데, 갑자기 공포가 밀려왔다. 마치 2년 전 치명적인 순간이었던 윔블던 4세트에서와 같이 말이다. 마치 승리에 대한 공포가 나를 잡아먹어 버렸던 그때 같았다. 내 커리어에서 더블 브레이크를 성공하고 앞서가는 이러한 상황에서 패하였던 적이 몇 번이었을까? 네 번? 아니 두 번 정도 되는 것 같다.

예상치 못한 천재지변이 일어나지 않는 한 너무나도 명확하게 세트와 경기는 내 것이 되어야 맞는 것이었다. 그러나 이 시점에서 이러한 생각의 꼬리를 무는 것은 옳은 일이 아니었다. 나는 넘쳐나는 승리에 대한 생각들을 없애려고 애를 써보았다. 오직 다음 포인트만 생각하고 다른 모든 것은 떨쳐 버리면서 내가 해야 하는 것만 하려고 했다. 그러나 완전히 그렇게 하지 못했고 첫 서브를 넣으려고 자세를 잡는 순간 겁이 났다.

　　　결과는 즉각적이었다. 지금까지 시계바늘처럼 정확하게 돌아가던 나의 게임은 갑자기 뒤엉키기 시작했다. 그라운드 스토로크에 대한 자신감은 무너졌고 나의 무브먼트도 좋지 않았다. 나는 더욱 더 수비적으로 플레이 하기 시작했고 코트를 정신없이 뛰어다니고 있었다. 몸은 긴장했고 팔은 뻣뻣했다. 내가 이 게임을 이기면 5-1로 앞서게 되며 US오픈 타이틀은 거의 내 차지가 된다는 생각은 전혀 도움이 되지 않았다. 내가 지금 달성하기 직전의 그 거대함은 마치 나를 집어 삼키려는 큰 몬스터를 마주하고 있는 느낌으로 다가왔다. 나는 얼어 버렸다. 정말이지 거의 얼어 버렸다.

　　　첫 서브로 첫 포인트는 가져왔다. 그것은 단지 안전하고 위력이 없어 랠리가 가능한 그런 서브였다. 최소한 더블 폴트의 위험이 없는 것만으로 감사한 확률 높은 서브였다. 다행히도 조코비치의 멘탈에 금이 가 있기에 랠리는 그의 공격이 불필요하게 길어지면서 끝이 났다. 다음은 내 포핸드 다운-더-라인 샷이 실패하며 포인트를 잃었다. 지금까지는 모든 세트에서 나의 서브 게임을 편안하게 가져왔지만 이번 게임은 나에게 고문이었다. 듀스가 되었다. 두 번의 듀스가 더 있었다. 나는 한 차례의 브레이크 포인트는 세이브를 했다. 그런데 갑자기 조코비치가 몇 개의 가공할 만한 위너들을 마법같이 만들어 냈다. 하지만 일관성은 낮았다. 강한 드라이브샷이 언포스드 에러가 되었다. 반면 나는 계속 베이스 라인을 지키며 단 하나의 언포스드 에러도 범하지 않았다. 세 번째 듀스에서 그는 파워풀한 포핸드를 나의 백핸드 쪽으로 작렬하고는 네트로 돌진해 들어왔다. 나는 거의 무릎을 꿇다시피 한 자세로 공을 퍼올려야 했는데 팔에 내 모든 힘을 집중해서 크로스 코트로 꺾으며 위너를 만들어내는 데 성공했다. 한 편으로 생각해 보면, 그 순간 아마 본능이 치고 들어와 나의 신경을 제압하면서 오늘 경기 중 최고의 샷을 이끌어 낸 것 같다. 다음 포인트에서 넣은 나의 서브는 아마 그에게 힘있게 느껴진 것 같다. 그의 리턴은 길었고 그대로 끝이 났다. 나는 이제 5-1로 앞섰다.

긴장은 사라졌다. 그의 서브가 시작되었고 나는 이 게임을 가져간다는 기대는 하지 않았다. 다음 게임을 노렸다. 폭풍 뒤의 고요함을 느꼈다. 그렇다. 마치 반쯤 자듯이 플레이를 했다. 물론 그것이 자랑스럽지는 않다. 그는 게임 포인트에서 드롭 발리를 했고 나는 뛸 시도도 하지 않았다.

5-2, 서빙 포 더 매치. 두려움이 다시 찾아왔다. 그것은 이미 거기 있었다. 네트 너머에 있는 상대 선수만큼 이기기 어려운 존재이며 상대 선수처럼 업 앤 다운이 있다. 그것은 이 순간 나와 승리 사이에 존재하는 가장 큰 장애물이었다. 나의 팀 박스를 올려다보았다. 오래 전부터 익숙한 얼굴들이 흥분하여 응원의 고함을 외치는 것이 보였다. 내 마음은 그들을 위해, 우리 모두를 위해 정말 이 경기를 이기고 싶었고 내 표정은 (굿 페이스는) 어떠한 배신도 없었다.

두려움은 모두에게 있었다. 첫 포인트에서 조코비치의 리턴은 길었다. 그 다음 포인트에서 선심은 명백하게 선상에 떨어진 공에 대해 아웃 판정을 했고 주심이 바로 정정했다. 우리는 그 포인트를 다시 플레이 해야 했다. 모든 것이 죽느냐 사느냐 하는 순간에 오심은 정말 큰 타격이 될 수 있다. 나는 그것을 얼른 마음에서 지워 버려야 했고 차분히 계속 경기해야 한다고 스스로를 다스려야 했다. 내가 무엇을 하려고 하지 말고 그가 실수를 하도록 유인해야 했다.

두 번째 포인트에서 그는 또 한 번의 드롭샷을 시도했다. 이번에는 나는 뛰었고 받아 냈다. 그는 라켓을 뻗어 발리를 했고 나는 네트에 거의 닿을 뻔하며 발리로 막아 냈다. 서티 러브(30-0).

관중들은 이런 포인트에서 침묵을 유지할 수 없다. 누구보다도 토니 삼촌이 더 그랬다. 그를 올려다보았다. 그는 일어서서 주먹을 불끈 쥐어 올렸다.

울지 않으려고 노력하면서 말이다. 나는 울었다. 타월로 흐르는 눈물을 닦았다. 글썽이는 눈물 사이로 흐릿하게 나는 보았다. 그 순간 승리를 보았다. 그러면 안 되는 줄 알면서도, 나는 보았다.

하지만 아직은 아니었다. 다음 포인트에서 그의 공이 네트에 걸렸지만 내 쪽 코트로 떨어지는 행운의 샷이었다. 마음 속으로 욕이 나왔다. 포티-러브 (40-0)가 되어 편안한 마음으로 끝이 났다고 생각하며 매치포인트를 만들 수 있는 상황이었는데 더 큰 스트레스가 되어 버렸다. 다음 포인트에서 내가 포핸드샷을 너무 서두르는 바람에 에러를 하며 서티 올(30-30)을 만들었다. 내 마음은 조급했고 두려움과 기쁨이 서로 싸우고 있었다. 우승까지 단 두 포인트를 남겨 두고서. 나는 집중하려 온 힘을 쏟았고 스스로에게 주문을 외웠다. "쉽게 경기하자. 리스크 없이, 무조건 공을 넘기자."

이번에는 대본 대로 하였다. 랠리는 길었다. 15번의 샷. 우리는 베이스라인에 떨어지는 강한 펀치들을 교환했고 그는 나의 백핸드 코너를 파고드는 깊숙한 드라이브로 공격하고 네트로 들어왔다. 이번에는 행운의 여신이 나에게로 왔다. 공은 네트 위에 살짝 걸려 넘어갔고 조코비치가 그 공을 겨우 받아 넘기자 나는 코트를 대각선으로 질주하여 포핸드로 걷어 올렸다. 그는 내가 크로스 코트로 칠 것이라 예상했겠지만 다운-더-라인으로 아주 묵직한 탑스핀을 걸었고 공은 포물선을 그리며 라인에 떨어졌다. 조코비치는 믿을 수 없다는 표정이었다. 그는 챌린지를 신청했지만 헛수고였다. 전광판은 베이스라인 바깥 쪽에 살짝 물어서 밀리미터 차이로 안에 들어온 공을 명확하게 보여 주었다. 조코비치는 쭈그리고 앉아 고개를 숙였다. 패배의 이미지였다. 토니, 티틴, 아버지는 모두 주먹을 불끈 쥐며 "바모스!"를 외치고 있었다. 투츠와 엄마, 여동생은 행복하게 웃으며 박수를 보내고 있었다. 마리아 프란체스카는 두 손으로 머리를 감싸고서 마치 앞으로 일어날 것 같은 일을 믿지 못하겠다는 모습이었다.

    매치포인트. 챔피언십 포인트. 모든 것의 포인트. 나는 나의 팀을 다시 바라보았다. 내게 용기를 달라고 애원하듯 그들에게서 차분함을 얻기 위해 바라보았다. 눈물을 꾹 참으며 서브를 넣었다. 원래 작전대로 그의 백핸드로 공격했다. 여섯 번의 랠리가 있었다. 여섯 번째 샷에서 조코비치의 공은 와이드 했다. 너무 많이 벗어났고 공은 아웃이었다. 나는 다리가 풀렸고 공이 코트에 닿기도 전에 바닥에 누워 버렸다. 나는 거기서 얼굴을 바닥에 묻고 울고 있었고 내 몸은 떨고 있었다.

    그렇게 바닥에 쓰러지는 것은 계획된 것이 아니다. 심지어 내가 그렇게 하고 있는 줄도 모른다. 생각은 멈추고, 원초적인 감정만이 살아있으며, 몸에서 긴장이 한 순간에 사라지면 몸은 어떠한 무게도 지탱하지 못하게 된다. 갑자기 정신이 블랙 아웃에서 다시 돌아왔고 내가 코트에 누워 있다는 것을 그제서야 알아차리며 함성의 폭포 속에서 내가 성취한 것을 보게 되었다. 스물 네 살의 나이에 나는 커리어 그랜드슬램을 달성한 것이다. 나는 역사를 썼다. 내가 감히 꿈을 꾸지도 못할 것보다 더 위대한 것을 이루었으며 그것은 그 누구도 앗아 가질 못할 내 인생 끝까지 갈 업적이었다. 앞으로 무슨 일이 일어나더라도 훗날 스포츠 세계에서 중요한 한 사람으로, 베스트 선수 중 한 명으로, 그리고 무엇보다, 이 우승의 순간에도 내가 생각한 것인데, 사람들에게 좋은 사람으로 기억되며 은퇴할 수 있을 것 같았다.

    노박 조코비치는, 일명 '놀Nole,'. 나도 그렇게 부르고, 그의 팬들과 친구들, 가족들도 그렇게 부르는데 이미 그런 사람이다. 그에게는 극도로 힘든 순간이었음이 분명한데 그는 네트에서 나를 기다리지 않고 이미 내 코트 사이드로 건너와서 나를 껴안으며 내가 이룩한 것을 축하해 주었다. 나는 벤치로 돌아가 라켓을 던져두고 코트 중앙으로 나서서 하늘 높이 주먹을 쥐어 올렸다. 관중들의 함성이 나에게 쏟아졌고 나는 무릎을 꿇고 다시 눈물을 흘리며 딱딱한 코트 바닥에 이마를 대고 한참을 그렇게 있었다. 이것을 위해 너무 많은 희생들이 있었고 너무 많은 감사들이 있었다.

시상식에서 놀이 먼저 스피치를 했는데 그는 또 한 번의 존경할 만한 행동을 보여주었다. 나에 대한 넘치는 칭송과 함께 하지 못한 친구들에게 감사도 잊지 않았다. 그는 가장 존엄한 패자의 품위를 보여줌으로써 우리 스포츠의 가치를 높여 주었다. 마이크의 순서가 나에게로 넘어왔을 때, 나는 내 눈 앞에 함께 모여 있는 우리 가족과 팀 모두에게 감사를 표하며 내 인생의 가장 큰 진실을 모두에게 상기시켰다. 그들이 없었다면 나는 아무것도 이룰 수가 없었다. 나는 집에서 이 장면을 보고 있을 후안 포르카데스에게 특별한 감사를 표했다. 그렇다. 후안이 옳았다. 합은 부분보다 크다고 했다. 가장 큰 몫을 차지하는 부분은 내 주변에 있는 나의 사람들이다. US오픈 기간 중 나는 그 어느 때보다 컨디션이 좋다는 느낌을 받았다. 그것이 오늘 놀을 이길 수 있게 만들었고 후안이 거기에 큰 역할을 했다. 또한 나는, 비록 패하긴 했지만 놀이 보여 준 그의 에티튜드에 대해 언급하며, 전 세계 어린이들에게 아주 좋은 본보기를 만들어 주었다고 했다. 그도 머지않아 이 트로피를 들어 올리게 될 것이며 앞으로 계속해서 무서운 라이벌이 될 것이라고 얘기해 주었다. 하지만 지금은 나의 순간이다. 좋은 테니스 선수가 되기 위해 오랜 시간 동안 쏟아 온 나의 열정과 노력이 있었지만 이것은 진정으로 상상 그 이상이었다. 내가 US오픈 트로피를 들어 올리고 카메라 플래쉬가 터지며 관중들의 큰 함성이 울릴 때, 내가 불가능을 가능하게 했다는 것을 알게 되었다. 짧은 순간이었지만, 그 때 나는 세상의 정상에 우뚝 서 있었다.

RAFAEL NADAL

마나코르
Manacor

US오픈 결승전이 끝난 후에도 미디어 인터뷰는 3시간이나 이어졌다. 결승전 경기만큼이나 길었다. 나달은 끝까지 모든 질문에 대답해 주었다. 가장 많이 듣는 질문은, "앞으로 어떻게 할 것인가?" 였다. 거기에 대한 대답은 항상 똑같았다. "열심히 훈련해서 더 나은 선수가 되려고 노력할 것이며 내년에도 여기에 다시 돌아올 것이다.".

새벽 1시에 그는 가족과 그의 팀과 함께 맨하탄에 있는 레스토랑에 갔으며 3시가 지나도록 모습을 보이지 않았다. 아침 9시에 NBC '투데이 쇼'에 출연하여 인터뷰를 했고, 거기서부터 수많은 팬들이 뒤따르는 가운데 US오픈 프로토콜인 타임스퀘어에서의 포토 촬영을 마쳤다. 차들은 경적을 울렸고 경찰은 환호하는 군중을 제지했다. 그리고 생방송 라이브 인터뷰 몇 개를 마치고 난 뒤, 나이키가 주관하는 큰 행사에 참가했는데 나달의 빅 팬 중의 한 명인 존 메켄로가 호스트였다. 나달은 칭송에 흠뻑 젖었다. 모든 대화는 그의 대기록에 관한 것이었다. 한 해에 그랜드슬램을 연속해서 클레이, 잔디, 하드코트에서 승리한 첫 번째 선수이며, 4개의 그랜드 슬램을 모두 우승한 7번째이자, 오픈 시대가 시작된 이래로 그것을 달성한 가장 어린, 24세, 선수가 되었다.

그날 저녁 그는 가까스로 JFK 공항에 도착 해 집으로 향하는 비행기에 몸을 싣고 다음 날 오후에 마나코르에 도착했다. 거기에는 브라스 밴드도 없었고 환영 무리도 없었으며 소동도 전혀 없었다. 그날 밤 나달은 친구들과 새벽 5시까지 시내에 나가 파티를 즐겼다. 다음 날 새벽 5시, 뉴욕에서와 같이 토니 삼촌과 코트에서 같이 공을 치며, 넋이 빠질 정도로 진지하게, 둘은 아직 아무것도 이룬 것이 없는 것처럼 모든 것을 걸고 훈련하고 있었다.

나달이 훈련하는 스포츠 센터는 말 그대로 텅 비어 있었다. 나달의 스포츠카는 다른 3대의 차들과 나란히 주차장에 서 있고 러닝 트랙에는 외로운 스프린터 한 명이 있었으며 12개의 코트 중 단 한 곳 만이 사용되고 있었다. 이 지역 사람들은 아무도 그곳에 와서 구경하지 않는다. 전 세계에서 현시대 최고의 선수로 추앙받는 한 사람이 이 마을에서 나왔지만 그 글로벌 스타에게 주민들은 그다지 경의를 표하지 않는다. 단 두 명의 갤러리가 있었다. 나이 지긋한 독일 커플이었는데 적당한 거리에서 조용히 사진을 찍으며 금단의 영토에서 조카와 삼촌 사이에 행해지는 의식을 정확하게 감지하고 있었다. 나달의 아버지 세바스찬이 나중에 방문했지만 아들과 동생을 방해해서는 안 된다는 것을 알고 있었고 그들도 세바스찬에게 눈길을 주지 않았다.

옆 코트에서는 테니스 동호인으로 보이는 두 명의 중년 남성들이 공을 주고받으며 말 그대로 난타를 치고 있었다. 그들은 옆 코트에서 나달이 보여주는 최고 레벨의 테니스와 리듬에도 전혀 아랑곳하지 않았다. 아무런 감명을 받지 않았거나, 받았다고 하더라도 그것을 표현하지 않았을 것이다. 그의 가족이 항상 나달을 그렇게 대하듯이, 마나코르도 나달을 그렇게 대한다.

나달은 그 방식을 좋아한다.

RAFAEL NADAL

커리어 하이라이트

1994년	12세 이하부 발레아레스 제도 우승, 8살
1997년	12세 이하부 스페인 전국 챔피언
2000년	14세 이하부 스페인 전국 챔피언
2002년	ATP 프로 대회 첫 승, 15세
2004년	스페인 대표로서 데이비스 컵 대표팀 우승, 18세
2005년	프랑스오픈 첫 우승: 첫번째 그랜드 슬램 타이틀, 19세
2006년	프랑스오픈 우승
2007년	프랑스오픈 우승
2008년	프랑스오픈 우승 윔블던 우승 세계 랭킹 1위 등극 베이징 올림픽 금메달
2009년	호주오픈 우승
2010년	프랑스오픈 우승 윔블던 우승 US오픈 우승, 커리어 그랜드슬램 및 골든슬램 달성
2011년	프랑스오픈 우승: 10번째 그랜드슬램 타이틀, 25세
2012년	7번째 프랑스오픈 우승
2013년	프랑스오픈 우승 US오픈 우승 세계 랭킹 1위 재탈환

2014년	프랑스오픈 우승
2016년	리오 올림픽 2번째 올림픽 금메달
2017년	10번째 프랑스오픈 우승, 라 데시마(La Decima) 달성 3번째 US오픈 우승
2018년	11번째 프랑스오픈 우승
2019년	12번째 프랑스오픈 우승 4번째 US오픈 우승 데이비스컵 우승 프란체스카와 결혼
2020년	13번째 프랑스오픈 우승
2022년	21번 그랜드슬램 우승 달성한 최초의 선수 아카풀코오픈 우승 14번째 프랑스오픈 우승 22번 그랜드슬램 우승을 달성한 최초의 선수

'라파'를 작업하면서 많은 분들의 응원과 지지를 받았습니다.
그 분들께도 감사의 말씀을 빼놓을 수 없습니다.

Also Special Thanks to:

하임 패밀리, 리안 패밀리, 강하테니스클럽, 강상테니스클럽, 양평군 테니스협회, 양평군 체육회, 경기도 카누연맹, 월요쉐프클럽, 나리클럽, 김동호 위원장님, 최유리 교수님, 보민네, 한성엽 님, 정안면 회장님, 이민선 대표, 홍성환, 울산-양산 라이온스 클럽 김종희 총재님

RAFA: My Story

초판 1쇄 발행일 2022년 8월 16일

지은이	라파엘 나달 & 존 칼린 (Rafael Nadal & John Carlin)
옮긴이	천수현
펴낸이	천수현
제작	박대원
책임편집	김준연
감수	김준섭 서을오
교정	조은주
인쇄	(주)신성토탈시스템

펴낸곳	쇼비픽쳐스㈜
등록	2010년 2월 4일 제2010-02호
주소	경기도 광주시 퇴촌면 영동길 65-45
전화	031-763-5265
이메일	soo.cheon@showbee.com
ISBN	978-89-965501-4-3

*잘못된 책은 구입하신 서점에서 교환하여 드립니다.